珍藏本
纪念版

汉译世界学术名著丛书

先验唯心论体系

〔德〕谢林 著

梁志学 石泉 译

2017年·北京

Friedrich Wilhelm Joseph von Schelling
SYSTEM DES TRANSZENDENTALEN IDEALISMUS
根据 Manfred Schröter 编《谢林全集》
第二卷(慕尼黑 1927 年)译出

汉译世界学术名著丛书
(120 年纪念版·珍藏本)
出版说明

2017 年 2 月 11 日,商务印书馆迎来 120 岁的生日。120 年前,商务印书馆前贤怀揣文化救国的理想,抱持“昌明教育,开启民智”的使命,立足本土,放眼寰宇,以出版为津梁,沟通中西,为中国、为世界提供最富智慧的思想文化成果。无论世事白云苍狗,潮流左右激荡,甚至战火硝烟弥漫,始终践行学术报国之志,无改初心。

迻译世界各国学术名著,即其一端。早在 20 世纪初年便出版《原富》《天演论》等影响至今的代表性著作,1950 年代后更致力于外国哲学和社会科学经典的译介,及至 1980 年代,辑为“汉译世界学术名著丛书”,汇涓为流,蔚为大观。丛书自 1981 年开始出版,历时三十余年,迄今已推出七百种,是我国现代出版史上规模最大、最为重要的学术翻译工程。

丛书所选之书,立场观点不囿于一派,学科领域不限于一门,皆为文明开启以来,各时代、各国家、各民族的思想与文化精粹,代表着人类已经到达过的精神境界。丛书系统译介世界学术经典,引领时代思想，为本土原创学术的发展提供丰富的文化滋养，为推动中国现代学术和现代化进程做出了突出的贡献。

为纪念商务印书馆成立120周年，我们整体推出“汉译世界学术名著丛书”120年纪念版的珍藏本，寄望既利于文化积累，又便于研读查考，同时向长期支持丛书出版的译者、编者和读者致以敬意。

两甲子后的今天，商务印书馆又站在了一个新的历史时间节点上。我们不仅要铭记先辈的身影和足迹，更须让我们的步伐充满新的时代精神。这是商务人代代相传的事业，更是与国家和民族的命运始终紧密相连的事业。我们责无旁贷，必须做好我们这代人的传承与创造，让我们的努力和成果不仅凝聚成民族文化的记忆，还能成为后来人可以接续的事业。唯此，才能不负前贤，无愧来者。

商务印书馆编辑部

2017年10月

译者序言：谢林哲学思想演变简评

在德国古典唯心论发展史中，谢林的早期创作活动是一个重要的发展阶段。在政治上，谢林曾经是封建专制制度的批判者，表达了实现资产阶级法治的要求。在哲学上，谢林把康德和费希特的主观唯心论转变为客观唯心论，把他们的主观辩证法推广到外部世界，从而为后来黑格尔建立哲学体系创造了条件。在完成这一历史使命以后，他却从资产阶级法治的倡导者变为封建专制制度的辩护士，从包含辩证法内容的客观唯心论走向反动的天主教神学。一句话，他以自己的晚期活动背叛了自己的青年时代。

马克思在给费尔巴哈的一封信里，历史地肯定了**"谢林的真诚的青春思想"**，同时也无情地戳穿了谢林的晚期哲学就是**"在哲学幌子下的普鲁士政治"**[①]。这是对谢林的整个政治与哲学生涯的科学总结，是我们了解谢林思想演变过程的指针。

谢林的《先验唯心论体系》这部德国古典唯心论代表作，既体现了谢林的进步方面所达到的高度，也包括了预示着他转向反动的保守方面。在译述这部著作的时候，我们觉得有必要谈谈这位

① 马克思致费尔巴哈（1843 年 10 月 3 日）。《马克思恩格斯全集》，第 27 卷，北京 1972 年，第 445 页。

哲学家的思想演变过程，这对读者了解本书，或许有所帮助。

*　　　*　　　*

弗里德里希·威廉·约瑟夫·谢林(1775—1854)，出生于符滕堡莱昂贝格的一个新教牧师家庭。1790年入图宾根神学院学习哲学与神学。1795年毕业，在莱比锡做家庭教师。1798年担任耶拿大学自然哲学教授。1803年至1806年任维尔次堡大学教授。1806年迁移到慕尼黑，任巴伐利亚科学院院士和造型艺术科学院秘书长。1820年至1826年任埃尔兰根大学教授。1827年返回慕尼黑，由巴伐利亚君主路德维希任命为国家科学中心总监，并担任科学院院长和慕尼黑大学教授的职务。1841年应普鲁士国王弗里德里希·威廉四世的邀请，主持柏林大学哲学讲座，随后担任了柏林科学院院士和普鲁士政府枢密顾问。1854年死于赴瑞士途中。

谢林生活在欧洲各国从封建社会过渡到资本主义社会的重要时代。这个时代充满了革命和反革命、复辟和反复辟的激烈复杂的阶级斗争。他亲身经历过法国资产阶级革命的洗礼、拿破仑帝国的战争、欧洲大陆各国的封建复辟和1848年的资产阶级民主革命。他的社会政治思想和哲学思想虽然屡经变迁，但并不像资产阶级哲学史家描绘的那样，是一系列毫无规律可循的即兴感想。在当时的资产阶级革命力量与封建主义反动势力搏斗的历史过程里，谢林思想的变迁经历了进步、衰退和反动这样三个时期。如果说《先验唯心论体系》(1800年)标志着他的进步时期的高峰，那么，从此以后他的思想则日益衰退，1809年他发表了《关于人类自由的本质的哲学探讨》，这部著作标志着他的反动时期的开始。

谢林的进步社会政治观点是在法国资产阶级革命的影响下形成的。当法国革命像霹雳一样击中德国这个混乱世界的时候,他与同时代的德国资产阶级进步分子一样,为法国国民议会和法国人民作过欢呼。当法国人民高唱着《马赛曲》,抗击扼杀法国革命的普奥联军时,他怀着对法国革命的热情,还把这首革命歌曲译成德文,希望莱茵河右岸德国人的心灵也慷慨激昂起来。他以敬佩的心情钻研卢梭的《社会契约论》,希望从这部资产阶级"圣经"中获得精神力量,结束当时德国的那种腐朽的封建专制制度。青年时代的谢林,无论是在他追随费希特的阶段,还是在他对德国哲学革命做出独特贡献的阶段,都是立足于贫困落后的德国现实生活,在自己的早期著作里反映了德国资产阶级希望改变现存封建关系的要求,反映了这个阶级对于当时整个德国现实的不满。

首先,青年谢林相信人类历史是不断进步的,认为"人类能够而且应该自己创造自己的历史"①。在他的历史视野里,人类历史是从物我不分的"原始状态"、即"黄金时代"的丧失开始的,将来则以"理性的王国"、即"法治的黄金时代"告终。他把资产阶级的理想化的王国描绘为人类的最高理想,把资产阶级法治社会美化为人类的理性王国,解释为不可移易的"第二种自然界"。他认为,只有这种法治的普遍实现,才能给资产阶级的自由发展提供保证,创造条件。他说,"普遍的法治状态是自由的条件,因为如果没有普遍的法治状态,自由便没有任何保证。没有得到普遍自然秩序保

---

① 《关于一种经验科学、特别是历史哲学是否可能的问题》(1798)。《谢林全集》,第1卷,第470页。(卷数与页码均按斯图加特1856—1861年版标出。)

证的自由是完全不可靠的，并且就像在我们现今大多数国家中看到的那样，是一种纯粹的寄生植物，它通常按照必然的矛盾，逆来顺受，以致个人根本不得确保其自由。这种情形是不应该有的”[①]。谢林向他的时代提出了建立资产阶级法治社会的课题。

其次，青年谢林用资产阶级法治直接对抗封建专制制度。在抨击封建专制主义时他写道:“如果法律制度因其近似于自然界而变得更加威严，那么，在一种制度中不是法律占支配地位，而是法官的意志和专制主义占支配地位，专制主义把法律当作洞见玄机的天意，在不断干预法律的自然进程的情况下加以执行，这种制度的景象就是深信法律神圣性的感情所能遇到的最可鄙的和最令人愤慨的景象”[②]。他认为，封建专制制度“原初就不是由理性造成的，而是由环境的强制造成的，因而迟早会瓦解”[③]。他迎头痛击了封建专制制度的辩护士，戳穿了这些道貌岸然的神学家“披着道德的假面具”，“嘲笑历史，把非理性的东西弄成合乎理性的”[④]。在谢林看来，专横暴虐、涂炭生灵的封建专制制度自身完全带有自己灭亡的萌芽，它的覆灭是不可避免的。

最后，青年谢林把封建社会向资本主义社会的转化叫做“人的革命”。他说，“使人得到解放，脱离客观世界的恐怖，这是理性的一次大胆冒险；这次冒险是不会失败的，因为人将随着认识他自己和自己的力量，而变得更加伟大。如果让人意识到他现在是什么，

① 《先验唯心论体系》。本书第274页。

② 同上书，第265页。

③ 同上书。本书第266页。

④ 谢林致黑格尔(1795年7月21日)。《谢林书信集》，第1卷，莱比锡1869年，第78页。

他就会立刻知道他应该是什么：让他在理论上重视自己，他就会紧接着在实践上重视自己”[①]。他认为，这次“人的革命”必须从意识到“人的本质”开始，而“人的本质”就在于自由。他大声疾呼：“真正存在！不再是现象；力求成为自在的本质！这就是一切实践哲学的最高设准”[②]。他以抽象的德国唯心论语言，表达了德国资产阶级要求解放自己的热切愿望，表达了这个阶级力图发展自己的迫切要求。

由于谢林具有这些进步社会政治观点，他在当时德国政治论坛上是起了进步作用的。然而，德国资产阶级的二重性也造成了谢林的二重性。我们从他的早期著作里不仅可以看到这个进步方面，同时也可以看到相当明显的保守方面。他在大力提倡资产阶级法治的同时，又不敢诉诸人民的革命力量，而是把实现这种法治的历史解释为“绝对不断启示、逐渐表露的过程”[③]；他在批判封建专制制度的同时，又对封建君主抱有幻想，希望从天而降一位立法者，给德国制定一部宪法，实行从上而下的改革；他在号召人们以实际行动在外部世界里获得解放的同时，又认为“自由的事物只有作为内心的现象才是自由的”[④]。凡此种种，都充分暴露了这位德国古典哲学家在社会政治观点方面的二重性和软弱性。

谢林的上述进步社会政治观点并没有坚持多久。如果说，直到《先验唯心论体系》问世时为止，谢林还与那些认为法国革命令

① 《论自我是哲学的根本》(1795)。《谢林全集》，第 1 卷，第 157 页。

② 《自然法的新演绎》(1795)。《谢林全集》，第 1 卷，第 247 页。

③ 《先验唯心论体系》。本书第 284 页。

④ 同上书。

人恐惧的伤感哲学家相反，在政治上是朝气蓬勃的，那么，从此以后他便坠入了政治冷淡主义，并由此在政治上越来越走向反动。对于法国革命后整个社会日益分裂为两大相互直接对立的阵营，即资产阶级和无产阶级，他感到极度失望，采取了向后看的态度，想倒退到中世纪去。他说，“市民社会只要还在追求有害于‘绝对’的经验目标，就只能确立虚假的和受到强制的同一性，而决不能确立真正的、内在的同一性”[①]。对于他所竭力追求的自由在法国革命后的实现，他也采取了同样的态度。他说，“所谓市民的自由，仅仅产生了奴役和自由的大杂烩，却决没有产生绝对的、正因为如此又是自由的生活”[②]。当法国革命在最后阶段所建立的拿破仑帝国以粉碎外来干涉的战争形式，把资产阶级的革命统治搬到德国的时候，这个受过封建贵族文化熏陶的德国哲学家就更是畏缩倒退了。在谢林看来，法国革命的历史已经表明，要建立“一种真正是个人高度自由的条件的国家”是不可能的。“要么夺去国家政权的所属力量”，于是就没有确保自由的条件；“要么赋予国家政权以这种力量，于是就有专制主义”[③]。他放弃了自己曾经抱有的法国革命理想，而宁肯返回到那古老的神圣罗马帝国中寻找安宁。他的社会政治观点日趋反动。人类进步的信念不见了，资产阶级法治已不再代表“第二种自然界”，而是封建国家“以更高的伦理秩序代表第二种自然界”[④]；资产阶级法治取代封建专制制度的观点不

---

① 《关于科学研究方法的演讲》(1802)。《谢林全集》，第5卷，第235—236页。

② 同上书，第336页。

③ 《斯图加特私人演讲录》(1810)。《谢林全集》，第7卷，第461—462页。

④ 《哲学与宗教》，附录：《关于宗教存在的外在形式》(1804)。《谢林全集》，第6卷，第65页。

见了,封建专制社会已不再是令人愤慨的世界,而是"绝对"这个"第一本质把黑暗世界与光明世界统一起来"[①];要求资产阶级自由的呼声听不到了,理性已经停止了它的大胆冒险,因为"自由的东西就其为自由的而言,也恰恰只有存在于上帝中,而不自由的东西就其为不自由的而言,则必然存在于上帝之外"[②]。在坚持启蒙派观点的思想家眼中,谢林成了蒙昧主义的代表。谢林抛弃了自己过去的进步思想,投到封建反动派的怀抱里去了。

在拿破仑帝国所进行的反对外来干涉的进步战争转化为奴役其他民族的侵略战争,德国人民从事反拿破仑斗争的年代,谢林怀着对人民群众的恐惧心理,站在普鲁士国王弗里德里希·威廉三世一边,把这场伟大的民族解放战争歪曲为宗教战争,胡说什么"除了为观念而进行的战争,即宗教战争之外,决没有任何正义战争。从事战争的人决不是作为任性所开动起来的机器取胜或战败的,而是遵照引起战争的上帝的法律或自然的规律取胜或战败的"[③]。他竭力把这场民族解放战争的胜利归结为普鲁士君主对于法国革命的胜利。

在1815年维也纳会议后的封建复辟年代,德国反动统治者在梅特涅的提议下制定了所谓《卡尔斯巴德决议》,残酷地镇压争取政治自由和民族统一的青年学生运动。谢林摆出一副不偏不倚的架势,为封建反动派帮腔,说"卡尔斯巴德决议虽然没有任何善良的思想家能够同意","但大家也不可真的为那类反对派辩护;日益

① 《关于人类自由的本质的哲学探讨》(1809)。《谢林全集》,第7卷,第404页。

② 同上书,第443页。

③ 《关于德国科学的本质》(1811)。《谢林全集》,第8卷,第12页。

明显地看到,隐藏在这类反对派后边的东西无非是一些贫乏的旧雅各宾派观点和肤浅的启蒙运动观点,它们会同时消灭科学、宗教与国家的一切奥义”①。他自觉地厕身于反动统治者的行列里,维护他以前批判过的封建专制主义,反对他以前欢呼过的资产阶级共和主义。

上世纪四十年代初期,在德国资本主义经济迅速发展的基础上,资产阶级自由主义反对派的运动又在猛烈地冲击着普鲁士王朝的宝座。青年黑格尔派已经以宗教批判者和共和派的面貌出现于世。这时,谢林被奉为“一个新时代的先驱”,在柏林升到普鲁士封建专制王朝官方哲学家的地位,充当了镇压资产阶级民主运动的牧师。这个反动哲学家虽然在三月革命来临之前就已经离开柏林大学的讲坛,但他一直死心塌地地宣扬他那一套反动说教。他抬出君权神授的陈腐谰言,为普鲁士国王祝福,甚至无耻地说什么“在国家里相当于上帝的地位的,就是国王的地位”,“君主专制会使借助于法律不可能做到的事情成为可能的”②。他疯狂地攻击资产阶级革命,认为把“人的解放”理解为“通过政治革命消灭国家本身”,就是“犯罪”,就是“杀害双亲”③。他拼命反对资产阶级取得政权,大肆污蔑“坚决的人民统治或民主主义”,说这种“国家置社会的盛衰兴亡于不顾”④。历史是最好的见证,它证明晚期谢林

① 谢林致阿托博姆(1820 年 3 月 16 日)。《谢林书信集》,第 2 卷,莱比锡 1870 年,第 437 页。

② 《神话哲学导论》第 24 讲(1852)。《谢林全集》,第 11 卷,第 569 页,第 570 页。

③ 《神话哲学导论》第 23 讲(1852)。同上书,第 547 页。

④ 同上书,第 542 页。

成了德国资产阶级民主革命的凶恶敌人,成了封建专制主义的可耻走卒。

关于像谢林这样的德国古典唯心论哲学家的政治命运,海涅在上世纪三十年代写道:“我们的青年哲学家们在过去都是贫苦孤独地蹲在破陋不堪的亭子间,苦心孤诣地思考他们的哲学体系,我们现在的哲学家们则穿起了十分华丽的朝服,他们变成了国家哲学家,就是说,他们在为那个任用他们的国家的一切利益制造哲学辩护词”[①]。这一段评论形象地揭示出谢林的社会地位的变化,揭示出他已经堕落成为封建专制制度的辩护士。

* * *

年轻的谢林最初是作为费希特主观唯心论的拥护者出现的。他秉承着费希特那条从自我设定非我的主观唯心论路线,继续从更彻底的唯心论批判康德,把自在之物歪曲为自我活动的产物,认为自我驾驭着客体世界,预示为自然界的主人。同时,他又从这种主观唯心论所包含的资产阶级人本主义出发,向传统的天主教神学挑战,认为“上帝在理论意义上是等于非我的自我,在实践意义上是毁灭一切非我的绝对自我”[②]。他号召人们,“在把永恒真理以其神圣的形态从天上唤呼到人间以前,还是首先在人本身寻找大家必定都会认出这种真理来的标志吧!”[③]

然而,当这位青年哲学家要领会自然界丰富多彩的辩证关系的时候,他就很快离开了轻视自然的费希特,走上独自发展的道

① 海涅:《浪漫派》,莱比锡 1955 年,第 123 页。

② 《论自我是哲学的根本》(1795)。《谢林全集》,第 1 卷,第 201 页。

③ 《论整个哲学的一种形式的可能性》(1794)。《谢林全集》,第 1 卷,第 112 页。

路，把原来的主观唯心论改变为客观唯心论。这时在谢林的眼里，“自然应该是可见的精神，精神应该是不可见的自然”①；自然并不是自我的单纯否定，而是精神的客观化。谢林认为，费希特的自我只是局限于主观的意识，不足以说明品汇繁多、千变万化的自然界的精神本质。他把这种主观的、否定自然的自我扩张为客观的、统摄自然的绝对自我，即绝对，认为主观自我仅仅是绝对的一种变化形态。绝对的另一种变化形态则是客观世界。而这种形态就是被歪曲了的斯宾诺莎的实体。谢林认为，他自己就像古代人把呆板的埃及原像改造为活泼的希腊雕像一样，把斯宾诺莎的死板的物质实体弄成了生动的精神实体。这样，谢林就构成了他的客观唯心论的本原。

谢林写道，“这种更高的东西凌驾于客观事物和起决定作用的东西之上”，“无非是绝对的主观事物与绝对的客观事物、有意识的东西与无意识的东西之间的同一性的根据”，因此，“本身就既不能是主体，也不能是客体，更不能同时是这两者，而只能是绝对的同一性”②。他妄图用“绝对的同一性”这种虚构的神秘的联系来代替人和自然之间的现实的联系，让自然界和人类社会都从这个神秘的本原中产生出来。他总是吹嘘说，他的“同一哲学”超越了唯心论和唯物论的对立。其实正如列宁转述马克思的话时所说的，**“这位谢林是个无聊的吹牛大王，他妄想包罗和超越一切已往的哲学派别”**③。在哲学的基本路线上，他与费希特一样，都是对思维

① 《自然哲学观念》(1797)。《谢林全集》，第 2 卷，第 56 页。

② 《先验唯心论体系》。本书第 281 页。

③ 列宁：《唯物主义和经验批判主义》，北京 1960 年，第 337 页。

与存在的关系问题做了唯心论的回答;他与费希特的不同,仅仅在于他不是把自我意识,而是把一个更高的精神实体当作世界的本原。

这种绝对同一的本原本来是没有任何差别的,是无意识的,但为了让它运动起来,创造万物,谢林就说它有一种提高为自觉的精神实体的“原始冲动”,从而出现了一种“原始对立”,而这种绝对同一体发展的过程就是所谓理智进行创造的过程。他说,“理智是以双重方式进行创造的,或者是盲目地和无意识地进行创造的,或者是自由地和有意识地进行创造的”[①]。在谢林的世界图景里,整个宇宙发展史变成了绝对、理智或精神的矛盾发展史。无意识的理智开始于绝对同一性,在“原始对立”的推动下,经过各个阶段或级次,上升到自我意识或理性;有意识的理智开始于自我意识,在“原始对立”的推动下,经过各个阶段或级次,最后又达到那个绝对同一性。前一部矛盾发展史构成他的自然哲学的内容,后一部矛盾发展史构成他的先验哲学的内容。

谢林所讲的这个无意识的精神本原提高为自觉的精神实体的过程,根本是一种先验唯心论的虚构。他认为,在理智的无意识创造活动的顶峰所出现的自我意识或理性,经过理论活动(感觉、创造性直观和反思)和实践活动(意志活动),最后上升到理智直观,才终于突然直观到无意识的绝对同一体。他说,“自然科学和先验哲学一样,都不认为存在是本原,而认为唯一实在的东西存在于自身本来既是原因又是结果的一个绝对之中,即存在于主体和客体

① 《自然哲学体系初步纲要导论》(1799)。《谢林全集》,第3卷,第271页。

的绝对同一性之中”;“一切知识都从这一终极的东西开始”[①]。这就说明,在谢林的认识论视野里,所谓获得真理就是精神的自我认识,一切知识都是从这个精神实体中先验地推演出来的。谢林宣称,“我们的知识本来就是完全彻底经验的,又是完全彻底 a priori〔先验的〕”,摆出一副凌驾于经验论与先验论的对立之上的架势。其实这也不过是在认识论问题上表现了这位吹牛大王要超越已往一切哲学派别的奢望罢了。

谢林所讲的这种矛盾发展过程,已经不像在费希特哲学里那样,仅仅限于主体与客体、认识与实践的关系方面,而且也被推广到了自然界和人类社会的历史方面。谢林认识到,发展是由矛盾推动的,矛盾是运动的源泉。他说,“对立在每一时刻都重新产生,又在每一时刻被消除。对立在每一时刻这样一再产生又一再消除,必定是一切运动的最终根据”[②]。他的这种矛盾发展的思想,是他的哲学的合理内核,是他对德国古典哲学的发展所做出的一个重要贡献。然而,由于他所讲的矛盾发展是开始于绝对同一的精神实体,又复归于这个精神实体,由于他所讲的矛盾斗争不是一方战胜或克服另一方,而是矛盾双方在一个第三者中重新得到调解,所以,他的辩证法思想是很不彻底的,他还没有根本摆脱矛盾调和论。

谢林把自然界的发展曲解为精神的无意识发展过程,说他的自然哲学是先验地构成的知识,这都是唯心论的谬论。其实,他是

---

① 《先验唯心论体系》。本书第 23 页和第 22 页。

② 同上书,第 166—167 页。

以当时的自然科学知识为基础,用思辨的方法描绘出一幅自然界发展的图画。在这幅画面上,自然界已经不是一成不变的,而是绝对活动的。“自然界存在的一切东西都必须被看作是业已生成的东西”[1]。像引力与斥力、正电与负电、刺激与反应这样一些经验研究的对立,都被当作先验演绎的结果。自然界的发展被构造为两种自然力量的矛盾不断解决又不断产生的过程,这个过程经历了三个阶段,即质料、物质(磁、电和化学过程)与有机体(植物、动物和理性生物)。低级阶段过渡到高级阶段;高级阶段包含着低级阶段,而不等于低级阶段。“每个发展阶段都具有独特的性质。在每个发展阶段,生成着的自然界都局限于一定的(唯一可能的)形态”[2]。

谢林特别重视有机体的特点。在他看来,无机物的特点在于它受直线式因果序列的支配,有机体的特点则在于它受自相交互作用的支配,即受封闭式因果序列的支配。他说,有机体“仿佛摆脱了机械过程,它不只是作为原因或结果而存在的,而且是独立自主地维持其存在的,因为它自身本来就同时既是原因又是结果”。因此,“生命是一种向其自身回归的、稳定的和由内在本原维持的前后相续的系列”[3]。他把生命视为因果性与合目的性的统一,力图调和康德所要调和的机械论与目的论的矛盾,断言“这个自然界虽然是盲目的自然力量的产物,然而又是彻里彻外地合乎目的

① 《自然哲学体系初步纲要》(1799)。《谢林全集》,第 3 卷,第 33 页。

② 同上书,第 43 页。

③ 《先验唯心论体系》。本书第 173—175 页。

的"①。

关于这类自然哲学,恩格斯曾经作过深刻的评论:"**旧的自然哲学有许多谬见和空想,可是并不比当时经验主义的自然科学家的非哲学理论包含得多,至于它还包含许多有见识的和合理的东西,那么这点自从进化论传布以来,已开始为人们所了解了**"。"**自然哲学家对自觉的辩证的自然科学的态度,同空想主义者对待现代共产主义的态度是一样的**"②。

谢林把人类社会的发展曲解为精神的有意识创造过程,说他的历史哲学是先验地构成的知识,这也都是唯心论的谬论。但是,他把人类社会的发展理解为客观的历史过程,力图说明人类社会发展中个人作用与历史规律、偶然东西与必然东西、主观动机与客观效果的关系,这在马克思主义出现以前,却是旧唯心史观发展中的一个进步。在谢林看来,社会生活过程并不是无规律可循。"这种自然界也受一种自然规律的支配,但这种自然规律完全不同于可见的自然界中的规律,就是说,是一种以自由为目的的自然规律"③。谢林把整个自由表演的过程当作历史。他认为,在人类历史里任何事情的发生都不是没有自觉的意图、预期的目的,但人们期望的目的很少能如愿以偿,往往事与愿违;许多预期的目的都彼此冲突,相互矛盾。但是,与法国唯物论者的历史观相反,谢林不是把人类历史视为一堆乱七八糟的行动,而是给自己提出了这样的问题:我们的行动既然是自由的、有意识的,怎么能给我们无意

① 《先验唯心论体系》。本书第 290 页。

② 恩格斯:《反杜林论》。《马克思恩格斯全集》,第 20 卷,北京 1971 年,第 14 页。

③ 《先验唯心论体系》。本书第 264 页。

识地产生出我们绝对没有料想到的某种结果呢?他以“隐蔽的必然性对人类自由的干预”回答了这个问题。他说,“在一切行动中的客观东西都是某种共同的东西,它把人们的一切行动引导到唯一的共同目标上。因此,人们不管怎么做作,不管怎么任意放肆,都会不顾他们的意志,甚至于违背着他们的意志,而为他们看不到的必然性所控制。这种必然性预先决定了人们必然会恰好通过无规律的行动,引起他们预想不到的表演过程,达到他们不打算达到的境地,而且这种行动越无规律,便越确实会有这样的结果”[①]。在谢林看来,这种必然性就是“绝对”的逐渐实现,就是天意。

恩格斯曾经指出,与法国唯物论相反,历史哲学“**认为历史人物的表面动机和真实动机都决不是历史事变的最终原因,认为这些动机后面还有应当加以探究的别的动力;但是它不在历史本身中寻找这种动力,反而从外面,从哲学的意识形态把这种动力输入历史**”。“**这样,人们就用一种新的——不自觉的或逐渐自觉的——神秘的天意来代替现实的、尚未知道的联系**”[②]。谢林的历史哲学也正是这样。

艺术哲学在谢林的体系里占有十分特别的地位。他认为,作为他的体系的开端和终结的那个“绝对单纯、绝对同一的东西是不能用描述的方法来理解或言传的,是绝不能用概念来理解或言传的。这个东西只能加以直观。这样一种直观就是一切哲学的官

① 《先验唯心论体系》。本书第279页。

② 恩格斯:《路德维希·费尔巴哈和德国古典哲学的终结》。《马克思恩格斯全集》,第21卷,北京1965年,第342—343页、第340页。

能。但是，这种直观不是感性的，而是理智的”。[①] 他否定理性认识，而把这种神秘的理智直观说成引导少数人达到绝对同一体的神奇才能，这就是用非逻辑的东西代替逻辑的东西，用非理性的东西代替理性的东西，这就为他后来走向反动透顶的天主教神学开辟了一条道路。以这种反理性主义的和贵族主义的认识论为基础，谢林认为理智直观在诉诸直接经验时就变成了偶发的美感直观。他把这种神秘的美感直观说成消除一切矛盾，引导全部的人达到绝对同一体的唯一途径。他说，“艺术好像给哲学家打开了至圣所，在这里，在永恒的、原始的统一中，已经在自然和历史里分离的东西和必须永远在生命、行动与思维里躲避的东西仿佛都燃烧成了一道火焰”[②]。谢林不仅歪曲了反映阶级斗争的艺术，歪曲了这个当时在德国还能从中看出一点美好未来的意识形态领域，而且宣扬蔑视群众的天才论，把美感直观视为极少数天才人物的事情，认为只有在艺术里才有天才，这完全是在为反动浪漫派作哲学论证。

马克思说过，“**被法国启蒙运动特别是十八世纪的法国唯物主义所击败的十七世纪的形而上学，在德国哲学中，特别是在十九世纪的德国思辨哲学中，曾有过胜利的和富有内容的复辟**”[③]。谢林的早期哲学就是一个具体例证。他的客观唯心论诚然是法国唯物论的对立物，是历史上唯心论的复辟，但是，他的早期哲学对德国

① 《先验唯心论体系》。本书第308页。

② 同上书。本书第310页。

③ 马克思和恩格斯：《神圣家族》。《马克思恩格斯全集》，第2卷，北京1957年，第159页。

哲学革命做出了贡献,发展了法国唯物论所忽视的辩证法。正是由于这个进步方面,青年谢林无论是在为当时的政治变革制造舆论方面,或在为当时的自然研究提供指导方面,都起过进步作用。

可是,随着谢林在政治上的衰退,他的哲学的保守方面就日益压倒了进步方面。富有内容的辩证矛盾的分析为毫无内容的绝对同一的虚构所代替,自然界发展的各个阶段为柏拉图式的各个理念所代替,从天上转到人间寻求真理的方向为从人间转到天上寻求上帝的方向所代替。那幅思辨的宇宙发展史画面很快就变成了一幅从上帝来、到上帝去的宗教漫画。他说,"历史是按照上帝的精神编写的一部史诗;它有两个主要部分,一部分是人类从自己的中心出发,到离开这个中心最远的地方去,另一部分则是从这个地方回归到人类的中心。前一方面仿佛是历史的伊利亚特,后一方面仿佛是历史的奥德赛。前者的方向是离心的,后者的方向是向心的。整个宇宙的伟大意图就是这样表现在历史里的"①。

谢林与资产阶级进步哲学传统实行了决裂。他的思想的先驱已经不再是康德和费希特,而是天主教神学家弗兰茨·巴德尔、法国神秘主义宗教哲学家圣·马丁和神秘主义者雅各布·波墨。他走向他曾经反对过的传统神学道路,认为"上帝是比单纯的世界道德秩序更实在的某种东西,较之抽象的唯心论者赋予它的可怜的精微奥义,在自身具有完全不同的和更加生动的运动力量"②。他在他的晚期哲学活动中公然宣称,"我的哲学的真正名称就是基督

① 《哲学与宗教》(1804)。《谢林全集》,第6卷,第57页。

② 《关于人类自由的本质的哲学探讨》(1809)。《谢林全集》,第7卷,第356页。

教哲学”[①]。为了挽救天主教这一摇摇欲坠的封建统治的精神支柱，他不仅动用了神话，而且要求哲学为宗教服务，说什么“公开的宗教可以并且应该用作我们衡量哲学可能有的水平与正确性的标准”[②]。他的晚期哲学，即“神话哲学”（关于没有完成的宗教的哲学）和“天启哲学”（关于已经完成的宗教的哲学），发展了他早期的反理性主义思想，完全是以确认一个绝对处于思维之外的、不能用逻辑方法探讨的“存在”为最高课题。这个神秘的“存在”就是上帝。他虚构了一些假设，说它们既可以在经验世界里得到证实，也可以使得确认这个超验的、人格的上帝成为可能。可见他的晚期哲学根本不成其为本来意义上的哲学，而是一种抬高信仰而贬低理性、抬高宗教而贬低科学的天主教神学。正如海涅说的，“这人现在背叛了自己的学说，离弃了他亲自奉献的祭坛，蹓回过去信仰的厩舍，他现在成了一个虔良的天主教徒”[③]。这样，谢林就在那些主张复辟倒退的反动派中间博得了最大的赞赏，而理所当然地受到像海涅这样的进步人物的鄙弃与批判。

在谢林从哲学走向宗教时，黑格尔则经过长期酝酿，发表了《精神现象学》（1807 年），着手建立一个新的、包罗宏富的客观唯心论体系，把德国古典唯心论运动推向顶峰。黑格尔发展了谢林的客观唯心论，批判了他的抽象的“同一哲学”，批判了他的反理性主义。黑格尔指出，主体与客体的同一是“具体的同一”，即自身包

① 《慕尼黑演讲录》（1827/1828）。弗尔曼斯编《谢林研究资料》，载《康德研究》第 47 卷（1955/56）第 280 页。

② 同上书，第 382 页。

③ 海涅：《论德国宗教和哲学的历史》，北京 1972 年，第 142 页。

含着差别的同一;谢林那种“主体与客体的绝对同一”则是“空虚的无底深渊”。黑格尔还指出,知识的形成过程是逻辑概念发展的过程,为了成为真正的知识,“最初的知识必须经历一段艰苦而漫长的道路”;谢林那种理智直观则是“一种像手枪发射那样突如其来的灵感”[①]。正像当年谢林取代费希特的地位一样,这时黑格尔也取代了谢林的地位。谢林却躲到耶稣会教士制造精神锁链的洞窟里做帮工,对于这位德国古典唯心论完成者及其学派发泄着无穷的怨恨,说什么“你们在吃我的面包”。“要是没有我,就确实不会有黑格尔和现在的黑格尔派”[②]。

这个在哲学中死亡了的天主教神学家,当普鲁士国王需要镇压资产阶级激进派,需要“根除黑格尔泛神论的龙种”时,又死灰复燃起来。他在柏林大学开讲词中扬言,“我在这里并不是要毁灭,而是要建立一座堡垒,从现在起哲学可以安全地居住在里面。康德以来被认为真正科学的东西,并不会由于我而有丝毫丧失”[③]。反动派寄望于谢林,希望他能很快宣告自由主义和青年黑格尔派的死刑。但历史洪流正在滚滚向前,这位“哲学摩西”的良辰美景不久就化成了泡影。谢林发表狂妄的宣言以后,青年恩格斯立刻对他进行了尖锐的批判。恩格斯摧毁了他建立的神学堡垒,戳穿了他所谓保护康德以来科学取得的一切成就的谎言,指出他的晚

① 黑格尔:《精神现象学》,“序言”。参看商务印书馆1962年版第9—10页,第17页。

② 谢林致道尔夫缪勒(1841年9月10日)。《谢林书信集》,第3卷,莱比锡1870年,第166页。

③ 《柏林开讲词》(1841)。《谢林全集》,第14卷,第366页。

期哲学完全是神学的侍女。谢林认为，上帝对于任何思维与存在都是第一位的东西。恩格斯批判道，“**这样就采取了一个严重步骤，明显地说出了纯粹理性的衰落。谢林是自从有经院哲学家以来第一个敢于采取这个步骤的经院哲学家**”①。谢林把他那原来包含辩证法思想的级次理论修改为符合于天主教教阶制的东西，为宗教的三位一体作论证。恩格斯指出，“**这些所谓级次已根本不再是任何思想了；正是在朦胧的虚幻形态上，三个神圣实体的轮廓已经透过极其神秘地笼罩着它们的摩天帷幕，明显地暴露出来**”②。恩格斯的批判在当时获得了进步力量的欢迎，引起了反动势力的鼓噪。但反动派的喧嚣并不能阻止谢林这颗陨星的湮灭。随着德国工人阶级登上政治舞台，随着一八四八年资产阶级民主革命的来临，革命人民早已把谢林扫进了历史垃圾堆。

* * *

哲学是阶级斗争的反映。谢林的思想转变不是偶然的，而是有着现实的阶级根源。

十八世纪末的德国是一个落后的国家。经济上封建生产关系居于统治地位，政治上处于四分五裂的局面。这就使得资本主义的发展异常缓慢，使得资产阶级还没有形成为一个足以与封建势力抗衡的阶级。因此，在法国爆发资产阶级革命时，德国资产阶级尽管受到了鼓舞，但是还没有条件和力量用革命方式解决资产阶级专政取代封建君主专制的历史任务，而是把希望寄托于“君主立

① 恩格斯：《谢林与天启》(1842)。《马克思恩格斯全集》，补编，第 2 卷，柏林 1967 年，第 198 页。

② 同上书，第 186 页。

宪”，企图通过自上而下的改革，扫清自己发展道路上的障碍。这时形成的谢林早期哲学，反映了德国资产阶级对封建制度所采取的这种立场。谢林主张用资产阶级法治代替封建专制制度，但又不敢提出依靠人民群众、把矛头直指封建王朝的革命思想；他要发展康德、费希特的辩证法，但又把矛盾发展、新陈代谢的革命思想隐藏在客观唯心论体系中。这种内在矛盾表现了德国资产阶级的软弱性，构成了谢林后来转向反动的思想基础。

进入十九世纪的时候，德国资产阶级早已由于畏惧法国资产阶级的革命专政，转而反对法国革命，宁愿依附封建势力，满足于封建专制政府所宣布的改良的空话。拿破仑帝国的对外战争，不仅粉碎了外来干涉势力的屡次围攻，巩固了法国革命的成果，而且把欧洲的封建体系打得七零八落，为资本主义的发展开拓了道路。法国革命军队在莱茵区赶走了贵族与主教，废除了各种封建关系，使这个地区成了德国资本主义的摇篮；后来又摧毁了神圣罗马帝国，将德国境内三百多个小邦合并成三十多个邦，从而促进了德意志的统一。正如恩格斯说的，拿破仑**“在德国是革命的代表，是革命原理的传播者，是旧的封建社会的摧毁人”**[①]。但在谢林看来，拿破仑却是一个专横跋扈的暴君，拿破仑对德国封建秩序的破坏似乎是德国的不幸。他放弃了对于法国革命的向往，而处于徬徨苦闷之中。渴望自由为祈求上帝所代替，哲学探讨为神学宣讲所代替。这样，他便走向封建君主专制与天主教神学，而与过去的进步思想诀别了。他的这种转变，反映了被法国革命所骇倒的德国

① 恩格斯：《德国状况》。《马克思恩格斯全集》，第 2 卷，北京 1957 年，第 636 页。

资产阶级想重建那个被拿破仑所破坏了的封建国家的反动趋向。

维也纳会议以后，欧洲处于反革命普遍复辟时期。欧洲各国的封建君主以沙俄、奥地利和普鲁士为主，结成所谓“神圣同盟”，妄图恢复法国革命前的旧制度。普鲁士国王并没有履行他给人民一部宪法的诺言，而是着手复辟旧的封建制度。争取政治自由与民族统一的资产阶级民主运动遭到了残酷的镇压。德国资产阶级与旧社会的戴着皇冠的人物在政治上实行了妥协，以谋求自己在经济上的逐步发展。就是在这样的历史背景下，谢林在受到德国封建君主的恩宠后，变成了封建复辟哲学家，变成了天主教神学家。他所宣扬的反革命政治理论与信仰主义，反映了德国资产阶级的妥协态度和封建复辟势力的反动愿望。

谢林从进步到反动、从哲学到宗教的转变过程，是德国资产阶级对待自己的历史使命所发生的态度变化的一个哲学缩影。资产阶级哲学史家往往把这种转变单纯视为从富有创造性到没有创造性的衰退，并把它归因于卡罗列娜之死。例如，库诺·费舍尔就曾经大力强调“卡罗列娜的情感对谢林精神的蓬勃发展比世界上的任何赞助都更有推动作用”，同时把谢林思想的日益衰退说成是由“卡罗列娜的死亡”所致[①]。民主德国哲学史家曼弗里德·布尔(Manfred Buhr)也拾取了这类庸俗不堪的观点来解释谢林的转变，说“谢林与卡罗列娜·施莱格尔的结合是一个崇高的范例，表明一位天生感情丰富、才智出众的女人的爱情会如何鼓舞与提高男子的创造；在1809年卡罗列娜逝世以后，我们则可以发现他的

① 费舍尔:《近代哲学史》第7卷，海德堡1902年，第56页以下。

思想创造性在日益衰退”[①]。这类解释是同马克思主义的唯物史观根本对立的,它完全无法说明谢林思想演变的真实原因。

谢林在当时的社会变革时期,用自己的言行,写下了自己反对自己的历史,使原有的“真诚的青春思想”变为一场幻梦,沦为“在哲学幌子下的普鲁士政治”。但像海涅所揭露的,“他还要欺骗我们说他是个始终不变的光明磊落的人。他否认自己的背叛行径,从而在堕落的耻辱之上给自己更增添了撒谎的卑鄙”[②]。有些现代资产阶级哲学史家往往根据谢林的这类自欺欺人的言论,否认他的思想从进步到反动的演变,而竭力美化他的晚期哲学。例如,联邦德国哲学家瓦尔特·舒尔茨(Walter Schulz)就说什么在柏林“谢林被描绘为头脑昏聩的人,他已经背叛了科学精神,这类评论是“不公平的和过甚其词的”[③]。曼弗里德·施劳特尔(Manfred Schröter)则更认为谢林的神话哲学是“过去提出的最深刻、最富有意义和最渊博的哲学”[④]。他们竭力在谢林的早期哲学里用错误掩盖智慧,在谢林的晚期哲学里用谎言冒充真理。他们的观点是根本不符合历史事实的。

关于如何评价谢林哲学,一直存在着两种对立的立场。现代资产阶级哲学流派总是力图到谢林的晚期哲学中寻找各种反理性主义思想,用以编造神话,对抗马克思主义哲学。例如,存在主义

① 布尔:《谢林〈近代哲学史〉序言》莱比锡 1975 年,第 6 页。

② 海涅:《论德国宗教和哲学的历史》,第 142 页。

③ 舒尔茨:《谢林哲学评述》,载西德《哲学研究杂志》1975 年第 3 期第 330 页。

④ 施劳特尔:《对谢林神话哲学的回顾》,载西德《哲学研究杂志》1960 年第 2 期第 270 页。

代表人物海德格尔就把那本宣告了谢林走向反动的《关于人类自由的本质的哲学探讨》吹捧为“谢林的最大成就,同时也是德国哲学的、因而西方哲学的最深刻的著作之一”[①]。新托马斯主义代表人物黑尔穆特·奥格尔曼(Helmut Ogiermann)则大力抬高谢林的天启哲学,希望由此建立起“哲学与神学的统一”[②]。与此相反,现代马克思主义哲学史家则把谢林的早期哲学与晚期哲学、他的合理东西与错误东西区分开,以批判的、历史的眼光,精心维护他对德国古典哲学做出的贡献,无情批判他的反动倒退,既反对那种把晚期谢林当作救生圈的神秘主义,也反对那种把青年谢林谩骂为江湖骗子的虚无主义,从而为科学地研究和客观地评价谢林作出了贡献[③]。因此,系统地深入地研究谢林哲学,阐明马克思主义创始人对谢林哲学的关系,进一步批判现代资产阶级哲学家对它的曲解和伪造,仍然是我们在德国古典哲学研究领域中的一个课题。

1976 年 7 月

① 海德格尔:《对谢林〈关于人类自由的本质的哲学探讨〉的研究》,图宾根 1971 年版第 2 页。

② 奥格尔曼:《晚期谢林的基督教哲学》,载西德《神学与哲学》,1975 年第 3 期第 329 页。

③ 参看狄茨什(St. Dietzsch)《时间与历史·谢林同一哲学研究》(莱比锡 1973 年)和孚尔斯特(W. Förster)《从哲学到宗教·谢林哲学发展过程的主要线索》(柏林 1967 年)。

目　　录*

* 这个目录是译者编的。译者拟的标题都加了方括号。

前　　言

一个完全改变、甚至倒转了那种不仅支配普通生活、而且还支配绝大部分科学的世界观的体系，即使其原理经过了极其严格的证明，也会在那些能够感到或真正看出其证明的明晰性的人们当中不断遭到非议。造成这种情况的原因只能在于这个体系没有能力摆脱大堆具体问题。无谓忙碌的想象力直接根据那样一种已被改变的观点，从全部经验财富里引申出这些问题来，遂使判断发生了迷误和紊乱。人们不能否认这种证明的力量，也不知道用什么确定而明晰的东西去取代那些原理，但人们看到从那些原理中事先就引出了一些显得不可思议的结论，他们就感到害怕，并对解决那些原理在其运用中必不可免地碰到的所有困难感到绝望。但是，既然人们可以正当地要求每个参与一般哲学研究的人有能力作任何抽象，善于用最高的普遍性——具体事物全然消失在这种普遍性中，而且它如果真是最高的普遍性，确实也就预先包含了对于一切可能有的课题的解决——去把握那些原理，那么，在开始建立体系时避免做任何陷入具体事物的探讨，而仅仅提炼和无庸置疑地确立必要的最根本的东西或原理，这就是自然而然的事情了。当然，任何一个体系的真理性的最可靠的试金石都毕竟在于它不是仅仅轻易地解决那些先前无法解决的问题，而是自己提出真正

全新的、以前不曾思考过的问题,并全盘动摇过去被认为是真理的东西,从而使一种崭新的真理出现于世。而先验唯心论独有的特点也正是这样,就是说,一俟得到承认,它就必须促使所有的知识宛然从头新生,重新检验早已认为是确定无疑的真理的东西,即使这种东西能够经得起检验,也必须至少通过检验使之以全新的形式和形态表现出来。

我们眼下这部著作的目的正是要把先验唯心论扩展成它实际上应当是的东西,即扩展成一个关于全部知识的体系,因而不是仅仅一般地证明这个体系,而是用事实本身证明这个体系,就是说,真正将其原理推广到关于主要知识对象的一切可能的问题上,无论这些问题是先前已经提出而没有得到解决的,还是通过这一体系本身才能构成和新出现的。从这里自然可以看出,这部著作不能不涉及一些问题和课题,这些问题和课题在许多现今颇以为能对哲学问题作出某种判断的人们当中还完全没有引起注意或成为话题,因为他们还停留在体系最初的基础方面,不管是由于本来就连理解全部知识的最初原理所要求的那种东西的能力都不具备,还是由于有先入之见,或者由于别的什么原因,他们终究没有能够越过这些最初的基础。同样,虽然我们的探讨是不言而喻地追溯最初原理的,然而对这类人来说也很少能期望从这部著作中得到什么东西,因为在最根本的探讨方面,这部著作里完全不可能出现知识学创立者的著作或作者的著作早先似乎都不曾说过的东西,不过在现在的论述中对于若干论点的阐述可能比以前获得了更大的明晰性,可是这种明晰性至少是永远也无法弥补原初在思想方面的缺点的。此外,作者试图用以达到自己从各个方面阐明唯心论的宗旨的手段，是把哲学的各个部分陈述为一个连续的序列，如实地陈述全部哲学，就是说，把全部哲学陈述为自我意识不断进展的历史，而那种具体表现在经验里的东西则仿佛不过是作为这部历史的纪念碑和证据之用。为了确切地周详地勾画出这部历史，重要的关键在于不仅要精确地划分这一历史的各个时期，再把这些时期精确地划分为各个阶段，而且也要表现出它们是一个前后相继的序列，从而赋予整个历史以一种内在联系。人们通过发现这一序列的方法本身，就能确信没有任何一个必要的中间环节是已经跳过去的。那种内在联系也没有一个时代能够涉及，而它为以后的一切论述都仿佛确立起了一套不可移易的构架，一切均须以此为基础来铺陈装衬。这种联系本来就是直观依次提高的一个阶序，自我费了特别的努力，通过这个阶序，才上升到了最高级次的自我意识。促使作者描述这种联系的，主要是自然与理智的平行对应关系，作者早已得出了这种关系，但要完整地描述它，单靠先验哲学或者单靠自然哲学都是不可能的，而只有靠这两门科学才有可能，正因为这样，这两门科学必然是两种永远对立的科学，二者决然不能变成一个东西。作者到此仅仅肯定了这两门科学在理论方面所具有的完全等同的实在性，关于这种实在性的令人信服的证明可以在先验哲学中、特别是在眼前这部作品的有关阐述中找到，所以这部作品应看成是作者有关自然哲学的著作的一部必要的姊妹篇。因为正是通过这部作品才能看出，存在于自我中的那些直观级次在自然界中也同样可以在一定界限内指陈出来，而且因为这种界限就是理论哲学和实践哲学的界限，所以使客观的东西成为第一位的还是使主观的东西成为第一位的，这对单纯的理论考察来说都是一样的，只有实践哲学（它在此种考察中根本不表示态度）才能侧重于后者；这样也才能看出，连唯心论也没有纯粹的理论基础，因此在这方面假如人们只承认理论的明晰性，那就决不会有自然科学所能有的明晰性，自然科学的基础和证明完完全全是理论性的。熟悉自然哲学的读者会从这些解释中得出结论，认为作者把这门科学同先验哲学对立起来，使之完全同先验哲学分开，这是有着相当深刻的、基于事实本身的根据的，同时也可以相信，假如我们的全部任务仅仅是说明自然，我们就决不会从事唯心论了。

至于说到当前这部著作关于自然界、一般物质的主要对象和它们的一般功能、机体等等所作的演绎，那的确是唯心论的，但正因为如此，却并不是（许多人视为与之等同的）目的论的推演，这种推演在唯心论中和在另一种体系中一样，是不能令人满意的。因为，比如说，即使我证明具有这些或那些规定的物质的存在为自由或实践目的所必要，或者证明理智可以把自己对外部世界的行动直观成是以某一机体为中介的，这类证明也总是不能给我回答这样的问题：理智究竟是怎么样和通过什么机制恰好直观那种为自由或实践目的所必要的东西的。倒应该说，唯心论者对特定外在事物的存在所作的一切证明都必须根据直观活动本身的原始机制，即通过一种客体的实际构造来进行。证明是唯心论的，所以证明中的单纯目的论说法终究不能使真正的知识前进一步，因为大家知道，用目的论来解释客体决然不能给我们讲清楚客体的真实起源。

实践哲学的真理在先验唯心论体系本身只能作为中间环节出现，并且实践哲学中真正属于这一体系的只是其中的客观东西，普遍性最大的客观东西就是历史，而历史像第一类客观东西或自然

界一样，在唯心论体系中也需要先验地加以演绎。对历史的这一演绎同时也证明，我们须看作是行动主体和客体之间和谐的最终根据的东西，固然必须被当作是一种绝对同一的东西，但把这种绝对同一的东西想象成实体性的或人格性的东西，比之将其弄成单纯的抽象并不会高明多少，只有作拙笨透顶的误解，人们才会把这类谬见转嫁给唯心论。

至于说到目的论的原则，读者无疑将亲自看出，这些原则指明了用一种清楚明白的方式解释自然界中机械性和合目的性的共存关系的唯一途径。最后，关于整个著作结尾部分讲到的一些艺术哲学原理，作者提请对它们或许有点特殊兴趣的读者们不要忘记，对艺术哲学的整个探讨本来是无止境的，而在这里只是从它与哲学体系有关的方面进行的，由于这层关系，这一大题目中的许多方面就不得不事先置诸考察之外。

末了作者想说明，把先验唯心论阐述得尽可能通俗易懂，这可以说是他附带的目的。作者觉得通过自己所选择的方法，他是可以在这方面收到一些成效的，两次公开讲述这一体系的经验已使他对此深信不疑。

不过，这篇简短的前言将足以在那些和作者持有同一观点、共同解决同一课题的人们当中唤起对这部著作的一些兴趣，引起要求讲解说明的热望，而那些既不想对这部著作发生兴趣，也不真正要求解说的人们，则会事先由此畏缩而逃，这样，这篇前言的全部目的也就毕竟都达到了。

一八〇〇年三月底　耶拿

导　论

§1. 先验哲学的概念

1. 一切知识都以客观东西和主观东西的一致为基础。因为人们认识的只是真实的东西；而真理普遍认定是在于表象同其对象一致。

2. 我们知识中所有单纯客观的东西的总体，我们可以称之为自然；反之，所有主观的东西的总体则叫做自我或理智。这两个概念是互相对立的。理智本来被认为是仅仅作表象的东西，而自然则被认为是仅仅可予表象的东西，前者被认为是有意识的，后者被认为是无意识的。但在任何知识中两者（有意识的东西和本身无意识的东西）都必然有某种彼此会合的活动；哲学的课题就在于说明这种会合的活动。

3. 在知识活动本身，即当我进行认识时，客观的东西和主观的东西是统一在一起的，以致我们不能说二者当中何者居先。这里既不存在第一位的东西，也不存在什么第二位的东西，两者同时存在，而且是一个东西。在我打算说明这种同一性时，我必定已先把它扬弃。由于除了知识的那两个因素（作为说明的原理）之外我本未得到任何东西，因此为了说明这种同一性，我就必须使其中一个因素先于另一因素，从其中一个因素出发，以便从这一因素达到另一因素；至于我从两个因素中哪一个出发，是不由课题来确定的。

4. 因此，只有两种可能的情形。

A. 或者使客观的东西成为第一位的，这样问题就在于：与它一致的主观的东西何以会归附于它。

客观东西的概念中并没有包含主观东西的概念；反之，两者是互相排斥的。因此主观的东西必须归附于客观的东西。在自然的概念里也没有一种俨然是对自然进行表象的理智的东西。如此看来，即令没有任何表象自然的东西，自然也会存在。所以这一课题也可以这样来提：理智的东西是怎样归附于自然的？或者说，自然是怎样得到表象的？

这个课题是把自然或客观的东西当成第一位的。因此它无疑是自然科学的题课，自然科学就是这样做的。自然科学虽是不自觉地、然而事实上至少是同解决这个课题相近的。关于这一点，这里只能简略地说明一下。

如果说一切知识似乎都有互为前提和彼此相需的两极，那么它们在一切科学中都必定是彼此需求的；因此必然有两门基本科学，而且必不可能从一极出发而不被驱向另一极。因此，一切自然科学的必然趋向是从自然出发而达于理智的东西。这一点，而且只有这一点，才是把理论带到自然现象去的努力的基础。自然科学的最高成就应当是把一切自然规律完全精神化，化为直观和思维的规律。现象（质料的东西）必须完全消逝，而只留下规律（即形式的东西）。由此可见，规律性的东西在自然本身显露得愈多，掩盖它的东西就愈是消失不见，现象本身就愈益精神化，最后也就全然不复存在了。光学现象无非是一种几何学，它们的线是由光线来划的，而这种光线本身就只有暧昧的物质性了。在磁现象中一切物质的迹象都已消失殆尽；至于万有引力现象，连自然科学家们也认为可以仅仅看作是直接的精神作用，这里留下的只不过是这类现象的规律，这种规律在太空的实现就是天体运动的力学过程。完善的自然理论应是整个自然借以把自己溶化为一种理智的理论。自然的僵死的和没有意识的产物只是自然反映自己的没有成效的尝试，不过所谓僵死的自然总的来说还是一种不成熟的理智，因而在它的现象中仍然无意识地透露出理智特性的光芒。自然只有通过最高和最后的反映，才达到完全变其自身为客体的最高目标，这种反映不是别的，而就是人，或者说得更概括一点，就是我们称之为理性的东西，通过理性自然才破天荒第一次完全回复到自身，从而表明自然同我们之内认作是理智与意识的东西本来就是同一的。

这足以证明，自然科学具有把自然理智化的必然趋向；正因为有这一趋向，它才成为自然哲学，而自然哲学是哲学的一门必不可少的基本科学。①

B. 或者使主观的东西成为第一位的东西，这样课题就是：与它一致的客观的东西何以会归附于它。

如果一切知识都以这两者的一致为基础(1)，那么说明此种一

① 自然哲学的概念及必然趋向的周详发挥可看作者的论著：《自然哲学体系纲要》和本纲要结合在一起的《自然哲学体系纲要导论》以及《思辨物理学杂志》第一期里的一些解释。

致的课题就无疑是一切知识的最高课题，而且像一般公认的那样，如果哲学是一切科学中至高无上的科学，那么这个课题无疑便是哲学的首要课题。

但这一课题要求的只是说明前面所说的一般的会合活动，至于这种说明从哪里出发，它应当使什么成为第一位的，什么成为第二位的，则可以完全不去确定。既然这两个对立物也是相互必需的，那么不论大家从哪一点出发，问题处理的结果必定是一样的。

使客观的东西成为第一位的东西，从中引出主观的东西来，这如同我们刚才说过的那样，是自然哲学的课题。

因此，如果说有一种先验哲学，那么留给它的就只是相反的方向，即把主观的东西作为第一位的和绝对的东西，从主观的东西出发，使客观的东西从主观的东西里面产生出来。这样，自然哲学和先验哲学就分别属于这两个可能有的哲学方向，并且，如果一切哲学的目标必须是或者使理智出于自然，或者使自然出于理智，那么，承担后一课题的先验哲学就是哲学的另一门必不可少的基本科学。

§2. 推论

通过以上所谈的，我们不只推演出了先验哲学的概念，同时也使读者得以一瞥整个哲学体系。正如大家所看到的，它是由两门基本科学完成的。这两门基本科学在原则上和方向上都彼此对立，而又相互需求和相互补充。这里作者所要确立的和依照已被推演出来的概念首先较精确地表述的，不是整个哲学体系，而只是整个哲学体系中的一门基本科学。[①]

1. 如果对先验哲学来说，主观的东西是第一位的东西，而且是一切实在的唯一根据，是解释其他一切的唯一原理（§1.），那么先验哲学就必须从对客观实在的普遍怀疑开始。

如果说全神贯注于客观事物的自然哲学家只是极力想阻止主观的东西干扰他的知识，那么相反地先验哲学家则只是极力想阻止客观的东西干扰知识的纯粹主观的原理。排除干扰的工具是绝对怀疑论，不是不彻底的、仅仅针对人们的普通成见的怀疑论，还未曾见到根底的怀疑论，而是彻底的怀疑论，这种怀疑论不是针对个别成见，而是针对着根本的成见，这种成见一倒，其他一切成见也就定然不推自倒了。因为除了人为的、硬灌给人们的成见而外，尚存在着一些更有深远根源、不是通过教育或者艺术而是由自然本身加给人的成见，除哲学家以外，其余所有的人都以这些成见代替一切知识的原理，而囿于一己之见的思想家甚至奉之为一切真理的试金石。

产生其他一切成见的一个根本成见，正是那种认为事物似乎存在于我们之外的成见；这种自以为是的意见，由于既不以论证为基础，也不以推理为基础（因为根本对它不存在什么唯一可靠的证明），而又未能通过相反的证明所根除（naturam furca expellas, tamen usque redibit〔任你尽力驰骋，但终归回到自然〕*），于是乎

① 待先验哲学体系完成之后，人们才会理解自然哲学作为补充先验哲学的科学的必要性，那时也就不会再提出只有自然哲学才能满足的那些要求了。

* 出自贺拉斯《诗集》，书信，第1卷，第10简，致福斯库。参看巴黎1931年拉丁文版，第367页。——译者

就自命有直接的确实性；但是，这种自以为是的意见因为终归涉及某种与我们全然不同、甚至对立的东西，而大家又看不出这类东西怎么会进入直接意识，所以只能被视为一种成见，它虽然是生就的和根本的成见，但正因为如此，就不能不把它视为成见。

一个就其本性来说不可能是直接确实的命题，却又盲目地毫无根据地被当作这样一个命题来接受，先验哲学家要解决这种矛盾，就只有假定这个命题和某种直接确实的东西不是隐蔽地联系着，而是同一的，是同一个东西，虽然迄今为止人们还没有看清这一点。指明这种同一性，将真正是先验哲学本分之内的事。

2. 于是对理性的普通运用来说，除了我在这个命题，就根本没有什么直接确实的东西；这个命题由于在直接意识本身之外失去了意义，所以是一切真理中最个别的真理，也就是绝对的成见，如果会有任何某种别的东西是确实的，那么首先就须把这种成见接受下来。这样，事物存在于我们之外这个命题由于和我在这个命题有同一性，在先验哲学家看来也将完全是确实的，而且它的确实性也完全等于它借以得到其确实性的那个命题的确实性。

照这一点来看，先验知识有两点区别于普通的知识。

第一，对先验知识而言，确信外物存在是一种简单的成见，先验知识要超越此种成见，以求找出它的根源。（能使先验哲学家关注的，决不是证明自在之物存在，而只是把外在对象设想成现实的这一点原是一种自然而必然的成见。）

第二，我在和我外有物这两个命题在普通意识中是溶混在一起的，先验知识把它们分离开来（把其中一个命题置于另一命题之前），正是为了能够证明它们的同一性，能够真正指出普通意识仅仅感觉到的那种直接的联系。如果这种分离的活动是完善的，通过这种分离活动本身，那种直接的联系就转到先验考察方式之下来了，这种方式决不是一种自然就有的方式，而是一种操养有素的方式。

3. 如果说先验哲学家认为只有主观的东西才具有原始实在性，那么他也将只是使知识中主观的东西直接成为自己的对象，客观的东西将只是间接地成为他的对象，而不像在普通知识中那样，不考虑知识本身(知识活动)，而只考虑客体。恰恰相反，在先验知识中是不考虑客体本身，而只考虑知识活动。因此先验知识就其为纯主观的而言，是一种关于知识的知识。

例如，只要客观的东西从直观到达普通意识，直观活动本身就会消失在对象中；反之，先验考察方式却只是通过直观活动看出被直观的东西。又如，普通的思维是概念在其中起支配作用的一种机械过程，但没有作为概念从中区分出来；而先验思维则打断这个机械过程，并且在它意识到概念是活动时，就升华为概念的概念了。在普通行动当中，由于只顾行动的客体，而忘记了行动本身；作哲学思考也是一种行动，但不单单是一种行动，而同时也是这种行动中的一种持续的自我直观活动。

所以，一般地说来，先验考察方式的本性只能在于用这种考察方式把其他一切思维、知识或行动中逃避意识的并且绝对非客观的东西也带给意识，并成为客观的，简言之，先验考察方式的本性只能是主观的东西把自己变成自己对象的一种持续不断的活动。

先验的艺术正是指那种在行动和思维的二重性中不断维持自己的技巧。

§3. 先验哲学的初步划分

这种划分是初步作出的，因为通过科学本身才能引申出划分的原则。

现在我们回到科学概念问题上去。

先验哲学必须说明：假使在知识当中主观的东西被看作是起主导作用的东西或第一位的东西，那么知识一般地说来怎么会是可能的？

这样，先验哲学当作自己对象的东西并不是知识的某一个别部分，也不是知识的某一特殊对象，而是知识本身，知识总体。

不过所有知识都可以还原为某些原始信念或原始成见；先验哲学必须把这些单个的信念还原为一个唯一的原始信念；这个引出其他一切信念的唯一信念，是在这种哲学的第一原理中予以表述的，至于发现这样一个原理的问题则不过是意谓着去发现一个绝对确实的东西，通过这个绝对确实的东西就可以得到其他一切确实性。

先验哲学本身的划分，取决于这种哲学承认其效用的原始信念。这些信念首先在普通知性当中就一定可以找到。因此，我们如果回到普通看法的立场，就会看到下面一些信念是深深铭刻在人们的知性之内的。

A. 不只在我们之外不依赖于我们存在着一个事物的世界，而且我们的表象是和这个世界的事物如此之一致，以致事物中根本没有什么东西不同于我们对它们所作的表象。我们的客观表象所以受到强制，可以从下列情况得到解释，即：事物似乎是无可移易地确定了的，而且，由于事物的这种确定性，我们的表象似乎也间接地确定了。这一占首要地位的、最原始的信念规定了哲学的头等任务是解释表象何以能绝对地同完全独立于它们而存在的对象一致。既然任何经验的可能性的基础都在于假定事物正是我们对它们所表象的那样，因而我们自然而然地是按事物本来的面貌认识这些事物的（因为若没有存在和现象的绝对同一这个前提，那经验会是什么东西呢？譬如说物理学将会迷误到什么地步呢？），那么，对这个课题的解决也就等于理论哲学，理论哲学必须探讨经验的可能性。

B. 第二个同样原始的信念是：在我们心里不是必然地而是自由地产生的那些表象，能够从思想世界过渡到现实世界，并能得到客观实在性。

这个信念是和第一个信念对立的。按照第一个信念来看，对象是无可移易地确定了的，而我们的表象是由这些对象无可移易地确定了的；按第二个信念来看，对象都是可以改变的，更确切地说，是通过我们心里表象的因果性而改变的。按照第一个信念，出现的是从现实世界向表象世界的一种转化，或表象被客观事物所决定的情况；按照第二个信念，出现的是从表象世界向现实世界的一种转化，或客观事物为我们心里一个（自由作出的）表象所决定的情况。

由第二个信念又确定了第二个问题。这个问题就是：某一客观的东西如何会因一种单纯思想的东西而改变，以致与之完全一致起来。

因为一切自由行动的可能性都建立在这个假定之上，所以对这一课题的解决也就是实践哲学。

C. 但是由于这两个问题，我们看到自己陷入了矛盾。——按照 B 点来说，需要的是思想（观念的东西）对感性世界的统治；但若（按照 A 点来说）表象在它一产生时就不过是客观事物的侍女，那么思想对感性世界的这样一种统治怎么可以设想呢？另一方面，若现实世界是某种完全独立于我们而存在的东西，（按照 A 点来说）我们的表象必须以之为准（作为自己的原型），那么，现实世界又何以能够（按照 B 点）以我们心里的表象为准，这就是不可理解的了。总之，我们要有理论的确实性，就得失去实践的确实性，要有实践的确实性，就得丧失理论的确实性；在我们的认识中存在着真理性而同时又在我们的意志中存在着实在性，这是不可能的。

如果说终究有一种哲学存在的话，那就得解决这个矛盾，而且解决这个问题，或者说，回答如何能把表象认作是以对象为准的同时又把对象认作是以表象为准的问题，这并不是先验哲学的初步任务，而是它的最高任务。

不难看出，这个问题无论是在理论哲学当中，还是在实践哲学内部都是不能解决的，只有在一种更高的哲学之内才能加以解决，这种更高的哲学是联结二者的中间环节，它既非理论的亦非实践的，而是同时既是理论的又是实践的。

如果在观念世界和现实世界这两个世界之间没有存在着一种预定和谐，客观世界怎么与我们心里的表象适应，同时我们心里的表象又怎么与客观世界适应，便是不可理解的。而如若客观世界借以产生的活动和表现在我们意志中的活动本来就不是同一的，那么这种预定和谐本身又是不可思议的，反过来讲也一样。

既然如此，在意志中表现出来的正是一种创造性的活动；一切自由行动都是创造性的，不过都是有意识地进行创造的。既然两种活动原则上终究应当是同一种活动，那么，我们现在要是认定那种在自由行动中是有意识地进行创造的活动在创造世界中是无意识地进行创造的活动，那种预定和谐便是现实的，而上述矛盾也就解决了。

如果我们认定上述一切本来就是如此，那么，从事于创造世界的活动和表现在我们意志中的活动的那种原始同一性就将在前一活动的产物中表现出来，而且这些产物也必将显现为一种既是有意识的同时又是无意识的活动的产物。

自然，无论是作为整体来看，还是就它的各个产物来看，都必将显现为一种被有意识地创造出来的作品，但同时也必将显现为最盲目的机械过程的产物。自然是合目的的，却又不能用合目的性加以解释。于是乎关于自然目的的哲学或目的论就成了理论哲学和实践哲学的那种连结点。

D. 到此为止，我们只是一般不证自明地设定了创造自然的无意识活动和表现在意志中的有意识活动的同一性，还未能断定前一种活动的本原究竟属于何方，是属于自然呢，还是属于我们。

但是，知识体系只有在返回自己的本原时才能看作是完成了的。因此，只有在自己的本原内（在自我中）能够证明上述同一性——自己全部问题的最高解决时，先验哲学才会完成。

因此我们不证自明地设定：那种既是有意识的同时又是无意识的活动可以在主观的东西之内，在意识本身指明。

这样一种活动只能是美感活动，任何艺术作品都只能理解成是这样一种活动的产物。因此艺术的理想世界和客体的现实世界都是同一活动的产物；（有意识的活动和无意识的活动）两者的会合无意识地创造着现实世界，而有意识地创造着美感世界。

客观世界只是精神原始的、还没有意识的诗篇；哲学的工具总论和整个大厦的拱顶石乃是艺术哲学。

§4. 先验哲学的官能

1. 先验考察的唯一直接的对象是主观的东西（§2）；因此作这类哲学思考的唯一官能是内在智能，而且这类哲学思考的对象和数学对象的性质不同，它不可能成为外在直观的对象。数学的对象当然和哲学的对象一样，也不是在知识之外存在的。数学的整个存在是建立在直观的基础之上的，因而数学也只是存在于直观之内，不过，这种直观本身是一种外在的直观。此外，数学家并没有直接和直观（构造）本身发生关系，而只是和被构造的东西发生关系，被构造的东西自然只能是外在地展示出来的东西，然而哲学家却只注重构造活动本身，这种活动是一种绝对内在的活动。

2. 不仅如此，如果先验哲学家的对象不是自由地创造出来的话，它们就根本不会存在了。人们不能勉强地作这种创造，就像人们不能由于从外部描绘某一数学图形而勉强地从内部直观这一图形一样。虽然如此，如果说一个数学图形的存在是以外在智能为基础的，那么一个哲学概念的全部实在性则仅仅以内在智能为基础。这种哲学的全部对象无非是理智按照一定的规律所进行的行动。这种行动只有通过自己固有的直接的内在直观才能理解，而这种内在直观又只有通过创造才是可能的。但这还不够。在作哲学思考时，人们不但是考察的客体，而且同时还总是考察的主体。因此，理解哲学需要有两个条件：第一，人们必须进行一种持续的内在活动，进行一种持续的创造活动，创造理智的那些原始行动；第二，人们必须对这一创造活动作持续的反映。总之，人们必须既是被直观者（创造者），同时还是直观者。

3. 由于创造和直观这样不断二重化，对象就会成为其他东西所无法反映的。这一绝对无意识和非客观的东西之被反映只有通过想象力的美感活动才是可能的，这一点这里还不能加以证明，但以后就会得到证明。不过，从这里已经证明的东西中就可以十分清楚地看出一切哲学都是创造性的。由此可见，哲学和艺术一样，都是建筑在创造能力的基础上的，两者的区别仅仅在于创造力发挥的方向不同。因为艺术的创造活动是向着外部，以便通过作品来反映无意识的东西，反之，哲学的创造活动则直接向着内部，以便在理智直观中反映无意识的东西。因此必须用来把握这类哲学的真正智能就是美感智能，正因为如此，艺术哲学才是哲学的真正的工具论（§3.）。

超脱凡俗现实只有两条出路：诗和哲学。前者使我们身临理想世界，后者使现实世界完全从我们面前消逝。我们看不出为什么对哲学的了解恰恰一定要比对诗的了解更为普及一点，尤其是在那类或因死记硬背（直接戕害创造性东西的莫过于此）或因从事死板的、毁灭全部想象力的思辨而完全丧失了美感官能的人们中间。

4. 虽说人们也许可以问一下，对于那种要求最可靠信念（确信事物存在于我们之外）的人来说，还有什么别的信念可能是神圣的，但我们不必在关于真理感以及全然不顾后果之类的口头经上白费时间。我们宁可再看一看普通知性的所谓要求是什么。

除了任何研究课题都有的要求、即给以圆满的解释而外，普通知性在哲学方面根本无所要求。

重要的决不在于证明普通知性视为真实的东西似乎真实，而只在于揭示它那些迷误的不可避免性。我们坚持认为，客观世界不过是使自我意识（我在）成为可能的一个必要限定条件而已；如从这一观点本身再引出普通知性所持观点的必要性来，那对普通知性来说也就足够了。

为了达到这个目的，不只需要打开我们精神活动的内在推动机，揭示必然的表象活动的机制，而且也需要指明，究竟由于我们本性中的何种特性，我们才有必要把那种只在我们直观活动中有实在性的东西反映成某种在我们之外存在的东西。

如果说自然科学把自然规律精神化为理智规律，或把形式的东西附加给质料的东西，就从实在论中得出了唯心论（§1.），那么，先验哲学把理智规律物质化为自然规律，或把质料的东西附加给形式的东西，就从唯心论中得出了实在论。

第一章　关于先验唯心论的原理

第一节　关于知识的一个最高原理的必要性和性质

1. 我们的知识一般有实在性，这在现在还是当假设来看的，而问题在于这种实在性的条件是什么。我们的知识里是否真正有实在性，就要看以后是否真能指明这些首先引申出来的条件。

如果一切知识都以客观东西和主观东西的一致为基础（导论§1.），我们的全部知识就都是由一些命题组成的，这些命题并非直接就是真实的，它们是从某种别的东西中获得它们的实在性的。

单单把主观的东西同主观的东西拼凑在一起，决不能确立真正的知识。恰恰相反，真正的知识是以两个对立面的会合活动为前提的，而它们的会合活动只能是一种经过中介的会合活动。

因此，在我们的知识活动中必定有某种普遍的中介，它就是知识的唯一根据。

2. 我们的知识应有一个体系，就是说，我们的知识应是一个自满自足和自相协调的整体，这也是当假设来看的。怀疑论者否认前一假设，同样也否认这一假设，而这一假设和前一假设一样，只能由事实本身来证明。假使连我们的知识、甚至我们的整个本性都自相矛盾，那会怎么样呢？因此，只好设想我们的知识是一个原始的整体，它的梗概要义应该是哲学体系，所以，我们还是先来探讨这样一种体系的条件。

既然任何真正的体系（如宇宙体系）都必定在它自身之内具有自己存在的根据，那么，如果存在着一个知识体系，这个体系的原理就必须存在于知识本身以内。

3. 这种原理只能有一个。因为一切真理都是自身绝对等同的。或然性诚然可以有不同的程度，而真理性却决没有程度之分；凡是真实的东西，都一样真实。但是，如果知识的所有命题是从不同的原理（中介环节）中获取它们的真理性，它们的真理性就不可能是绝对等同的真理性。所以任何知识都只能有一个（起中介作用的）原理。

4. 这个原理间接地是每门科学的原理，但直接地就是关于一切知识的科学或先验哲学的原理。

因此，创立一门知识科学，即创立一门把主观的东西变为首要的和最高的东西的科学，这个课题就会直接促使我们探讨一切知识的这一最高原理。

一切反对知识有这样一个绝对最高原理的异议，都已为先验哲学的概念所排除。所有这些异议产生的根源，都仅仅在于人们忽视了这门科学的主要课题是有所限定的，它一开始便抽掉了任何客观的东西，而只把主观的东西留在视野之内。

这里我们谈的根本不是存在的一个绝对原理，而是知识的一个绝对原理，因为所有那些异议对于存在的这样一个绝对原理倒都是适用的。

但是，这就可以看出，假如没有知识的一个绝对界限，即某种东西存在，它甚至在我们没有意识到它时也在知识活动中全然束缚和约束着我们，而且恰恰因为它是一切知识的原理，在我们进行认识时也根本没有成为我们的对象，那么，一般地说来，它就永远不可能成为一种知识，甚至也不可能成为一种零碎的知识。

先验哲学家并不过问在我们的知识之外可能会有我们知识的什么最终根据，而是只问在我们知识自身内我们不能超越的最终的东西是什么？他是在知识之内寻找知识的原理（所以这一原理本身是能够被认识到的某种东西）。

“有一知识的最高原理”这个论断并不像“有一存在的绝对原理”的论断那样，是一个肯定的论断，而是一个否定的、限定性的论断，它只不过是说有某种终极的东西存在着，一切知识都从这一终极的东西开始，在其彼岸根本无所谓知识。

先验哲学家处处只把主观的东西作为自己的对象（导论§1.），因此他也只是肯定：在主观上，即对我们来说，存在着某种第一知识；至于离开我们，在这种第一知识彼岸是否一般地还有某种东西，先验哲学家当下是全然置之度外的，这一点只能留待以后来判定。

这样，这种第一知识对我们来说无疑就是关于我们自身的知识或自我意识。如果说唯心论者是把这种知识作为哲学原理的，那么，这是符合于他给自己的全部课题所划定的范围的，除知识活动的主观东西而外，他的全部课题不以任何东西为对象。至于说自我意识是个坚固的立脚点，对我们来说一切都系于这个点，这是无需证明的。但要说这一自我意识似乎只能是一个更高存在的变形（也许是一种更高意识的变形，而这种意识又是某一更高意识的变形，如此类推，以至无穷)，一句话，连自我意识也还可能是某种一般地可以解释的东西，似乎可以根据我们根本不可能有所知(因为恰恰是通过自我意识才形成我们知识的整个综合)的某种东西来解释，这种说法和我们先验哲学家是格格不入的，因为在我们看来自我意识并不是一种存在，而是一种知识，说得更精确一点，是我们一般地具有的最高最深的一种知识。

为了进一步说明这一点，我们甚至可以证明，而且在前面(导论 § 1.)已部分地证明，即使随意把客观的东西确立为第一位的东西，我们也永远越不出自我意识之外去。那样一来，我们在进行解释时或者就得从被确立的东西向其根据永无休止地追溯下去，或者就得随意打断这一序列，所用的方法是确立一个自身本来既是原因又是结果、既是主体又是客体的绝对，而既然这本来只有通过自我意识才能做到，所以我们也就又把自我意识确立为第一位的东西了。这种情形在自然科学中就可以看到，自然科学和先验哲学一样，都不认为存在是本原(见《自然哲学体系纲要》第 5 页)，而认为唯一实在的东西存在于自身本来既是原因又是结果的一个绝对之中，即存在于主体和客体的绝对同一性之中，这种同一性我们称之为自然，而级次最高的同一性又正是自我意识。

把存在当成本原的独断论，一般都只能通过一种从结果到原因作无休无止的回溯的序列来说明问题；因为它的解说依以进行的因果序列只有通过某种本来既是原因同时又是结果的东西才可能加以结束。但是正因为这样，它就可以变成自然科学，而自然科学本身在其完成时又会回到先验唯心论的原理当中来。(彻底的独断论只存在于斯宾诺莎主义里；但斯宾诺莎主义作为真正的体系又只能作为自然科学而继续存在下去，这种自然科学的最后结果仍将成为先验哲学的原理。）

所有这一切都表明，自我意识囊括了我们知识的全部领域，甚至把这个领域扩展到无限，而在每一方面自我意识总是至高无上的。不过对眼前的目标来说，我们还用不着这种深谋远虑的思想，只须对我们的主要课题的意义作一番考察就够了。这样，每个人都无疑地会看到下述论证是明白易懂的。

现在我暂先关切的仅仅是使我的知识本身有一个体系，并在知识本身以内探讨决定一切具体知识的东西。而决定我的知识中所有一切的，无疑地就是关于我自身的知识。既然我是要只在知识自身之内确立我的知识，我就不再探讨那个第一知识（自我意识）的最后根据了，这样一种根据如果是存在的话，那也必定是在知识以外。自我意识在知识的整个体系里是一个发光点，不过这个发光点只是向前照亮，而不是向后照亮。纵使人们承认这一自我意识只是一种不依赖于自我意识的存在的变形——这当然是没有任何哲学能够加以说明的，在我看来它现在也根本不是一种存在，而是一种知识，并且我在这里是只就这一性质来考察它的。对我的课题作了限定，我就只限于转而穷究知识的领域了，通过这种限定，自我意识对我说来就成了一个独立的东西，成为绝对原理，不过不是一切存在的绝对原理，而是一切知识的绝对原理，因为一切知识（不只是我的知识）都必须以自我意识为出发点。至于说整个知识、特别是这种第一知识是以一种不依赖于知识的现实存在为转移，这一点还没有一个独断论者能给予证明。到现在为止，一切现实存在只是一种知识的变形，这和一切知识只是一种现实存

在的变形一样，都是可能的。然而我们完全不管、完全不问必然的东西是否一般地就是现实存在，知识是否仅仅是现实存在的偶性，对我们这门科学来说，知识之所以成了独立的，正是因为我们是仅仅就知识在它自身之内所确立的那样来考察它的，就是说，只就它是单纯主观的东西来考察它的。

在科学判定某种不能从这一知识本身引申出来的东西可否思议之前，这一知识是不是绝对独立的，可以存而不论。

对于这个课题本身，或者说得更确切一点，对这个课题的确定，独断论者已不能提出什么责难来了，这是因为我可以完全随意地限定我的课题，不过不能随意地把我的课题扩展到某种事先就已看出不能归入我的知识范围的东西上去，例如，扩展到某个在知识之外的知识的最终根据上去。对此提出的唯一可能的责难，是说这样规定的课题不是哲学课题，这种课题的解决也不是哲学。

然而到底哲学应该是什么，这恰恰是直到现在还没有解决的问题，这个问题的回答只能是哲学本身的结果。至于这一课题的解决就是哲学，这一点只能由行动本身来回答，之所以如此，是因为随着这一课题的解决，人们也就同时解决了一向企图在哲学内加以解决的一切问题。

不过我们还是可以用独断论者作出相反论断的那类理由来断言，迄今人们认为是哲学的，只有作为知识科学才有可能存在，并且不是把存在作为对象，而是把知识作为对象；因此，这种知识科学的原理也不可能是存在的原理，而只能是知识的原理。从知识出发而达到存在，从暂先只是为了我们这门科学之便而假定为独立不倚的知识中推演出所有客观事物来，从而把知识提到绝对独立的地位，这种作法比之独断论者从假定为独立不倚的存在中创造一种知识的那种相反尝试，对于我们是否更有成功的把握，这必须视结果而定。

5. 通过我们这门科学的第一个课题，我们试图探讨的是能否找到从知识本身（就知识之为活动来说）到知识内的客观东西（它不是活动，而是一种存在，一种实存）的一种过渡。通过这一课题，知识已设定为独立的了；对于这一课题本身，在做这项实验以前，是无可非议的。

因此，通过这一课题本身，也同时确认了知识在它自身内有一个绝对原理，而且这个处在知识本身内的原理应当同时也是作为科学的先验哲学的原理。

然而任何科学都是具有一定形式的命题所构成的整体。因此，如果说科学的整个体系应该是通过上述原理确立起来的话，那么，不只这门科学的内容，而且连它的形式也必须由这个原理来确定。

一般都认为哲学有一种独特的形式，大家把这种形式叫做体系形式。不加推演而把这种形式当作假定来用，这在已经以科学的科学为前提的其他科学里是可以的，但在科学的科学本身却是不行的。这种科学一般地说来正是把这样一种形式的可能性作为对象的。

什么是一般科学形式呢？它的起源是怎样的呢？这个问题知识学必须替其他所有科学作出回答。可是这种知识学本身就是科学，所以又需要一种知识学的知识学，而这种知识学的知识学本身又会是科学，如此类推，永无止境。所以问题就在于如何能解释这个循环论证，因为它显然是不能消除的。

如果这个为科学所不可避免的循环论证不是本来就处在知识本身(即科学的对象)之内，或者说，如果不是知识本来的内容以本来的形式为前提，而且知识本来的形式反过来又以知识本来的内容为前提，因而两者相互制约，那么，这个循环论证是不能解释的。为此必须在理智本身之内找到一个点，在这一个点上通过最原始的知识的同一种不可分割的活动同时出现了内容和形式。发现这一个点和发现一切知识的原理必定是同一个课题。

因此，哲学的原理必须是这样一个原理，在这个原理中内容为形式所制约，而形式反过来又为内容所制约，并且不是单单一方把另一方作为自己的前提，而是双方互为前提。对哲学第一原理的论证中还有如下的方法。哲学原理必须能使自己用一个基本命题或原则表述出来，就是说，这一基本命题无疑决不应当是单纯形式性的，而应当是一种实质性的命题。但是，每个命题无论所需的内容如何，总是服从逻辑规律的。因此，每个实质性的原则都仅仅因为是实质性的原则，就都以一些更高的原则、以逻辑原则为前提。这种论证毫无缺陷，只是人们必须把它颠倒过来。大家试把随便某个形式的命题，例如 A＝A 设想为最高的命题。这个命题中的逻辑的东西仅仅是 A 与 A 之间的同一性的形式；可是 A 本身对我来说究竟是从何而来的呢？如果 A 存在着，那么它是与它自身等同的；可是它究竟从何而来呢？这个问题无疑不能从这一命题本身来回答，而只能从一个更高的命题来回答。A＝A 的分析以 A 的综合为前提。因此显而易见，没有一个实质性的原理为前提，任何形式性的原理都是不可思议的；没有一个形式性的原理为前提，也没有一个实质性的原理是可以思议的。

如果找不到某一命题，其中形式和内容交相制约，交相使对方有可能存在，要摆脱每一形式以一种内容为前提、每一内容以一种形式为前提的循环论证，是完全不可能的。

因此，上述论证的第一个错误前提是在于把逻辑的原则假设成无条件的，即不是能从更高的命题中进行推演的。但是逻辑的原则之所以对我们产生，仅仅是因为我们把在其他原则内是形式的东西又当作命题的内容；因此一般地说来，只有通过对一些特定命题的抽象，逻辑才能产生出来。如果逻辑是以科学的方式产生的，那它就只能通过对知识的最高原则的抽象而产生，这些最高原则作为原则既然本身又已经把逻辑的形式作为前提，它们就必定有这样的性质：形式和内蕴两者在它们之内互为条件、互相诱发。

然而在知识的这些最高原则已经确立，知识学本身已经产生以前，这种抽象是不可能作出的。知识学应当给逻辑奠定基础，但同时又应依据逻辑规律而产生，这一新的循环论证的解释和前面指出的循环论证的解释是一样的。既然在知识的最高原则里形式与内蕴是互为条件的，那么知识科学必须既是科学形式的规律，同时又是科学形式的最完美的实施，而且无论就形式来说还是就内蕴来说，都必须是绝对自主的。

第二节　原理本身的演绎

现在我们谈谈最高原理的演绎。我们所能说的并不是把这一原理从一个更高的原理中推演出来，一般地也不是它的内容的证明。证明只能涉及这一原理的地位，或者说只能涉及证明这一原理是最高的原理，它本身带有属于这样一种原理的所有那些特性。

这种演绎可以用极为不同的方式来进行。我们选择一种最容易的、因而也能使我们最直接地看到这一原理的真正意义的演绎。

1. 一般地说某种知识是可能的——不是指这种或那种确定的知识，而是指任何一种知识，至少是对于无知的知识——这一点连怀疑论者也是承认的。假如我们认识到某种东西，那么这种知识不是一种有条件的知识，就是一种无条件的知识。它是有条件的吗？那么我们认识到它，就只是因为它和某种无条件的东西有关。因此，在任何情况下，我们都达到一种无条件的知识。（关于我们知识中必定有某种东西，我们不再从某种更高的东西来认识它，这一点在前一节里已得到了证明。）

问题只是我们究竟能无条件地认识到什么？

2. 我无条件地认识到的只是这样一种东西，这种东西的知识独以主观的东西为条件，而不以客观的东西为条件。可以肯定，只有在同一律内表达出来的那样一种知识才只受主观东西的制约。因为在 A＝A 这个判断里主词 A 的内容完全被抽掉了。A 一般是否具有实在性，对这种知识来说是完全无所谓的。因此如果完全抽掉了主词的实在性，那么 A 是单就它设定在我们内部、为我们所表象来考察的；至于是否有某种在我们之外的东西和这一表象相适应，则根本不去过问。这个命题是自明的、确实的，完全不顾及 A 是某种现实地存在着的东西，还是单纯被想象的东西，或者甚至是不可能的东西。因为这个命题只是说：当我思考 A 的时候，我思考的只不过是 A。因此，这一命题内的知识活动只受我的思维（主观的东西）的制约，这就是说，按照上面的解释，这种知识活动是无条件的。

3. 但是，在一切知识中，一个客观的东西是被认作与主观的东西会合在一起的。但在 A＝A 这个命题里却没有这样的会合。因此一切本原性的知识都超出了思维的同一性，而且 A＝A 这个命题本身必须以这样一种知识为前提。既然我思考了 A，我自然是把它作为 A 来思考的；但是我究竟怎么会去思考 A 呢？如果它是自由地设想出来的一个概念，那它便不能创立任何知识；如果它是一个出于必要感而产生的概念，那它就必须有客观实在性。

如果主词和宾词在一切命题中不单以思维的同一性，而且以某种外在于思维的、与思维有别的东西为中介，这些命题叫做综合的命题，那么，我们的整个知识就是由一些纯粹综合的命题构成的，而且只有在这样的命题中才有一种实在的知识，即在自身之外有它的对象的那样一种知识。

4. 但是综合命题并不是无条件的，即自己确证自己的，因为只有同一的或者说分析的命题才是这样(2)。因此，如果在综合命题内，因而在我们的整个知识内应当有确实性的话，那么，这些综合命题就必须还原为一种无条件确实的东西，也就是说，还原为一般思维的同一性，但这是自相矛盾的。

5. 这一矛盾似乎只能这样来解决：找到某一个点，在这一个点内同一的东西和综合的东西是同一个东西；或者找到某一命题，这一命题在其是同一的时候，同时也是综合的，在其是综合的时候，同时也是同一的。

在一些命题里，一个完全外在的客观的东西和一个主观的东西会合在一起(这在任何一个 A＝B 的综合判断里都是有的；宾词、概念在这里往往是表示主观的东西，主词则表示客观的东西）。我们怎样能从这样一些命题方面得到确实性，这在下述两种情况下是不可理解的：

a）如果一般地没有某种东西是绝对真实的。因为，假若在我们的知识中存在着一种从原理向原理无限回溯的序列，那么，我们为了感觉到那种强制性（即命题的确实性），至少必须无意识地向后走完这一无限的序列，而这显然是荒唐的。如果这个序列真是无限的，那是无论如何也走不尽的。如果它不是无限的，那就存在着某个绝对真实的东西。如果有这样一个绝对真实的东西，那我们的全部知识和我们知识中的每个具体真理必定是和那种绝对的确实性紧紧联结在一起的；对这一联系的模糊感觉产生了那种强制感，本着这种感觉，我们便把某一命题当作真实的。哲学应当把这种模糊的感觉化为清晰的概念，因为上述联系及其主要的中间环节已昭然在目了。

b）那个绝对真实的东西只能是一种同一的知识。但是，因为一切真实的知识都是一种综合的知识，所以那一绝对真实的东西作为一种同一的知识势必同时又是一种综合的知识；因此，如果有一绝对真实的东西存在，那就必定也有一个点存在，在这一个点上，综合的知识直接从同一的知识中产生出来，而同一的知识又直接从综合的知识中产生出来。

6. 为了能够解决发现这样一个点的课题，我们无疑必须进一步深入研究同一命题与综合命题之间的对立关系。

在每个命题中，两个概念都互相对照，也就是说，它们彼此不是被设定为等同的，就是被设定为不等同的。然而在同一命题里却只是把**思维与其自身**加以对照。反之,综合命题却超过了**单纯的**思维;因为,我在思考命题的主词时,我并没有思考宾词,宾词是**附加**到主词上去的;因此对象在这里不是**仅仅**由其思维来规定的,对象被看作是**实在的**,因为实在的东西恰恰就是通过**单纯的**思维活动所不能创造的东西。

这样,如果同一命题是概念只与概念加以对照的命题,综合命题是概念与一个有别于概念的对象加以对照的命题,那么,发现同一知识在其中同时又是综合知识的那样一点的课题就不过是意谓着**发现一个点,在这个点上客体及其概念、对象及其表象原本绝对是一个东西,而且不假任何中介**。

我们还可以更简略地说明,这个课题和发现一切知识的一个原理的课题是一回事。如果知识本身没有一个点,在这个点上表象和对象两者**原本**是一个东西,或者说,**在这个点上存在和表象活动有最完满的同一性**,那么,表象和对象如何能够一致就是完全不能解释的。

7. 这样,既然表象是主观的东西,而存在却是客观的东西,那么把这个课题最确切地规定一下,它的意思无非就是:**发现一个点,在这个点上主体和客体直接就是一个东西**。

8. 由于这样不断更贴切地限定课题的范围,它也就近乎得到解决了。主体和客体的那种直接的同一性只能存在于**被表象的东西同时也是作表象的东西、被直观的东西同时也是进行直观的东西**的地方。但因被表象的东西同作表象的东西的这种同一性只是在**自我意识**中才存在,因此所要找的那一点就在自我意识内找到了。

解　　释

a）我们如果现在回顾一下同一律 A＝A，就会看到我们可以从这一原则直接推演出我们的原理来。在每个同一的命题里我们都肯定思维同它自己相对照，因为这无疑是通过一种思维活动而产生的。因此 A＝A 这个命题是以一种思维为前提，这种思维直接把自身变成它自己的对象；但这样一种变自己为自己的对象的思维活动只是存在于自我意识之内。从一个只是逻辑命题的逻辑命题里怎样才能挑选出某种实在的东西，这诚然是无法理解的，然而通过反思这一命题中的思维活动何以可能发现某种实在的东西，例如从判断的逻辑职能中发现范畴，从而从每个同一的命题中发现自我意识的活动，却是可以理解的。

b）思维的主体和客体在自我意识内是同一个东西，这一点只要经过自我意识本身的活动，任何人都能明了。这需要我们在从事自我意识活动的同时，在这种活动中再反思自己。自我意识是思维者借以直接变成自己的对象的活动，反过来说，这一活动，而且只有这一活动才是自我意识。这一活动是一种绝对自由的行动，引导人们从事这一行动当然是可以的，然而却不能去强求。在这一行动内直观自己，把自己区分为被思维的东西和作思维的东西，并在这种区分活动中又把自己认作是同一的，这样的技能在以后的论述中将经常当作前提。

c）自我意识是一种活动，不过通过任何活动都会给我们产生某种东西。任何思维都是一种活动，而每一特定的思维，都是一种特定的活动；但通过每一这样的活动，也给我们出现了一个特定的概念。概念不是别的东西，就是思维本身的活动，离开这一活动它就什么东西也不是了。通过自我意识的活动，也必定给我们产生一个概念，而这一概念也无非就是自我的概念。当我通过自我意识变成自己的对象时，我这里就出现了自我的概念，反过来说，自我的概念只是自身对象化的概念。

d）自我的概念是通过自我意识的活动产生的，因此，除这一活动而外，自我就什么东西也不是了，它的全部实在性都是以这一活动为唯一基础，它本身无非就是这一活动。因此，只能把自我设想为一般活动，否则它就什么也不是。

外在的对象是不是根本与其概念不同的东西，概念和对象是不是在这里也是同一个东西，这是现在正需解决的一个问题；但自我的概念（即一般思维借以成为自己的对象的活动）和自我本身（对象）绝对是一个东西，这一点是无需证明的，因为自我除了是这一活动而外，显然就什么东西也不是了，而且，一般说来自我只是存在于这一活动之内。

因此，我们所要找的思维和对象、现象和存在的原始同一性就在这里，而在任何其他地方都是遇不着的。自我根本不存在于那种思维借以变自身为其对象的活动之前，所以自我本身无非就是变自身为对象的思维，因而离开思维就绝不成其为何物。自我那里的被思维活动和产生活动的这种同一性之所以使这么多人仍旧感到难以捉摸，其原因只在于他们既不能自由地完成自我意识的活动，又不能在这一活动里反思其中产生的东西。针对前一种情况，应当指明的是，我们恰好是把作为活动的自我意识和单纯的经验意识区别开的；我们通常称之为意识的是某种仅仅与对象或客体的表象并行的东西，是在表象的更替中维持同一性的东西，因此单单是一种经验的东西，因为，我通过它虽说也意识到我自己，但只是作为作表象的东西意识到的。但这里所说的活动却是这样一种活动，通过这种活动，我并不是借这种或那种规定意识到我，而是从根本上意识到我，这种意识和前一种相反，叫做纯粹意识或κατ' ἐξοχήν[真正的]自我意识。

这两类意识的产生还可以用下述方式加以说明。我们试完全注目于表象的不随意连续系列，那么，不管这些表象如何不同和如何复杂，它们终归会表现出是属于同一个主体的。如果我对表象里存在的主体的这种同一性加以反思，那么我这里就出现了我思这个命题。这个“我思”就是伴随着一切表象并维持它们之间的意识连续性的东西。但人们如果摆脱一切表象活动，以便从根本上意识到自己，那么出现的命题就不是我思，而是“我在”，而这个命题无疑是更高的命题。在“我思”这个命题里，就已经有自我的一种特性或作用的表现；反之，我在这个命题是一个无限的命题，这是一个没有现实宾词的命题，但正因为如此，就肯定了自己有无限可能多的宾词。

e）自我是与它的思维根本没有区别的东西，自我的思维和自我本身是绝对同一的东西；所以自我除了是思维而外，就完全什么也不是了，因此也就不是事物，不是实际，而成了无穷无尽的非客观的东西。这一点可以这样来理解：自我诚然是客体，但只是自为的，因此并非本来就在客体世界，由于它自己变自己为对象，它才变成客体，而且，它并不是变为某种外在东西的客体，而永远只是变为自己的客体。

其他一切不是自我的东西，本来就都是客体，正因为这样，它们就不是自己的客体，而是它们之外的直观者的客体。原本客观的东西永远仅仅是一种被认识的东西，决不会是一种进行认识的东西，自我只有通过自己的自我认识活动，才成为一种被认识的东西。物质之所以是无我的，正是因为它根本没有内在的东西，而是一种只在异己的直观中被把握的东西。

f）如果自我不是事物，不是实际，那么人们也就不能过问自我的宾词了；除了说自我决不是事物而外，自我决没有任何宾词。自我的特性恰恰在于：自我除了自我意识这个宾词外，决没有任何其他的宾词。

从其他方面也可以引出同样的结果来。

作为知识最高原理的东西，不能再到什么更高的东西里去取得它的认识的根据。因此，对于我们来说，它的 principium essndi und cognoscendi［存在的原理和知识的原理］也必须是一个东西，必须合而为一。

正因为如此，这个无条件的东西在任何事物中都是不可能找到的；因为所谓客体的东西本来也就是知识的客体，它和作为一切知识的原理的东西相反，决不能在原初或在自身就成为知识的对象，而是只有通过自由的一种特殊活动才能成为知识的对象。

因此，无条件的东西在一般客体世界内是不可能找到的。（所以甚至对自然科学来说也和对先验哲学一样，纯粹客观的东西或物质不是什么根本性的东西，而是现象。）

所谓无条件的东西，就是绝对不能成为事物、成为实际的东西。哲学的首要课题也可以这样来表述：发现某种绝对不能被认为是事物的东西。但这样的东西只是自我，反过来讲，自我就是本身非客观的东西。

g）若论自我绝对不是客体，不是事物，那似乎就很难说明关于自我的知识一般地究竟何以可能，或者说，似乎就很难说明我们对它有什么样的知识了。

自我是纯粹的活动，纯粹的行动，在知识里必须是绝对非客观的东西，这正是因为它是一切知识的原理。因此，如果说它应该成为知识的对象，那么这也只能是产生于一种与普通知识全然不同的知识活动方式。这种知识活动必须

a）是一种绝对自由的知识活动，之所以如此，正是因为其他一切知识活动都不自由。因此，这种知识活动是证明、推理和概念的一般中介作用所达不到的一种知识活动，所以在根本上是一种直观活动；

b）是这样一种知识活动，这种知识活动的对象不是独立于这种知识活动而存在着，因此，这种知识活动是一种同时创造自己的对象的知识活动，是一种总是自由地进行创造的直观，在这种直观中，创造者和被创造者是同一个东西。

这样一种直观和感性直观相反，叫做理智直观。感性直观并不表现为创造自己的对象的活动，因此直观活动本身在这里是和被直观的东西不同的。

这样一种直观就是自我，因为通过自我关于它自身的知识，自我本身（对象）方才产生出来。因为自我（作为对象）既然无非是关于它自身的知识，所以自我之产生恰恰只是因为它对自己进行了

认识;因此自我本身是一种同时创造它自身(作为对象)的知识活动。

理智直观是一切先验思维的官能。因为先验思维的目标正在于通过自由使那种本非对象的东西成为自己的对象;先验思维以一种既创造一定的精神行动同时又直观这种行动的能力为前提,致使对象的创造和直观本身绝对是一个东西,而这种能力也正是理智直观的能力。

因此,作先验哲学思考必须经常伴随以理智直观,一切所谓这种哲学思考不可理解的说法之所以产生,并不是因为这种哲学思考本身不可理解,而是因为缺乏理解它所必须的官能。没有理智直观,哲学思维本身就根本没有什么基础,没有什么承担和支持思维活动的东西;在先验思维里取代客观世界,仿佛能使思辨展翅翱翔的东西,正是这种直观。自我本身就是一个对象,之所以如此,是因为它在认识它自己,也就是说,它是一种持续不断的理智直观;因为这一自己创造自己的东西是先验哲学的唯一对象,所以理智直观之于先验哲学,正如空间之于几何学一样。因为几何学的所有作图法都仅仅是勾画空间直观界限的各种不同的方式和方法,所以,没有空间直观,几何学就会是绝对不可理解的;同样,因为哲学的所有概念都仅仅是对那种把自身当作对象的创造活动,即理智直观的各种不同的界说,所以,没有理智直观,一切哲学也都会是绝对不可理解的。(参看《哲学杂志》发表的费希特《知识学导论》。)

为什么有些人会把这种直观理解为某种神秘的东西,理解为一种奇特的、只是那么几个人吹嘘卖弄的智能呢?除了这些人确

实缺乏这种官能（而这无疑也不足为奇）而外，除了他们缺乏其他一些其实在性也不容怀疑的智能而外，那是给他们说不出什么理由来的。

h）自我不是别的，只是一种把自身变成自己的对象的创造活动，即是说，它是一种理智的直观活动。然而这种理智的直观活动本身是一种绝对自由的行动，因此这一直观是不能加以证明的，只能被假设为不证自明的；但自我本身仅仅是这一直观，所以作为哲学的本原，自我仅仅是某种被假定成是不证自明的东西。

自从莱因霍尔德把哲学的科学论证当作自己的目标以来，关于哲学中必须据以出发的第一原理已经谈得不少了。人们一般所指的第一原理是一个应当包容整个哲学的定律，但是我们不难看出，先验哲学不能以任何定理为出发点，因为先验哲学是从主观的东西出发的，即从那种只有通过特殊的自由活动才能客观化的东西出发的。一个定理是和某一具体存在有关的命题。但先验哲学却不是从具体存在出发，而是从一种自由行动出发的，而这样一种行动只能被假定为自明的。任何不是经验科学的科学，必须通过它的第一原理先把一切经验主义排除掉，就是说，不是必须把它的对象假定成已经现成存在的，而是必须去创造对象。例如几何学就是这样做的，因为它不是从定理出发，而是从公设出发的。因为几何学内最原始的作图法被假定为是不证自明的，并让学生自己去创造这些作图法，所以一开始就把学生引到自己构造的方向去了。先验哲学也是这样。不先有先验思维方法，就会感到无法理解先验哲学。因此人们一开始就自由地置身于掌握先验思维方法，这是很必要的。而这是

通过产生原理的那种自由活动做到的。若论先验哲学一般地是不假设它的对象的，那它至少还是可以假设它的头一个对象即原理，它可以把这个原理仅仅设定为一个需要自由构造的东西，并且如同原理是先验哲学自己的构造一样，它的所有其他概念也是如此，整个科学也只是研究自己的自由构造。

如果哲学的原理是一个公设，那么这一公设的对象就将是对内在智能最原始的构造，这就是说，这个公设的对象将不是用这种或那种特殊方式规定了的自我，而是作为创造它自己的活动的一般自我，如同通过精神的每一特定的活动总是产生某种特定的东西一样，通过这种原始的构造，在这种构造当中自然也产生了某种特定的东西。但是这种产物绝对不能离开构造，它之所以一般地存在，只是因为它是被构造成的，和几何学家的线一样，不能脱离构造。甚至这种线也决不是什么存在物，因为画在黑板上的线并不是线本身，它之被认作是线，只是因为它维系于线本身的原始直观。

正因为如此，自我到底是什么这个问题和线是什么一样，都是不能证明的；人们只能描述自我借以产生的行动。假设线是可以证明的，那也就用不着去假定它为不证自明的了。创造活动中的那条先验的线也是这样，在先验哲学内必须对这条线作原始直观，这样才能从这条线开始展现出科学的其他所有构造来。

自我到底是什么，只有创造它我们才能得知，因为唯独在自我之内存在和创造活动的同一性才是原始的。（参看《新哲学杂志》第 10 期《哲学文献综览》[①]。）

① 《知识学唯心论集解》。《谢林全集》，第 1 卷，第 401 页。

i）借理智直观的原始活动在我们这里产生的东西，可以用一个原理来表示，这个原理我们可以称之为哲学的第一原理。但就自我是它自己的产物，既是创造者，同时又是被创造者而言，在我们这里借理智直观产生的就是自我。作为创造者的自我同作为被创造者的自我之间的这种同一性可用自我＝自我这个命题来表示，这样的命题既然把对立双方等同起来，所以决不是一个同一命题，而是一个综合命题。

这样，通过自我＝自我这个命题，A＝A这个命题就变成了一个综合命题，而我们也就发现了一个点，在这个点上，从综合知识直接产生出同一知识，从同一知识直接产生出综合知识。但一切知识的原理同样也处在这一点上（第一节）。因此自我＝自我这个命题也一定表达出了一切知识的原理，因为这一命题正是唯一可能的同一而综合的命题。

单纯对A＝A这个命题进行反思就可以把我们引到那一点上去。诚然，A＝A这个命题表面上是同一命题，然而如若一个A和另一个A可以对立起来的话，它就的确也有综合的意义。因此我们必须用一个概念来代替A，这个概念在同一性中表现出一种原始两重性，反之，在原始两重性中也表现出同一性。

这样一个概念是一个自相对立同时又自相等同的对象的概念，不过这样一种对象只是一种自身本来既是原因同时又是结果，既是进行创造的同时又是其产物，既是主体同时又是客体的对象。因此，两重性中的原始同一性和这种同一性中的两重性的概念只是一个主客统一体的概念，这样一个主客统一体本来只出现在自我意识里。

自然科学随意地从既作为创造的东西同时又作为被创造的东西的自然出发，以便从上述概念中推演出具体的东西来。知识的直接对象是那种只存在于直接自我意识中的同一性，是那种只存在于最高级次的自身对象化中的同一性，先验哲学家一开始就——不是随意地，而是自由地——置身于这种最高级次的自身对象化中，而自然中的原始两重性归根到底也只有把自然当作理智才能解释。

k）A＝A 这个命题同时也会满足对知识原理所提出的第二个要求，即它必须既给知识的形式奠定基础同时又给知识的内容奠定基础。因为最高的、形式的原则 A＝A 只有通过自我＝自我这个命题所表述的活动，即通过自己变自己为对象的、自己与自己同一的思维活动，才是可能的。因此，远不是自我＝自我这个命题应从属于同一律，反倒是同一律是受自我＝自我这个命题制约的。因为假如自我不＝自我，A 也就会不＝A，这是因为，自我＝自我这个命题内所设定的等同性毕竟仅仅是表现下判断的主体与那种 A 于其中被设定为客体的东西之间的等同性，也就是说，表现作为主体的自我和客体之间的等同性。

概　　述

1. 通过前面的演绎已经解决的矛盾是下述矛盾：知识科学不能从任何客观的东西出发，因为它正是从对客观东西的实在性的普遍怀疑开始的。因此对知识科学说来，无条件确实的东西只存在于绝对非客观的东西之内，这种绝对非客观的东西也证明了同一的命题（作为唯一无条件确实的命题）的非客观性。但从本来是非客观的东西中怎么会产生出一种客观的东西来，如若那种非客观的东西不是一个自我，即一个把其自身变为对象的本原，那就不可能理解了。只有并非本来就是客体的东西才能使自己成为自己的对象，从而变为客体。一切客观的东西都是从自我本身的这种原始两重性中展现给自我的，使自我意识到它们的，并且只有两重性中的那种原始同一性才是给一切综合知识带来结合和联系的东西。

2. 关于这一哲学的用语可能需要作些说明。

康德在他的人本学里发现一个值得注意的现象，这就是：一旦儿童开始用我这个词来说他自己时，就好像有一个新世界展现在他的面前。实际上这是很自然的；展示给儿童的正是理智世界，因为谁能对自己说出我字来，也就等于驾凌于客观世界之上，从外在的直观进入自己的直观了。哲学无疑必须从那种在自身包含着全部理智特性的概念出发，根据这个概念展开自己。

恰恰从这一事实就可以看出，比之个性这个单纯的术语，自我这个概念里包含着某种更高的东西；自我是一般自我意识的活动，个性的意识诚然也必定同时和这一活动一起发生，但这一活动本身并不包含任何个性的东西。到现在为止，我们所谈的只是作为一般自我意识活动的自我，所有个性恰恰必须从这个自我推演出来。

本原的自我正像不能被看成是个体的自我一样，也不能被看成是经验的，即在经验意识内出现的自我。纯粹意识在用各种方式加以规定和限定时就得出了经验意识。因此二者仅仅是通过它们的界限而互相区别的，取消了经验意识的界限，就会得到这里所谈的绝对自我。纯粹自我意识是一种活动，这种活动处在一切时间以外，一切时间正是由它构成的；经验意识只是在时间和表象的连续系列中产生的意识。

至于说到自我到底是自在之物还是现象的问题，我们的回答是：这个问题本身是荒唐的，自我根本就不是事物，既不是自在之物，也不是现象。

人们回答这个问题所用的二难论法是：一切东西必然不是某物就是虚无之类的东西。这种二难论法是建立在某物这个概念的暧昧性之上的。如果某物一般地应该是指称某种与单纯想象的东西对立的实在的东西，自我倒确实是某种实在的东西，因为它是一切实在性的本原。但同样明显的是，正因为自我是一切实在性的本原，它在实在性方面就不能和那种获有单纯推演来的实在性的东西相提并论。那些二难论者认为是唯一真正的实在性，事物的实在性，是一种纯粹假借来的实在性，不过是那种更高的实在性的反光而已。因此，这个二难论法放在光天化日之下来看，无非是说：一切东西不是事物，就是虚无；这样它的错误之处也就顿时昭然若揭了，因为当然存在着一种比事物的概念更高的概念，这就是行动的概念、活动的概念。

这个概念确实必定比事物的概念为高，因为事物本身应理解为仅仅是一种用不同的方式加以限定的活动的变形。事物的存在也并不在于单纯的静止或不动，因为甚至连空间的任何充填也都是某种程度的活动，而每一事物也都是用以充填空间的一定程度的活动。

既然事物具有的宾词没有一个可以同样归诸自我，悖论也就由此得到了解释，即人们不能说自我存在着。更详尽地说，人们之所以不能说自我存在着，只是因为自我就是存在本身。我们把那种永恒的、不包含在时间里的自我意识的活动称为自我，这种活动是赋予一切事物以存在的东西，因而自身是根本不需要别的存在来支撑的，相反地，它是自己承负和支持自己的，客观上表现为永恒的生成，主观上表现为无限的创造。

3．在我们即将创立体系本身之前，指明这个原理何以能同时作为理论哲学和实践哲学的基础，是不无好处的，作为原理的必然特性那是不言而喻的。

要不是这个原理本身既是理论的同时又是实践的，它就不可能同时既是理论哲学的原理又是实践哲学的原理。既然一条理论原理是一条定律，一条实践原理却是一条戒律，所以在这两者中间必定有某种东西，这就是公设。因为公设是一种单纯的公准，它就和实践哲学相毗邻，因为它需要一种纯粹理论的构造，它就和理论哲学相毗邻。公设是从什么地方取得它的强制性力量的，这也可以同时从公设和实践公准的密切联系中得到说明。理智直观乃是人们能够要求和向往的某种东西；谁没有这样的能力，谁就至少应该获得这样的能力。

4．每个用心地随着我们的思路来到这里的人，都会亲自看出，这一哲学的开端和归宿是自由，是绝对不能加以证明的东西，这种东西只能由它自身来证明。在其他一切体系里使自由有濒于毁灭危险的东西，在这一体系里却是从自由本身推演出来的。在这一体系里，存在只是被扬弃了的自由。在那种把存在弄成第一位的和至高无上的东西的体系里，不只知识必定是一种原始存在的单纯摹本，而且连任何自由也必定不过是无可避免的幻觉，因为人们不懂这个哲学的本原，这个本原的运动过程就是自由的明显表现。

第二章　先验唯心论的一般演绎

提　要

1）唯心论已经在我们的第一原理中得到表达。这是因为，既然自我直接由于其被思考也是存在着的（因为自我无非是自我思维），那么，自我＝自我这个命题便等于我在这个命题，而不像 A＝A 这个命题那样，仅仅是说如果设定了 A，它就自己与自己相等同。自我究竟是设定起来的吗？这个问题对于自我是完全不可能存在的。如果“我在”这个命题是一切哲学的原理，那么，也就决不可能有什么实在性是不等于这个命题的实在性的。而这个命题所要说的，并不是我为在我之外的某种东西而存在，而仅仅是我为我本身而存在。因此，连一般现存的一切也都只能为自我而存在，而绝对不会有另一种实在性。

2）于是，知识的整个观念性的最一般的证明就是知识学用直接推理的方法，根据我在这个命题所做出来的证明。不过，知识的整个观念性的另一种证明也是可能的，这种证明是实事求是的，在先验唯心论体系本身即可做出来，所用的方法就是真正从“我在”这个原理出发，推演出全部知识体系来。既然在这里所要研究的不是知识学，而是以先验唯心论为原理的知识体系本身，那么，关于知识学我们也只能陈述总的结论，以便能够从知识学所规定的要点出发，着手进行我们关于上述知识体系的演绎。

3）如果说知识学就其本性而言，既不是理论的，也不是实践的，而同时是两者，因此理论哲学和实践哲学这种划分本身不是必须通过知识学才演绎出来的，那么，我们就应该立刻去创立理论哲学和实践哲学本身。这样，我们将必须像知识学所做的那样，首先证明理论哲学与实践哲学之间的必然对立，即证明两者互为前提，无此即无彼，以期能够依据这些一般原理，提出两者组成的体系本身。

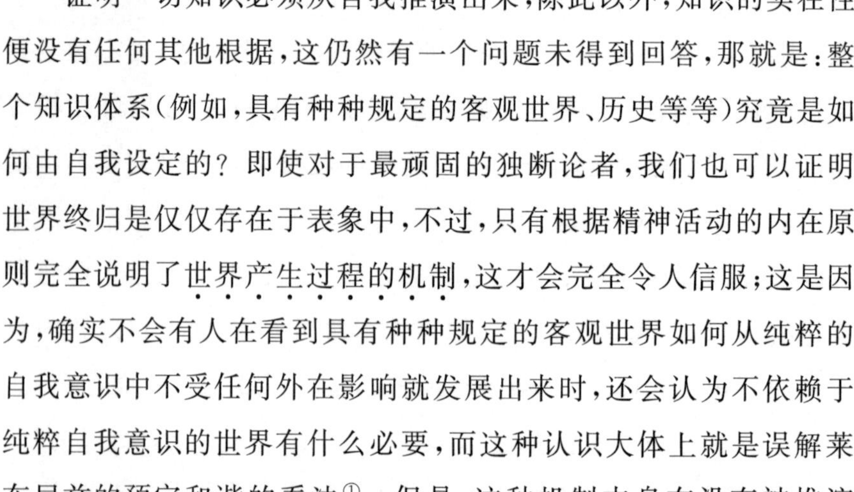

证明一切知识必须从自我推演出来，除此以外，知识的实在性便没有任何其他根据，这仍然有一个问题未得到回答，那就是：整个知识体系（例如，具有种种规定的客观世界、历史等等）究竟是如何由自我设定的？即使对于最顽固的独断论者，我们也可以证明世界终归是仅仅存在于表象中，不过，只有根据精神活动的内在原则完全说明了**世界产生过程的机制**，这才会完全令人信服；这是因为，确实不会有人在看到具有种种规定的客观世界如何从纯粹的自我意识中不受任何外在影响就发展出来时，还会认为不依赖于纯粹自我意识的世界有什么必要，而这种认识大体上就是误解莱布尼兹的预定和谐的看法①。但是，这种机制本身在没有被推演出来以前，就产生了我们如何会完全认为有这样一种机制的问题。

① 这种误解莱布尼兹的预定和谐的看法认为，一切单子虽然都是从自身创造了世界，但世界同时又是不依赖于表象而存在的；然而莱布尼兹本人却认为，世界就其为实在的而言，本身也仅仅是由单子组成的，因而一切实在性归根到底毕竟都依存于表象力。

我们在这种推演中把自我视为全然盲目的活动。我们认识到，自我原来仅仅是活动；但我们如何会把自我设定为盲目的活动呢？这个规定性才是必须附加到活动概念上去的。有人诉诸我们理论知识中的强制感，于是就这样推论说：既然自我本来仅仅是活动，那种强制感就必须完全理解为盲目的（机械的）活动。这是诉诸事实，像在我们这样的科学中，是不能允许的。倒不如说，那种强制感的存在必须首先从自我的本性本身推演出来。况且探究那种强制感的根据的问题，又以本来自由的活动为前提，而这种自由的活动与那种受约束的活动是一种活动。并且实际情况也确实如此。自由是一切事物所依托的唯一根本，我们决不是把客观世界视为在我们之外存在的现成事物，而是仅仅视为我们固有的自由活动的内在受限制状态。整个存在都不过是受到阻滞的自由的表现。因此，存在就是禁锢在知识中的我们的自由活动。但是，假如在我们之内不同时有一种不受限制的活动，我们也就不会对于受限制的活动还有什么概念。在同一个具有同一性的主体中，自由而受限定的活动与不可限定的活动的必然共存关系如果一般是存在的，那一定是必然的。演绎出这种必然性，就需要这种更高的哲学，它同时既是理论的又是实践的。

于是，在哲学体系本身分为理论哲学与实践哲学时，就必须普遍地证明：自我若不同时是不受限制的活动，本来就无论如何都不能依靠自己的概念而成为受限制的（虽说是自由的）活动，反之亦然。而这种证明是在研究理论哲学与实践哲学本身之前，首先必须做出来的。

关于自我中有两种活动的必然并存关系的这种证明，同时也是对整个先验唯心论的普遍证明,这一点可以由这种证明本身来阐明。

先验唯心论的普遍证明只是根据我们以前推导出来的这样一个命题来进行的:通过自我意识的活动,自我使自己成为自己的对象。

从这个命题可以立刻看出其他两点:

1)自我一般说来仅仅是其自身的对象,因而不是任何外物的对象。如果有人从外部设定一种对自我的影响,自我就一定是某种外物的对象了。然而自我不为任何外物而存在。所以,任何外物都不能影响自我本身。

2)自我会成为对象;所以,自我并非原来就是对象。我们要坚持这个命题,以便由此进一步作出推论。

a)自我如果原来不是对象,那便是对象的对立物了。但一切客观的事物都是某种静止不动的、固定不变的东西,它本身不能行动,而仅仅是行动的对象。因此,自我原来就完全是活动。进一步说,也可以设想在对象概念里包含着一种被限定的或受限制的东西的概念。一切客观事物正因为会成为对象,所以就成为有限的了。因此,自我原来(在自我意识所设定的客观性的彼岸)就是无限的,因而也就是无限的活动。

b)自我如果原来就是无限的活动,那也便是一切实在性的根据和总体了。因为假如实在性的根据是在自我之外,自我的无限活动原来就会是受到限制的。

c)这种本来无限的活动(一切实在性的总体)可以变成其自身的对象,因而变成有限的与受限制的,这就是产生自我意识的条件。问题在于这种条件何以是可以设想的。自我原来就是纯粹的、无限进展的创造活动，单靠这种活动，自我永远也不会成为被创造出来的产物。因此，自我要自己产生自己(像在自我意识中那样，不仅要成为创造者，而且同时也要成为被创造者)，就必须给自己的创造活动设定界限。

d) 但是，自我若不把某种东西同自己对立起来，便无法限定自己的创造活动。

证明 自我把自己限定为创造活动，因而自己把自己变成某物，就是说，自我自己设定自己。但一切设定都是有规定的设定，而一切规定都是以绝对无规定的东西为前提(例如，一切几何图形都以无限的空间为前提)，所以，任何规定都是对绝对实在性的排除，即对绝对实在性的否定。

但是，要否定一个肯定的东西，使用单纯取消这个东西的方法，是不可能做到的，而唯有真实地把这个东西设定为对立的东西，方才可能做到(例如，1＋0＝1，1－1＝0)。

所以，可以设想在设定的概念里也必然包含着对立的概念，因而在自我设定的行动中也包含着设定某种与自我相对立的东西的行动，这样，自我设定的行动就既是同一的，同时又是综合的。

不过，自我的那种原始的对立物仅仅是通过自我设定的行动产生的，而且全然不能撇开这种行动。

自我是一个完全封闭的世界，是一种单子，既没有什么东西能从它当中涌现出来，也没有什么东西能进入它内部。因此，假如原始的自我设定行动不同时设定某种对立物(客观事物)，这种对立物就决不会进入那个完全封闭的世界里。

所以,那种被设定的对立物(非我)不能再成为解释自我借以自为地成为有限者的那种行动的根据。独断论者直接以客观事物造成的受限制状态来解释自我的有限性;唯心论者则必须按照自己的原理做出相反的解释。独断论者的解释没有实现自己的诺言,假如像独断论者假定的那样,自我与客观事物原来仿佛都分有实在性,那么,自我就不会像它所是的那样,原来就是无限的了,因为自我是通过自我意识的活动才成为有限的。既然自我意识只有作为活动才是可理解的,那么,自我意识就不可用那种仅仅能说明被动性的东西来解释。独断论者看不到客观事物对我来说是由于成为有限者才产生的,看不到自我是通过自我意识的活动才表露给客观性的,看不到自我与客体就像正数与负数那样是对立的,因而看不到客体只能具有在自我中扬弃了的实在性,所以,他们就只能像解释客体的有限制状态那样,解释自我的有限制状态,即解释自在自为的有限制状态,而不能解释关于这种有限制状态的知识。但自我本身只有把自己直观为这样的自我,才能加以限定,因为自我一般说来仅仅是为其自身而存在的东西。独断论者的解释足以说明这种被限制状态,但不足以说明这种有限制状态中的自我直观。自我应当受到限制而仍然不失为自我,就是说,仍然不是为在它之外的直观者而存在,而是为它自身而存在。但应当限制另一个自我的那个自我是什么呢?毫无疑问,是一个不受限制者;因此,自我应当受到限定而仍然不失为不受限定的。问题在于如何设想这个不受限制者。

自我不仅应该是受到限定的,而且还应该把自己直观为受到限定的自我,或者说,自我在受到限定时,同时也应该是不受限定的，这种情形之所以可能，仅仅是因为自我把自身设定为受到限定的，产生了限定活动本身。所谓自我产生了限定活动本身，意思就是：自我把自身作为绝对的活动扬弃了，也就是把自己完全扬弃了。但是，如果哲学在自己的首要原理中不应该自相矛盾，那么，这就是一个必须加以解决的矛盾。

e）仅仅就自我是受到限定的而言，自我本身才能是不受限定的；反之，仅仅就自我是不受限定的而言，自我本身才能是受到限定的。只有这种情况得到证明，我们才能理解自我原来的无限活动会限定自身，即把自身变为一种有限的活动（自我意识）。

f）这个命题包含着另外两点。

A. 仅当自我受到限定时，自我作为自我才是不受限定的。

问题在于如何设想这样的事情。

aa）自我就是它所是的一切，它仅仅是为它自身而存在的。自我是无限的，这就是说，自我是无限地为它自身而存在的。假如设想有一个时刻，自我是无限的，而不为它自身而存在，那么，虽然会有一个无限者，但这个无限者却不会是自我。（这个说法可以用无限空间的图像来解释。这种空间是无限的东西，但不是自我，并且仿佛代表消解了的自我、没有反映作用的自我。）

bb）自我是无限地为它自身而存在的，这就是说，自我是无限地为其自我直观而存在的。但自我在直观自己时，就成为有限的了。只有这种处在有限状态中的自我成为无限的，即是说，只有自我把自己直观为无限的生成，这个矛盾才能解决。

cc）但是，生成只有在设定界限的条件下才能加以设想。如果把无限的创造活动设想为毫无阻碍地自行扩展的，这种活动便会以无限迅猛的速度进行创造工作，它的产物就是存在，而不是生成了。因此，一切生成的条件都是设定界限或限制。

dd）但是，自我不仅应该是生成，而且应该是无限的生成。自我如果是生成，则必定会受到限制。自我如果是无限的生成，则必定会取消限制。（如果创造性活动不力求超越自己的产物〔自己的限制〕，这种产物便不是创造性的，就是说，决不是生成。但如果创造在任何一个特定地点都能完成，从而取消了限制〔因为限制仅仅是与那种力求超越限制的活动相对立〕，那么，创造性活动就不是无限的了。）所以，限制既应该加以取消，同时又不应该加以取消。取消了限制，生成才能成为无限的生成；不取消限制，生成才能不中止其为生成。

ee）这个矛盾只有通过无限扩展限制的中介概念才能得到解决，限制虽然在任何特定地点都能被取消，但不是绝对被取消，而是仅仅被推移到无限的地方去了。

因此，（向无限扩展的）有限制状态就是唯独自我本身能成为无限的条件。

因此，那种无限者的有限制状态是直接通过无限者的自我性质设定的，就是说，是通过这样的条件设定的：无限者不仅是无限者，而且同时也是自我，即自为的无限者。

B. 自我只有是不受限定的，才能是受到限定的。

人们可以设想，无需自我的助力，也可以给自我设定一种界限，而且这种界限是处于任意的地点 C。如果自我的活动没有到达这个地点，或刚好到达这个地点，这个地点便不是自我的什么界限。但如果自我原来并未趋向于没有规定的东西，即原来并不是无限能动的，人们便不能假定自我的活动还会到达地点C。因此，地点C之所以为自我本身而存在，仅仅是由于自我力求超越这个地点，而这个地点的彼岸就是无限，因为在自我与无限之间除了这个地点，就没有任何东西了。所以，自我的无限趋向本身就是自我受到限定的条件，这就是说，自我的无限制状态就是自我的有限制状态的条件。

g）我们可以从A与B这两个命题出发，用如下的方式继续进行推论：

aa）我们只能把自我的有限制状态作为自我的无限制状态的条件来演绎。但是，限制之所以是无限制状态的条件，完全是因为限制可以被扩展到无限的地方去。自我若不对限制采取行动，便不能扩展限制；限制若不独立于这种行动而存在，自我便不能对限制采取行动。因此，限制之所以会成为现实的，仅仅是由于自我对限制进行斗争。自我如果不让自己的活动针对限制，限制便不可能是自我的限制，就是说，限制就根本不可能存在了。（因为限制仅仅是消极的，即仅仅是相对于自我而可以设定的。）

按照命题B的证明，针对限制的活动无非是自我原来的无限进展的活动，即唯有自我才能在自我意识彼岸具有的那种活动。

bb）但是，这种原来无限的活动虽然能解释限制如何会成为现实的，却不能解释限制如何也会成为观念的，就是说，虽然能解释整个自我的受限制状态，却不能解释它关于受限制状态的知识或它的自为的受限制状态。

cc）但是，限制必须同时既是现实的又是观念的。限制必须是现实的，即必须独立于自我，因为如其不然，自我便不是真正受到限定的；限制必须是观念的，即必须依存于自我，因为如其不然，自我便不能设定自己，把自己直观为受到限定的。一个论断说限制是现实的，一个论断说限制纯粹是观念的，这两个论断可以从自我意识中演绎出来。自我意识告诉我们，自我是自为地受到限定的；既然自我是受到限定的，限制便必须独立于被限定的活动，既然自我是自为地受到限定的，限制便必须依存于自我。于是，这两个论断的矛盾就只能由自我意识本身包含的对立来解决。限制依存于自我，这就意谓着：除了限制必须不依存的被限定的活动以外，在自我中还有另一种活动。因此，除了那种无限进展的活动——我们想称之为现实的活动，因为它是完全可以现实地限定的——以外，在自我中必定还有另一种活动，我们可以称之为观念的活动。限制对于无限进展的自我活动是现实的，或者说——因为正是这种无限的活动应该在自我意识中加以限定——对于客观的自我活动是现实的，因此对于相反的、非客观的、自身不可限定的自我活动则是观念的，关于这种活动我们现在必须作更精确的说明。

dd）除了这两种自我活动之外，就没有任何其他自我意识因素了。我们暂先仅仅以不证自明的方式设定第一种客观的活动对于解释自我的有限制状态是必要的。于是，第二种观念的或非客观的活动就必定是这样的：这种观念活动同时也提供了对客观活动加以限定和认识这种被限定状态的根据。既然观念的活动原来仅仅是由现实的活动设定为直观的（主观的）活动，以便通过直观的活动解释自我本身的有限制状态，那么，被直观与被限定对于第二种客观活动来说必定是同一种活动。这一点可从自我的根本性质来解释。第二种客观的活动在应该是自我的活动时，必定同时既受到限定又被直观为受到限定，因为自我的本性正在于这种被直观与存在的同一性。现实的活动是受到限定的，因而也必定是被直观的；现实的活动是被直观的，因而也必定是受到限定的——这两者肯定绝对是同一回事。

ee）两种活动——观念的与现实的——互为存在前提。现实的活动原来是力求无限进展的，但为了自我意识，又需要受到限定。这种活动若无观念的活动，便不存在。对于观念的活动来说，现实的活动在自己的有限制状态中是无限的（按照 dd）。反过来说，观念的活动若没有需要加以直观的、可限定的、因而是现实的活动，也不存在。

从两种活动为了自我意识而互为存在前提的这种关系中，就可以推导出自我的全部机制来。

ff）正像两种活动互为存在前提一样，唯心论与实在论也互为存在前提。如果我只考虑观念的活动，我得出的就是唯心论，或者说，我便会断言限制纯粹是由自我设定的；反之，如果我只考虑现实的活动，我得出的就是实在论，或者说，我便会断言限制是不依赖于自我的。如果我同时考虑到两者，我便会得到由两者构成的第三种东西，大家可以称之为唯心实在论，或者说，这就是我们迄今用先验唯心论名称所表示的东西。

gg）理论哲学应说明限制的观念性（或者，说明原来仅对自由行动才存在的有限制状态怎么会成为对知识活动存在的有限制状态），实践哲学则须说明限制的现实性（或者，说明原来纯属主观的有限制状态怎么会成为客观的。）因此，理论哲学是唯心论，实践哲学则是实在论，而只有把两者结合起来，这才是完备的先验唯心论体系。

正像唯心论与实在论互为存在前提一样，理论哲学与实践哲学也互为存在前提，我们为了现在创立体系而不得不分离开的东西，在自我本身原来都是联成一体的，是同一个东西。

第三章 以先验唯心论为原则的理论哲学体系

提 要

1）我们由以出发的自我意识，是唯一的绝对活动，不只自我本身及其所有规定性是由这一活动确立起来的，而且正如前一章里十分清楚地说明了的那样，所有其他一般地为自我而确立的东西也都是由这一活动确立起来的。因此，我们在理论哲学当中的头一件事就是去推演这一绝对活动。

但为了发掘这一活动的全部内容，我们就需要去剖析它，而且近乎要把它分解成许多单个的活动。这些单个的活动将是那一绝对综合的中介环节。

把所有这些单个活动都罗列到一起，我们就可以使统括所有这些单个活动的那一绝对综合所一下子同时确立的东西，宛然一个接一个地出现在我们眼前。

这一演绎的程序是这样的：

自我意识的活动是观念的，同时又全然是现实的。确立为现实的东西，通过自我意识的活动，也同样直接被确立为观念的；确立为观念的东西，通过自我意识的活动，也同样被确立为现实的。在自我意识的活动中确立为观念的东西和确立为现实的东西的这种**彻底的**同一性，在哲学里只能设想成是连续出现的。这是以如下方式进行的。

我们由以出发的概念是自我的概念，即主客统一体的概念，通过绝对自由我们将提高到这一概念的高度。于是**对我们**这些作哲学思考的人来说，某种东西是被那种活动设定在作为**客体**的自我之内的，但正因为如此，就还没有被设定在作为**主体**的自我之内（对**自我本身**来说，被设定为现实的东西在同一活动中也被设定为观念的），因此，在那种对我们来说已设定在作为客体的自我之内的东西也对我们设定在作为主体的自我之内以前，即在我们看到我们对象的意识同我们自己的意识相会合，因而看到自我本身已到达我们那个出发点以前，我们的探讨必须一直继续进行下去。

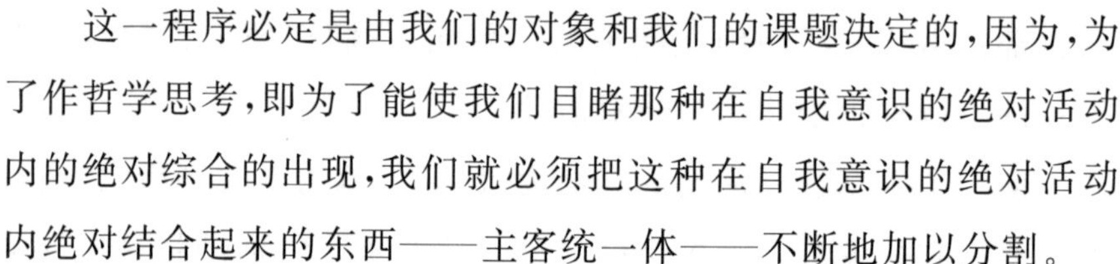

这一程序必定是由我们的对象和我们的课题决定的，因为，为了作哲学思考，即为了能使我们目睹那种在自我意识的绝对活动内的绝对综合的出现，我们就必须把这种在自我意识的绝对活动内绝对结合起来的东西——主客统一体——不断地加以分割。

2）这种探讨将依上面讲的内容而分成两节。我们将首先推演自我意识活动内所包含的绝对综合，随后就须找出这一综合的各个中间环节来。

Ⅰ. 自我意识活动内所包含的绝对综合的演绎

1. 我们的出发点是上面已经证明的这样一个命题：限制必须既是观念的同时又是现实的。如果这一点成立，那么，因为观念的东西和现实的东西的原始结合只有在一种绝对活动内才可思议，限制就必须由一种活动来确定，而这种活动本身必须既是观念的，同时又是现实的。

2. 但这样一种活动只是自我意识，因此所有有限制状态必须首先由自我意识来确定，随自我意识而产生。

a) 自我意识的原始活动既是观念的，同时又是现实的。自我意识在其本原上是纯粹观念的，但自我对我们说来是通过自我意识，作为纯粹现实的东西而出现的。通过自我直观活动自我也直接得到了限定；被直观和存在是同一回事。

b) 限制仅仅是由自我意识作出的，因此，除了通过自我意识而获得的实在性以外，根本没有其他的实在性。这一活动是更高的东西，而被限制状态则是派生的东西。在独断论者眼里，这种受限制状态是第一位的东西，自我意识则成了第二位的东西。这是令人不可思议的，因为自我意识定然是活动，而限制为了成为自我的限制，则必须既依赖于自我同时又能独立于自我。这一点（在第Ⅱ节）只能这样来设想：自我＝某种行动，在这种行动内有两种对立的活动，一种活动是被限制的，正因为这样，限制是不依赖于这种活动的；一种活动是作限制的，正因为如此，就是不可限制的。

3. 这一行动正是自我意识。在自我意识彼岸，自我是单纯的客观性。这一单纯客观的东西（恰恰因为如此，它原本就是非客观的东西，因为没有主观的东西，客观的东西就不可能存在）是唯一自在存在的东西。主观性是通过自我意识才附加上去的。作限制的活动同这种本来单纯客观的、在意识内被限制的活动对立了起来，正因为这样，本身就不能变成对象。达到意识和受到限制是同一回事。可以说，只有在我这里受到限制的东西才能达到意识；作限制的活动处在一切意识之外，之所以如此，正是因为它是一切被限制状态的原因。有限制状态必然显得是不依赖于我的，因为我只能看到我的被限制状态，而决不能看到确立这种状态的界限的活动。

4. 作限制的活动和被限制的活动之间的这种分别一经确定以后，无论是作限制的活动，还是被限制的活动，就都不是我们称之为自我的活动了。因为自我只存在于自我意识之内，而自我意识的自我对我们来说，既不是通过孤立设想的后一活动产生的，也不是通过孤立设想的前一活动产生的。

a) 作限制的活动没有得到意识，没有变成对象，所以是纯粹主体的活动。但是自我意识的自我却不是纯粹的主体，而同时既是主体，又是客体。

b) 被限制的活动只是变为对象的活动，是自我意识内的单纯客观的东西，但是自我意识的自我却既非纯粹的主体，亦非纯粹的客体，而同时是这两者。

自我自为地达到自我意识，既不是通过作限制的活动，也不是通过被限制的活动。由此可知，自我意识的自我是通过前两种活动所组成的第三种活动产生的。

5. 这个摆动于被限制活动和作限制活动之间的、自我由之才产生出来的第三种活动，无非是自我意识本身的自我，因为自我的创造活动与自我的存在是一个东西。

因此，自我本身是一种复合的活动，自我意识本身是一种综合的活动。

6. 为了更确切地规定这第三种活动，即综合的活动，必须首先对组成第三种活动的两种对立活动的斗争作更确切的规定。

a）这种斗争与其说是根源于主体的一种斗争，不如说是根源于对立活动的不同方向的一种斗争，因为这两种活动是同一个自我的活动。两个方向的起源都在这里。自我具有创造无限物的倾向，这一方向必须看作是向外延展的（是离心的），但是，如果没有一种向内回归于自我这个中心的活动，这一方向之为这一方向是不能判别的。前一种向外延展的，就其本性来说是无限的活动，是自我之内的客观的东西；后一种回归于自我的活动则无非是在那种无限性中直观自身的意向。通过这种行动，自我的内在的东西和外在的东西就互相分离开了，随着这种分离，自我内就产生了一种对抗，这种对抗只能用自我意识的必然性来解释。为什么自我本来就必定能意识到它自身，这是无需作更多的说明的，因为自我无非是自我意识。不过在自我意识内对立方向的斗争也是必然的。

自我意识的自我是向这两个对立方向进展的，它实系于这一斗争，说得更确切一点，本身就是相反方向的这种斗争。恰如自我确然意识到它自己一样，那种对抗也确然必定产生并被保存下来。问题在于这种对抗如何会被保存下来。

两个对立的方向彼此抵消，彼此消灭，因此这种对抗显得是不可能持续下去的。这样就会产生绝对不动状态；然则，既然自我无非就是力求与其自身等同的活动，因此自我进行活动的唯一决定性的原因就是它本身内的一种持续不断的矛盾。但每一个自在自为地存在的矛盾都会消灭。除了通过真正的努力保存或思考矛盾而外，没有什么矛盾能够继续存在下去；

通过这一第三者本身，一种同一性、两个对立环节的一种相互关联就出现在矛盾当中了。

除非自我本身被扬弃掉，在自我本身的本质之内原初就有的矛盾是不可能扬弃的，也不能自在自为地继续存在下去。它之能继续存在下去，是由于继续存在的必然性，也就是说，是由于那种从它内部产生、力求维持它的存在、从而给它提供同一性的活动。

（从以上所述的内容中就已经可以推出结论说，在自我意识中表现出来的同一性，并不是原初就有的，而是一种被创造出来的、经过中介的同一性。自我内对立方向的斗争是原初就有的东西，同一性是由此而产生出来的东西。我们原初意识到了的确实只是同一性，但经过探讨自我意识的条件，就看出它只能是一种经过中介的、综合的同一性。）

我们开始意识到的最高的东西，是主体和客体的同一性，不过这种同一性是不可能自在地存在的，只有通过第三者，通过一个中介，才能够存在。因为自我意识有两重方向，所以那个中介必定是摆动于对立方向之间的一种活动。

b) 直到现在，我们只是从两种活动的对立方向方面考察了这两种活动，两者是同样无限的，还是相反，这还是悬而未决的。但因为在自我意识之前没有根据把这一活动或那一活动定为有限的，所以两种活动的斗争也将是无限的（因为刚才已经指明，它们总是处在对抗之中）。因此，这一斗争在单独一种行动中将不可能得到统一，而只有在一种无限的行动系列里才能够得到统一。既然我们要在自我意识的一个行动之内来思考自我意识的同一性（即那种对抗的统一），那么，在这样一个行动里面就必须包含着无限多的行动，也就是说，这一个行动必须是一种绝对的综合，而且，如果一切东西对自我都只是通过自我的行动才确立起来的，那么，这一行动就必须是这样的一种综合，通过这一综合，一切对自我一般地已确立起来的东西都被确立起来了。

自我何以会达到这一绝对的行动，或者说，无限多的行动聚合在一个绝对的行动中何以可能，这只有用下述方式才能看清楚。

自我中本来就含有对立物，即主体和客体；两者互相扬弃，然而离开对方任何一方都不可能存在。主体只有和客体对立，才能保持其存在，客体只有和主体对立，才能保持其存在，这就是说，不去消除对方，双方中没有一方是能够变成现实的；但是，正因为每一方只有同另一方对立，才能成为它自己所是的东西，所以，决不会出现一方为另一方所消除的结局。因此，虽说双方没有一方能够消除对方，因而应当结合起来，然而它们却不能一道存在。因此，这种斗争不只不是两种因素之间的斗争，而且也不是这样两方面的斗争：一方面是没有能力结合无限对立的东西，另一方面则是在自我意识的同一性不应该加以消除的情况下又必须把无限对立的东西结合起来。主体和客体是绝对对立的东西，正是这一点使自我必须把无限多的行动聚合在一个绝对行动之内。假如自我中没有对立，那么它里面一般地就根本不会有运动，不会有创造，因而也不会有什么创造物了。假如对立不是一种绝对的对立，那么结合的活动也就同样不会是绝对的，不会是必然的和非任意的了。

7. 此前从绝对反题到绝对合题推演的进程，也完全可以从形式方面加以说明。如果我们把客观的自我（正题）当作绝对实在，

那么和它对立的东西必将是绝对否定。但绝对实在正因为是绝对的，所以就没有什么实在性，因此两个对立面在对立时不过是观念的东西。自我如果应该变成现实的，即应该变其自身为对象，那么，其中所包含的实在性就必须消除，也就是说，自我必须不再是绝对实在。但是同样地，自我的对立面如果应该变成现实的，那就必定不再是绝对的否定了。如果说自我及其对立面两者都应该变为现实的，那么，它们似乎就得都分有实在性。但在主观的东西和客观的东西之间对实在性作这种分配，如不通过摆动于二者之间的第三种自我的活动，就恰恰是不可能的，而对立双方本身如果不是自我的活动，这第三种活动又是不可能的。

因此，这种从正题到反题、又从反题到合题的进展本来是以精神的机制为根基的，就其是纯粹形式方面(例如在科学方法中)的东西来说，是从先验哲学陈述的那种根本的、实质性的进展过程中抽象出来的。

Ⅱ. 绝对综合的各个中间环节的演绎

提　要

在这种演绎方面，前面说的东西已经给我们确定了如下一些事实。

1. 自我意识是绝对活动，通过这一活动，为自我确立了一切。

这一活动指的决不是自由地产生的、哲学家假定为不证自明的、和属于原始活动更高发展阶段的活动，而是原始的活动，这种活动是一切被限制状态和意识的条件，所以本身没有达到意识。

于是首先就出现了这样的问题：那种活动的性质是怎样的？它是随意的呢，还是非随意的？它既不可以叫做随意的，也不可以叫做非随意的；因为这类概念只适用于一般能做说明的范围；一个行动，不论是随意的还是非随意的，预先就已经为有限制状态（意识）所制约。那种本身是一切被限制状态的原因、又不能再用别的行动来说明的行动，必定是绝对自由的。而绝对自由是与绝对必然性同一的。例如，我们若能思考上帝的行动，这种行动一定是绝对自由的，但这种绝对自由同时也是绝对必然性，因为任何不是出自上帝本性的内在必然性的规律和行动都是不可思议的。这样一种活动就是自我意识的原始活动，它是绝对自由的，因为它根本不是由自我之外的东西来决定的；它又是绝对必然的，因为它是从自我的本质的内在必然性中产生的。

但现在产生的问题是哲学家凭什么确知这种原始活动是真实的，或者说，通过什么来认识到它的。显然，这不是直接的，而是只能通过推理。因为我通过哲学发现，我自己每时每刻都仅仅是由这样一种活动给我产生的，因而我就得出结论，认为我原来也同样只能由这样一种活动产生出来。我发现，对一客观世界的意识同我的意识的每一阶段都交错在一起，于是我就得出结论说，某种客观的东西本来就已经同自我意识的综合不得不交织在一起，并从已经展开的自我意识中再产生出来。

但是，如果说哲学家终归确知那种活动是真正的活动，那他是怎样确知它的特定的内容呢？毫无疑问，这是用了自由地模仿那种活动的方法，一切哲学都是从这种自由的模仿开始的。但哲学家究竟从哪里认识到这种第二性的、随意的活动和那种原始的、绝对自由的活动会是同一的呢？因为如果一切限定、因而一切时间都是通过自我意识才产生的，那么那种原始活动就不属于时间本身；因此我们也不能说自在的理性本质会有什么起始，正如我们不能说它从有一切时间以来就已存在一样。自我之为自我是绝对永恒的，就是说，是在一切时间之外的。然而，如果那种第二性的活动必然属于一定的时间发展阶段，那么，哲学家从哪里知道这一属于时间序列的活动是和那种处在时间之外的、一切时间由之才被构造出来的活动一致的呢？自我一旦转移到时间之内，就是一种从表象到表象的不断过渡；自我完全有力量通过反思打断这个序列，随着这一连续序列的绝对中断，一切哲学思考就开始了，从此这个连续序列便是随意的了，而在此以前则是不随意的。不过哲学家是从哪里知道这一由于中断而出现于自己表象序列中的活动与那种原始的、整个序列依以开始的活动是同一种活动呢？

不论是谁，只要一般地看到自我只是通过自己的行动而产生的，就会同样看出，通过处在时间序列中的、只是自我借以产生的随意行动，仅仅能给我产生出原初在一切时间彼岸通过这种行动给我产生的东西。而且，自我意识的那种原始活动还要不断地持续下去，因为我的表象的整个系列无非是那个唯一的综合的进化。此外，我在每一时刻都可以对我出现，正如我本来就对我出现一样。我之为我，仅仅是由于我的行动（因为我是绝对自由的），但通过这一特定行动对我产生的依然是自我，因此我必须得出结论说，自我本来也就是通过这一行动产生的。

这里我们可以作一种和上述内容有关的一般考虑。如果哲学的第一个构造是对那种原始构造的模仿，那么哲学的所有构造就都仅仅是这样的模仿。只要自我作绝对综合的原始进化，存在的就只是原始必然行动的一个序列；一到我打断了这一进化，如愿地返回进化的出发点，就有一个新的序列对我产生了，在前一序列里是必然的东西，在这一个序列中便是自由的。前者是原本，后者是摹本或模仿。如果第二个序列的内容和第一个序列的内容毫无出入，那模仿就是十全十美的，就会有一种真正的、完美无缺的哲学。反之，就会出现一种错误的、破绽百出的哲学。

因此，整个哲学无非就是对原始行动序列的自由模仿和自由复制，自我意识独一的活动就是在这个序列中展开的。第一个序列对于第二个序列来说，是现实的，而第二个序列对第一个来说，是观念的。任意之渗入第二个序列看来是难免的，因为这个序列是自由地开始和自由地延续的，但是，这里的任意只可以是形式上的任意，而不容决定行动的内容。

哲学以意识的原始产生过程为对象，所以是唯一包含那种双重序列的科学。在其他任何科学里都仅仅有一个序列。有哲学才干恰恰不只在于能够自由地复制原始行动的序列，主要的还是在于作这种自由的复制时重新意识到那些行动本来就有的必然性。

2. 自我意识（自我）是绝对对立活动的一种斗争。我们把一种活动，即原初无限进展的那一种活动叫做现实的、客观的、可以限定的活动，而把另一种活动，即在那种无限性中直观自身的倾向叫做观念的、主观的、不可限定的活动。

3. 两种活动原初都是作为同等无限的活动加以设定的。把可以限定的活动设定为有限的，已经由观念的（反映前一活动的）活动给我们提供了根据。因此，观念的活动如何才能得到限定，这正是必须加以推演的。我们由以出发的自我意识的活动，首先向我们表明的仅仅是客观的活动如何得到限定，而不是主观的活动如何得到限定，而且观念的活动是作为客观活动的一切被限制状态的根据来设定的，所以恰恰因此也就没有被设定为原初未受限定的（因而像后者一样，是可以限定的），而是被设定为全然不可限定的。如果说，客观的活动作为原初未受限定、正因为如此就可以限定的活动，从实质上看是自由的，但从形式上看却是受限制的，那么，主观的活动正因为是作为原初不可限定的活动，所以在受到限定时，从实质上看就是不自由的，而只有从形式上看才是自由的。观念活动的这种不可限定性是理论哲学全部构造的基础，在实践哲学里这种关系当然就会颠倒过来。

4. 由上（2. 与 3.）看来，既然自我意识里存在着一种无限的对抗，那么在我们由以出发的那个唯一的绝对活动内就结合和聚合了无限多的行动；完全通观这些行动是一个无限课题的对象（这个课题一旦完全解决了，客观世界的全部联系就必将揭示在我们面前，而自然的全部规定性乃至无限小的部分也就昭然在目了）。因此哲学只能列举那些在自我意识史上仿佛有划时代意义的行动，并依照它们彼此之间的联系来陈述它们。（例如，感觉是自我的一种行动，假如这种行动的所有中间环节都能加以阐释，它就一定能使我们推演出自然界中存在的所有的质，但这是不可能的。）

因此，哲学是自我意识的一部历史，这部历史有不同的时期，那个唯一的绝对综合就是由这些时期相继组合而成的。

5. 这部历史前进的根源是被假定为不可限定的观念活动。理论哲学的课题乃是去说明限制的观念性，也就是说明直到现在还当作不可限定的观念活动何以能受到限定。

第一个时期——从原始感觉到创造性直观

A. 课题:说明自我怎样得以直观它自身为受到限定的

解 决

1. 自我意识的两种对立活动把自身贯穿在第三种活动中,就会从这两者中产生一种共同的东西。

问题是这种共同的东西会有一些什么特性。因为它是对立的无限活动的产物,所以它必然是一种有限的东西。这里对立活动的斗争不是在运动中来考虑的,这里的斗争是固定了的斗争。这种共同的东西把对立的方向合而为一,但对立的活动合而为一=静止。但是,它必然是某种现实的东西,因为对立双方在综合之前是纯粹观念的东西,它们应当通过综合变为现实的。因此,不应当把这种共同的东西看作是两种活动的互相消灭,而应当看作是它们之间的一种平衡,两种活动交相使自身复归于这种平衡,而这种平衡的持续存在是以两种活动的持续竞争为条件的。

(这样,活动的产物似乎可以表述为一种现实的非活动的东西,或一种非活动的现实的东西。非活动的现实的东西是单纯的质料,是想象力的单纯产物,是离开形式就决不能存在的,在这里也只是作为研究的中间环节出现的。通过这样一种解释,物质创成〔创造〕之不可理解性从质料方面看来已从这里烟消云散了。一切质料都是对立活动平衡的单纯表现，这些活动交相复归于活动的一种单纯的基础。〔大家看一下杠杆，两端的重量只作用于支点，因此支点就是两者活动的共同基础。〕而且，上述基础一点也不是通过自由创造随意产生的，而是完全不随意地，借助第三种活动产生的，这种活动和自我意识的同一性一样，是必然的。）

这一作为第三者的共同的东西，假使能持续存在下去，事实上就会是自我本身的一种构造，不是作为单纯客体的自我的构造，而是同时作为主体和客体的自我的构造。（在自我意识的原始活动内，自我力求的只是变自身为一般的对象，但它不〔对考察者〕也同样变成一种二重化的东西，是不可能变自身为一般对象的。这种对立必须在主体和客体两者形成的共同构造中消除自身。如若自我在这一构造中能直观自己，那它就不再是单单作为客体变自身为对象，而是同时作为主体和客体〔作为完全的自我〕这样做的。）

2. 但是，这一共同的东西却不持久。

a）观念的活动既然本身参与那种斗争，也就不得不随之受到限定。两种活动若不相互受到限制，它们就不可能彼此关联，也不能把它们自己贯穿在一个共同的东西之内。因为，观念的活动不止是否弃（排除）另一种活动的活动，而是与另一种活动真正对立的或否定另一种活动的活动。（就我们直到现在所看到的而言）观念的活动和另一种活动一样，也是肯定的，不过是在相反的意义上，因此，和另一活动一样，也同样有进行限制的能力。

b）但是，观念的活动已被设定为全然不可限定的，所以，也不能真正被限定，而那个共同东西的持续存在既然为两种活动的竞争所制约（见 1.），这个共同的东西也就不能持久。

(如若自我停留在那种最初的构造上,或者说,那种共同的东西真的能够持久,那么,自我就会是没有生命的自然,没有感觉,也没有直观。自然从死寂的物质到感觉性的向上发展进程,在自然科学〔对自然科学来说,自我不过是自始创造自身的自然〕中也只能这样来解释:最初消除对立双方的产物就是在自然内也是不能持久的。)

3. 刚才我们说过(见 1.),自我假使在那种共同的东西里直观自身,就会对它自身(作为主体和客体)有一种完满的直观;但这种直观恰恰是不可能的,因为直观活动本身已参与了构造。但是,既然自我是直观自身的无限倾向,那就不难看出,直观活动不能永远停留于作这种构造。因此,通过两种活动的贯通,受到限定的还只是现实活动,观念活动则保留下来,完全没有受到限定。

4. 因此,现实的活动是由被推演出的机制来限定的,但这还不可能是为自我本身的。根据理论哲学的方法来看,在现实的自我中(对考察者)设定了的东西,也需给观念的自我推演出来,于是整个研究的方向就转向现实的自我如何也能为观念的自我得到限定的问题了,这里的课题就是说明自我何以会把自己直观为得到限定的。

a) 现实的、现在得到限定的活动,应被设定为自我的活动,也就是说,这里必须指明这种活动和自我之间的同一性的根据。既然这种活动应当归之于自我,因而应当同时和自我加以区别,那也就肯定可以指出区别两者的根据来。

我们在这里称之为自我的,仅仅是观念的活动。因此,上述相互关联和相互区别的根据只能到两种活动的一种活动中去寻找。

但是这种根据每每是在被关联者那里，同时，如果观念的活动在这里又是关联者，上述根据就必须在现实的活动里去寻找。

两种活动区别的根据是设定在现实活动里的界限，因为观念的活动是全然不可限定的，而现实的活动现在是得到限定的。两者相互关联的根据同样也得在现实的活动里去找，就是说，在现实的活动里也必定包含着某种观念的东西。问题在于这是怎么可以思议的。两者只有通过界限才能加以区别，因为连两者的对立方向也只有通过界限才能加以区别。界限不确定下来，自我里就只有单纯的同一性，而在这种同一性中是不可能有什么区别的。界限一旦确定下来，自我里就会有两种活动，即：作限定的活动和被限定的活动，主观的活动和客观的活动。因此两种活动至少有一点是共同的：它们两者本来就完全不是客观的，这就是说，因为我们还不了解观念活动的其他特性，两种活动才都是观念的。

b）事先确定了这样一点，我们就可以按照下述方法进一步进行推论。

观念的、直到现在没有得到限定的活动，是自我在现实活动中变自身为对象的无限倾向。借助现实活动中的观念的东西（使这种活动成为自我的活动的东西），就能把这种活动和观念的活动关联在一起，而自我也就在这种活动中直观到了自身（这是自我的第一个变它自身为对象的活动）。

但是，自我若不同时觉得现实活动中的否定的东西——使这种活动成为一种非观念活动的东西——是某种与它相异的东西，便不能把这种活动直观为和它自己是同一的。肯定的东西，使两种活动成为自我的活动的东西，是两种活动所共有的，否定的东西则仅仅属于现实活动；就直观的自我在客观的东西里面认识的是肯定的东西来说，直观者和被直观者就是一个东西，就直观的自我在客观的东西里面觉察的是否定的东西来说，觉察者同被觉察者就不再是一个东西了。觉察者是全然不可限定的和没有受到限定的东西，而被觉察者却是受到限定的东西。

界限本身表现为某种可以抽去的东西，这种东西可以设定，也可以不设定，是偶然的东西；现实活动中的肯定的东西却表现为不能抽去的东西。正因为如此，界限只能表现为被觉察者，即与自我相异的东西，与自我的本性对立的东西。

自我是一切设定活动的绝对根据。所以，某种东西和自我对立就意谓着设定了某种不是通过自我设定的东西。因此，直观者必定在被直观者中觉察出某种不是通过作为直观者的自我所设定的东西（有限制状态）。

（这里首先非常明确地表现出了哲学家的立场和他的对象的立场之间存在着的区别。我们这些作哲学思考的人深知客观事物的被限制状态的唯一根据是直观者或主观的东西，直观的自我本身却不认识这一点，而且也不能像现在这么清楚地认识到这一点。直观和限定本是一回事。但自我不能在进行直观的同时又把自己直观为直观者，因而也不能把自己直观为限定者。因此，这个在客观的东西里面只寻求它自身的直观者看到其中否定的东西不是由它自身来设定的，这乃是必然的事情。如果说哲学家也断言事情只能是如此〔如同独断论所说的那样〕，那么这是因为他常常和他的对象联合在一起，并站在同一立场。）

否定的东西被觉察为不是通过自我而设定的，正因为如此，就是一般仅仅能觉察的东西（以后变为单纯经验事物的东西）。

自我觉察到被限制状态不是通过它自己来设定的，这无非是说自我觉察到被限制状态是通过一个和自我对立的东西，即非我设定起来的。因此，自我若不把这一被限制状态直观为某一非我的作用，就不能把自身直观为受到限定的。

停留在这一观点上的哲学家除了用一个自在之物的作用来解释感觉活动外，别无他途（因为就至此所作的推演来说，有限制状态中的自我直观无非就是普通用语中叫作感觉活动的东西，这是不言自明的）。由于通过感觉进入表象中的只是被规定状态，于是那种哲学家也就只有用自在之物的作用来解释这一状态。然而由于表象活动中有自发性在起作用，所以，那种哲学家也就终归不能够断言自我在表象活动中仅仅是在感受，竟会是单纯的感受性，因为，甚至在事物本身之内（就它们被表象的情况来说）也表现着自我活动的不容否认的迹象。因此，那种作用也不是由我们自己表象的事物所引起的，而是由独立于表象的事物所引起的。因此，在表象那里是自发性的东西将被看作是属于自我的，而那里的感受性的东西则将被看作是属于自在之物的。同样，在客观的东西那里是肯定的东西，将被视为是自我的产物，而那里的否定的东西（偶性的东西）则将被视为非我的产物。

自我觉察到它自身是由某种与它对立的东西所限制的，这一点已从感觉本身的机制里推出来了。其中一个结论即是：一切偶性的东西（一切属于有限制状态的东西）对我们必然表现为不能构造的东西，不能从自我加以说明的东西，然而事物中的肯定的东西却可以理解为自我的构造。但是，自我（我们的对象）觉察到自己为一个对立物所限定这样一个命题，又因自我终究在它自身以内觉察这一对立物而受到了限制。

我们不是断言自我内存在着某种与它绝对对立的东西，而是断言自我在它自身内觉察到某种东西是和它绝对对立的。对立的东西存在于自我之内，这意谓着这种东西是和自我绝对对立的；自我觉察到某种东西是和它自己对立的，这意谓着这种东西只有在涉及自我的觉察活动以及这一活动的方式时才是和自我对立的；而事实也是如此。

作觉察活动的是直观其自身的无限倾向，自我在这种倾向内是纯粹观念的和绝对不可限定的。在其内被觉察的东西不是纯粹的自我，而是被作用的自我。因此，作觉察的东西和在其内被觉察的东西是互相对立的。存在于被觉察者之内的东西，对觉察者来说，是某种异己的东西。不过也只是就觉察者之为觉察者来说才是这样的。

更清楚地说，自我作为无限自我直观的倾向，是在作为被直观者的自身内进行觉察的，也可以说，它是在自身之内觉察到某种与它相异的东西(因为被直观者和直观者在这一活动内没有区别)。但是在这一觉察活动中被觉察到的(或被感觉到的)东西究竟是什么呢？被感觉的东西确实还是自我本身。一切被感觉的东西都是一种直接现存的东西，全然没有经过中介的东西，这一点已包含在感觉的概念里了。自我诚然觉察到某种对立的东西，但它却只是在它自身之内察觉到这一对立物的。而在自我之内存在的无非是活动；因此，除了活动的否定之外，没有什么东西是能和自我对立的。所以，自我在自身之内觉察某种对立的东西，就意谓着它在自身之内觉察被消除的活动，如果说我们在感觉，那我们也决不是感觉客体；感觉根本没有给我们提供一个客体的概念，感觉完全是概念（行动）的对立面，因而是活动的否定。由这个否定推论出一个客体，作为这种推论的原因，这是一个在以后很久才作出的推论，其根据还可以在自我本身以内指出来。

这样，如果自我感觉的永远只是它的被消除的活动，那么被感觉的东西就是和它根本没有区别的东西，它感觉的只是它自身，普通哲学用语把被感觉的东西称为某种单纯主观的东西，就已经表达了这样的意思。

附　论

1. 按照这种演绎，感觉的**可能性**的基础在于

a）两种活动的破坏了的平衡。所以自我也不能在感觉中就把自己直观为主客统一体，而只能把自己直观为**简单的**受到限定的对象，因此感觉只是有限制状态内的这种自我直观；

b）在于观念的自我在现实的自我内直观其自身的无限倾向。除了凭借观念的活动（自我现在并非其他）和现实的活动彼此共同的东西，即凭借它们之内的肯定的东西，是不可能做到这一点的；凭借它们之内的否定的东西，则会出现相反的结果。因此，自我也只能在它自己之内**觉察**即**感觉**这一否定的东西。

2. 感觉的**实在性**的基础是自我不把被感觉的东西直观为通过自我建立的。被感觉的东西之为**被感觉**的东西，只是就自我把它直观成不是通过自我所建立的东西来说的。因此，我们虽然能看出否定的东西是通过自我建立的，但是我们的对象、自我却不能看到这一点，道理很自然，因为自我之被直观和自我之被限定是同一回事。自我(客观上)是被限定的，因为自我(主观上)是直观自身的；不过自我不能同时从客观上直观自己，并把自己直观成进行直观的，因而也不能把自己直观为进行限定的。自我不能在自我意识的原始活动内把自己变为对象同时又把自己直观为变成对象的，这种不可能性就是一切感觉的实在性依以存在的基础。

因此，以为被限制状态俨然是某种对自我绝对异己的东西，是只能通过非我的作用来解释的东西，这是种错觉。这种错觉之所以会发生，只是因为自我借以变成被限定者的活动是一种不同于自我借以直观自己受到限定的活动，而且这不是就时间而言是如此，因为我们连续地表象的一切都是同时存在于自我之内的，而是就形式而言是如此。

自我借以限定它自身的活动无非是自我意识的活动，我们现在无论如何必须坚持这一活动是说明一切被限制状态的根据，因为任何一种外来作用如何会变成表象或知识，这是绝对不可理解的。同样地，假定一个对象像作用于一个客体那样作用于自我，那么，这样一种作用所能产生的依然不过是某种性质相同的东西，即是说，也不过是一个客观上被规定的东西。因为因果律只在同类事物(同一个范围的事物)之间才是有效的，而不是从一个范围延伸到另一个范围。因此，只有在能够表明连表象本身也是一种存在时，一种原始的存在何以会变为知识才是可以理解的；当然，这是唯物论的说明，这种体系如果真能实现自己的诺言，哲学家是一定会孜孜以求的。但是，唯物论时至今日还是完全不可理解的，如其变得可以叫人理解了，那它事实上就不再和先验唯心论有什么区别了。只有人们把物质本身弄成一个幻影，使之成为理智的单纯变形，而理智共有的职能就是思维和物质，才有可能把思维说成是一种物质现象。这样一来，唯物论本身就是转而以理智的东西为根本。当然，这里也不能说存在必须用知识活动来说明，说存在是知识活动的结果。两者之间一般地说来不可能有什么因果关系，而且两者如果不像在自我内那样本来就是一个东西，也就永远不可能会合在一起。存在(物质)作为创造性的东西来看，是一种知识活动；知识活动作为被创造的产物来看，就是存在。如果一般地说知识活动是创造性的，它就必定完全彻底地是创造性的，而不只是局部地是创造性的。不可能存在什么从外部进入知识活动内部的东西，因为存在的一切都是和知识活动同一的，没有什么是在知识之外的。如果说表象的一个因素存在于自我之内，那就必定也有另一个因素存在于自我之内，因为两者客观上是不可分离的。试看下例：假使只有质料才属于事物，那么，这种质料在达到自我之前，至少在从事物向表象的过渡之中就必定是没有形式的，而这无疑是不可思议的。

但是，如果原始有限制状态是通过自我本身设定的，那自我是如何感觉到这种有限制状态的呢？也就是说，自我是怎样把这种状态看作是某种和自我对立的东西的呢？认识的所有实在性都维系于感觉，一种哲学如不能解释感觉，就足以因此而一败涂地。因为，一切认识的真理性都毫无疑问地是以伴随着认识的强制感为基础的。存在(客观性)所表示的永远只是直观活动或创造活动的一种被限制状态。“空间的这一部分里有个立方体”，这无非意谓着“我的直观在这一部分空间里只能以立方体的形式来活动”。因此，认识的所有实在性的根据就是有限制状态的不依赖于直观的根据。一个体系，如果抛弃了这一根据，那就会是一种独断的、超验的唯心论。先验唯心论遭到反对有部分理由，而这些理由仅仅对独断的超验唯心论才是令人信服的，对于这种超验唯心论，我们根本看不出它何以需要驳斥，它从来也未曾支配过哪个人的头脑。如果说，断言感觉不能以来自外部的印象作用来解释，断言表象中根本没有什么属于自在之物的东西，甚至连偶性的东西也没有，断言在对自我的这样一种印象作用上永远不能设想有什么合理的东西，就是独断的唯心论，那么，这确实是我们的唯心论。但是，知识的实在性完全会把那种让人们自由地有意识地制造原始有限制状态的唯心论化为乌有，在有关这种状态的问题上，这种唯心论和先验唯心论相反，不像实在论者每每尽力要求的那样不容我们随心所欲。先验唯心论只是断言自我根本感觉不到物自身(因为这样的东西在这个阶段尚不存在)，也感觉不到从事物向自我过渡的某种东西，而只是直接感觉到自我本身，感觉到自我本身的被消除的活动。虽然如此，先验唯心论并不忽视说明为什么我们仍有必要把那种仅仅通过观念活动才设定的受限制状态直观成某种和自我全然相异的东西。

自我因以在**客观上**受到限定的活动和它因以**为它自身**受到限定的活动是不同的，这一命题就作出了这种说明。自我意识的活动说明的只是客观活动之受到限定。但自我就其是观念的而言，却是一种无限的自我再创造(vis sui reproductiva in infinitum)；观念的活动碰到原始的界限时，对有限制状态是没有什么认识的；因此，通过观念活动，自我才**觉察**出自己完全是受到限定的。自我在这一行动中觉察出自己受到限定，其根据不可能在于现在的行动，而是在于过去的一种行动。因此在现在的行动里自我之受到限定并未经过自我的参与，但它察觉自己受到限定并未经过自己的参与，这也就是感觉所包含的一切，是构成知识的全部客观性的条件的一切。于是，我们就会觉得有限制状态是某种不依赖于我们而存在的东西，不是我们所创造的东西；这一点是由感觉的机制造成的，因为一切有限制状态借以被设定起来的活动作为一切意识的条件，本身并没有得到意识。

3. 在我们看来，任何有限制状态都仅仅是通过自我意识的活动而产生的。对这个命题尚需作详细的讨论，因为这一学说的绝大多数难题无疑正是由这个命题造成的。

自我意识意识到自身、返回自身的原始必然性就是有限制状态，而全部有限制状态也就在这里。

并不是对每个具体的表象都产生一种新的有限制状态；有限制状态是用包含在自我意识内的综合一劳永逸地设定起来的，自我总是停留在这种有限制状态之内，从来没有离开过这种状态，而这种状态在各个表象内也只是以不同的方式展开自己，这就是那种独一无二的、原始的有限制状态。

人们在这一学说里碰到的困难产生的根源，大都在于对原始的有限制状态和派生的有限制状态未加区分。

我们同一切理性生物共有的原始有限制状态在于，我们总的来说是有限的。由于这种有限制状态，我们就不是区别于其他理性生物，而是区别于无限性。但是，任何有限制状态必然都是一种特定的有限制状态；不能设想不同时产生一种特定的有限制状态就能产生一般的有限制状态；因之特定的有限制状态必定是和一般的有限制状态一起，通过同一活动而产生的。自我意识的活动是唯一的绝对综合，意识的一切条件都是由这一活动同时产生的。因此特定的有限制状态也是由这一活动同时产生的，它和一般的有限制状态一样，是意识的条件。

我一般是受到限定的，这可以从自我变其自身为对象的无限倾向中直接得知；因此，一般的有限制状态是可以解释的，但一般的有限制状态完全不制约特定的有限制状态，两者却又是通过同一活动产生的。两方面的意思联起来说就是：特定的有限制状态不能由一般的有限制状态来规定或决定，但两者又是同时通过那种唯一的活动产生的，这就使特定的有限制状态成了哲学中不可理解和不可解释的东西。当然，如同我一般是受到限定的一样，我也确实必须以特定的形式受到限定，而这种被规定状态必然进展到无限，这种进展到无限的被规定状态就构成了我的整个个性；因此并非我是以特定的形式受到限定这一点不可解释，而是这一有限制状态的形式本身才是不可解释的。例如，我属于理智的特定系统，这虽然一般是可以推演出来的，但恰恰我属于这一系统却不能推演出来，我在这一系统内占有特定的地位，这一般是可以推演出来的，但我正好占有这一位置，却不能推演出来。同样，总会有我们的一个表象体系存在，这是可以推演成必然的，但我们被限制在表象的这个特定的范围，却不能推演成必然的。我们只要确已把特定的有限状态作为前提，就可以从中推演出各个表象的有限制状态来；于是特定的有限制状态也就仅仅是我们能把所有具体表象的有限制状态总括在其中、因而又能从

这些表象进行推演的东西。譬如,我们如果假定宇宙的这一特定部分和其中这一特定的天体是我们外部直观的直接范围,我们自然也就能够随之推出这些特定的直观在这一特定的有限制状态内是必然的。因为,我们若能权衡一下我们整个星系的话,我们无疑就能推出为什么我们的地球正是由这些物质而不是由别的物质构成的,为什么它呈现的恰恰是这些现象而不是别的一些现象,因而就能推出为什么这一直观的范围一旦假定下来,在我们的直观系列内就恰好出现这些直观而不出现那些直观。我们一旦通过我们意识的全部综合,置身于这一范围以后,在这一范围以内就不能出现什么会和这一综合相矛盾的、自身并非必然的东西了。这是从我们的精神本来就有的一贯性中得出的结论。我们精神的这种一贯性是如此之宏大,以致现在正出现于我们面前的每一个现象都以这种特定的有限制状态为前提;它是如此之必要,以致它要是没有表现出来的话,我们的整个表象体系就将是自相矛盾的。

B. 课题:说明自我怎样直观到它自身是进行感觉的

解　释

在自我直观到它自身本来就受到限定时,它就是在进行感觉。这一直观是一种活动,但自我并不能一面作直观同时又直观到它自己是作直观的。因此在这一行动内完全没有什么活动是得到意识的;所以,在感觉活动中没有一处是思考到行动的概念的,而所思考到的不过是忍受的概念。在这一时刻,自我在它自己看来只是被感觉的东西。因为一般被感觉到的唯一的东西,是自我的被限制的现实活动，这种活动确实变成了自我的对象。自我同时也是作感觉的东西，不过单是对我们这些作哲学思考的人来说才是如此，而不是对其自身而言。正因为这样，和感觉一起所同时设定的对立（自我和自在之物之间的对立），也不是对自我本身，而只是对我们自己设定在自我之内的。

从现在起，自我意识的这一阶段应当叫做原始感觉阶段。这就是自我于原始有限制状态之内直观自身而没有意识到这种直观活动的阶段，或者说，是这一直观活动本身没有再变为自我的对象的阶段。在这一阶段上，自我完全固定在被感觉的东西里，仿佛沉湎于其中一样。

因此，如把我们的课题更确切地规定一下，它就是这样的课题：至此时为止单纯作为被感觉的东西的自我是如何成为**作感觉的同时又是被感觉的东西的**。

从自我意识的原始活动中只能推出被限制的状态来。如果说自我应是为其本身而受到限定的，它就必须把自己直观成这样；这一直观，这种不受限定的自我同受到限定的自我的中介，是感觉的活动，但由于前面已指明的意识内的根据，这种活动中还留有一种单纯被动性的残迹。因此必须使感觉的那种活动本身再成为对象，并表明这一活动如何也能得到意识。不难预料，只要通过一种新的活动，我们就能够解决这一课题。

这是完全符合综合方法的进程的。a 和 b（主体和客体）这两个对立面被行动 x 结合在一起，但 x 里有一种新的对立，即 c 和 d（作感觉的东西和被感觉的东西），因此行动 x 又使自身成为对象；这种行动本身只有通过一种新的行动 z 才能得到说明，而行动 z

也许又包含着对立，如此等等，以至无穷。

解　决

I.

自我在其自身内觉察到某种与自己相对立的东西时，就是在感觉，这就是说，因为自我只是活动，它就是活动的一种现实的否定，一种被作用的东西。但要对其自身成为进行感觉的东西，自我（观念的自我）就必须把直到现在只存在于现实的自我之内的那种被动性设定在它自己之内，这无疑只有通过活动才能发生。

这里我们正好处在经验论一向围着打转而未能予以说明的那个地方。来自外部的印象作用也不过给我说明感觉的被动性，最多也不过说明对于发生这种作用的客体的一种反作用而已，和一个被碰撞的弹性体反过来碰撞另一弹性体或一面镜子把投射在镜面上的光反射出去相差无几。但这种印象作用并没有说明自我对其自身的反作用、自我向其自身的回归，没有说明自我如何使来自外部的印象作用和它本身之为自我、之为进行直观的东西发生关系。客体决不返回自身，也不使任何印象作用和自己相关，正因为如此，才是没有感觉的。

因此，自我如果一般地不是能动的，就不能对其自身成了进行感觉的东西。自我在这里既然是能动的东西，就不会是受到限定的自我，而只是不可限定的自我。但这一观念的自我之不受限定，只是就它与客观的、现在受到限定的活动对立而言，因而只是就它超越限界而言。大家如果回想一下每一感觉中出现的东西，那就会发现每一感觉中必有某种东西，它对印象作用进行认识，却不依赖于这一作用，而是超越这一作用；因为就连“印象作用是由客体引起的”这个判断也是以一种活动为前提的，这种活动并不依附于印象作用，而是与某种处在印象作用彼岸的东西有关。因此，自我如果没有一种超越界限的活动，就不是作感觉的东西。为了对其自身成为作感觉的，自我应借这种超越界限的活动，把相异的东西接纳在自身（观念的自我）以内；但这种相异的东西本身又是在自我之内，是自我的被扬弃了的活动。为了得出结论，现在必须更精密地规定这两种活动的关系。如同自我的每种活动一样，不受限定的活动本来就是观念的，因此，虽有现实的活动存在，但不受限定的活动只有在其超越界限时，才是和现实活动对立的。受到限定的活动仅就其为有限定的来看，是现实的，但就其在原则上与观念活动等同来看，却是观念的；因此，受到限制的活动是现实的还是观念的，还取决于从什么角度去看。其次，很显然的是，观念活动之为观念活动，只有在和现实活动对立时才能判别，反过来说也是一样。这是通过最简单的实验也可以证实的。例如，一个想象的对象之为想象的对象，只有同一个现实的对象对立才能加以辨别，而每一现实的对象之为现实的对象，又只有同一个被判定的想象的对象相对立，才能加以辨别。这一点先定下来，就可以引出下述结论。

1. 自我应当对它自身是进行感觉的东西，这就意谓着它应当能动地把对立物接纳于它自身之内。不过这一对立物无非就是界限或阻滞点，而阻滞点只能存在于现实的活动之中，现实的活动只有通过界限才能与观念的活动加以区别。因此，自我应把对立物占为己有，这就意谓着它应把对立物接纳到自己的观念活动之内。

要使这一点成为可能，只有界限处在观念活动之内；更具体地说，必须凭借自我本身的活动，那一情况才会发生。（正如这里越来越明显地看到的，整个理论哲学必须加以解决的问题只有这样的问题：界限如何成为观念的，或者说，观念的〔直观的〕活动何以也会变为受到限定的。我们预先就已看出，观念活动和现实活动之间的那种被打乱了的平衡〔前述 A. 2.〕必定会恢复起来，因此自我确实是自我。这一平衡是怎么恢复起来的，这是我们以后唯一的课题）。但是，界限仅仅是处在现实活动的界线之内，反过来说，现实的活动正是界限所在的那种自我的活动。而且，抽去了界限，观念活动和现实活动根本就不能加以区别。只有界限才成为两者之间的分界点。因此，活动仅仅是观念活动，就是说，活动必须在界限的彼岸作为观念活动区分出来，或者说，活动就其超越界限这一点来说是观念的。

所以，界限应归于观念活动之内，就意谓着界限应归于界限的彼岸；这是一个明显的矛盾。这一矛盾必须加以解决。

2. 观念的自我也许可以力求消除界限，而在它消除界限时，界限也就必然会归于观念活动的界线之内。但是，界限是不应当消除的，界限应作为界限、即原封不动地接纳到观念活动里来。

或许观念的自我可以限定其自身，因而可以造出一种界限来吧。但就是这样也不可能说明应该加以说明的东西。因为那样一来，设定在观念的自我里的界限就会与设定在现实的自我里的界限不同。但两者却应当是相同的。即使我们想要假定直到现在为止还是纯粹观念的自我会变其自身为对象，因而会受到限定，我们终究还是未能因此而前进一步，而是倒退到了研究工作最初的起点上，在这一点上，直到那时是纯粹观念的自我首先就把自身分离成主观的东西和客观的东西，而且仿佛是分裂了。

现在留下来的仅仅是介乎废弃和创造之间的一种中间状态。这样一种中间状态就是规定活动。我应加以规定的东西，必定不依赖于我而独立地存在于那里。而在我规定它时，由于规定活动本身，它就又成了一个依赖于我的东西。此外，当我规定一个未被规定的东西时，我就把它作为未被规定的东西废弃了，而把它作为已被规定的东西创造了出来。

因此，观念的活动必可规定界限。

这里立刻就产生了两个问题：

a）界限由观念的活动来规定，这究竟意谓着什么。

在意识中除了从界限里留下一种绝对被动性的痕迹以外，现在别无他物。既然在感觉里自我没有意识到这种感觉的活动，那也就只有留下此种结果。这一被动性到现在为止还完全没有得到规定。但同一般的有限制状态一样，一般的被动性也是不可设想的。任何被动性都是一种特定的被动性，这同它只有通过活动的否定才可能存在一样毋庸置疑。因此，假使被动性能得到规定，界限也就会得到规定。

那种单纯的被动性就是感觉的单纯质料，纯粹被感觉的东西。如果自我能给被动性提供一定的范围，一定的活动领域（如果这里可以允许用这一不确切的述语的话），被动性就会得到规定。于是自我也只有在这一范围内才会是被动的，在这一范围之外，就是主动的。

因此，那种进行规定的行动就会是一种创造活动，这种创造活动的质料也就是原始的被动性。

但这就产生了第二个问题：

b）这种创造活动本身何以能思议。

自我如果不是能动的，它就不能创造什么范围；但是，自我若不创造一种范围，恰好使自身得到限定，也就正像不能创造一种有限制状态的范围一样，不能创造这种范围。因为自我是限定者，所以它就是能动的，但就其是有限制状态的限定者来说，它本身就成为被限定者了。

因此，那种创造行动就是主动性和被动性的绝对结合。自我在这一行动内是被动的，因为自我不先以有限制状态为前提，就不能规定有限制状态。而另一方面，仅就自我力图规定有限制状态来说，就连（观念的）自我也在这里受到了限定。因此在那种行动中有一种活动，这种活动是以一种忍受为前提的，反过来说，那种行动中有一种忍受，这种忍受是以活动为前提的。

我们对主动性和被动性在一个行动内的结合本身再进行考察之前，我们可以看看，如果自我中真的可以表露出结合主动性和被动性于自身之内的行动来，我们通过这样一种行动究竟取得了什么结果。

在意识的前一阶段里，自我对它自身只是被感觉的东西，而不是进行感觉的东西，在现在的行动里，它对其自身则成了进行感觉的东西。它使自己成了一般的对象，因为它受到了限定。但它是使自己成了主动的（进行感觉的）对象，因为它只是在它进行的限定活动中得到了限定。

因此，（观念的）自我是作为在其主动性内受到限定的自我使自身成为对象的。

即以自我是能动的来说，它在这里就受到了限定。经验论可以毫不费力地解释印象作用，因为经验论完全忽视了自我为了作为自我而受到限定（即为了成为进行感觉的），必须首先是能动的。再者，就自我已受到限定而论，它在这里也是能动的，而且，只要感觉和意识相联系，我们在感觉内所思考的也正是活动和忍受的这种相互制约的关系。

但是，自我恰恰因为在这里对它自身成了进行感觉的东西，也许就不再像在前一行动里那样是被感觉的东西。在那里它是被感觉的东西，不可能对它自身是进行感觉的东西。这样，作为被感觉的东西的自我好像是被赶出了意识似的，而被某种不同的、与自我对立的东西取而代之了。

事情也就是这样。我们推演出来的行动是一种创造活动。在这一创造活动中观念的自我现在是完全自由的。因此，自我在这一范围的创造活动中得到限定的根据不可能存在于自我本身之内，而必定是存在于自我之外。这个范围是自我的一种创造，但就自我进行创造来说，这一范围的界限并不是自我的创造，同时，因为自我在意识的现阶段内只是进行创造的，所以总的说来这种界限并不是自我的产物。因此，这种界限只不过是自我和它的对立物、即自在之物之间的界限，因而现在既不存在于自我之内，也不存在于自我之外，而只是自我和它的对立物在其中互相接触的共同的东西。

因此，假如这种行动甚至仅仅就其可能性而言都是可以理解的，那么，自我与自在之物之间的那种对立，总之，上文中只是为哲学家所设定的一切，也就会通过这种行动为自我本身演绎出来。

II.

从这整套论述中，我们现在自然看到了对问题已提供的解决无疑是正确的，但这种解决本身还不是能理解的，而且在我们看来这种解决可能还需要几个中间环节。

这是因为，通过对问题的这种解决，虽然表明观念的自我若不事先已是能动的，就不能变成被动的，因而表明单单一种对观念的（进行直观的）自我的印象作用是无论如何也解释不了感觉的，但另一方面也表明，观念的自我若非事先已是忍受者，就不能又以特定的方式成为能动的，总之，表明主动性和被动性在那种行动中是互为前提的。

现在感觉借以完全被设定于自我之内的这种行动虽然也可以说是这样一种行动，但在这种行动和原始感觉之间一定还有一些中间环节，因为我们看到自己由于这一行动而陷入了难以解决的循环论证，这种循环论证很早以来就把哲学家们弄得晕头转向，如果我们想要忠实坚持我们直到现在所贯彻的进程，我们现在就得重视这一循环论证，以求对它本身有完全的理解。我们势必陷入这一循环论证，这当然是由前述内容导致的结果，但没有这一原因，也会有同样的结果。而在这种情况下，我们整个的课题就还没有真正解决。以前我们的课题是说明原始的界限如何会转移到观念的自我里来。但是，上述一切显然没有使这样一种最初步的转移得到理解。我们用一种限定有限制状态的活动来说明上述转移，我们把这一限定活动归诸观念的自我。但是，何以只有一般的自我才能限定被动性呢？我们自己承认这种活动已把观念的自我中的一种忍受作为前提，反之，这种忍受自然同样又以那一活动为前提。我们必须透彻地研究这一循环论证的产生过程，只有这样，才能希望完全解决我们的课题。

现在我们回过来讨论最初已经提出的矛盾。自我只是对它自身而言才是它所是的一切。因此，它也只是对它自身而言是观念的，它之所以是观念的，只是因为它把它自己确定成了观念的或承认它自己是观念的。如果我们所指的观念活动只是一般自我的活动，是就其单单从一般自我出发，且仅以一般自我为根据来说的，那么，自我原初就无非是观念的活动。如果说界限是到自我之内去了，那当然也就是到自我的观念活动之内去了。但是，这种观念活动是受到限定的，而且就其受到限定而论，并没有作为观念的活动得到承认，这正是因为它是受到限定的。只有超越界限的那种活动，而且就其超越界限而论，才被承认为是观念的活动。因此，超越界限的活动应当受到限定，这是一个矛盾。这一矛盾就在于要求自我作为进行感觉的东西（即作为主体）应当变成客体。而且，如果超越界限和受到限定对观念的自我不是同一回事，这一矛盾就不能得到解决，换句话说，只有自我正因其是观念的而变成现实的，这一矛盾才能得到解决。

假若事情就是这样，假若自我由于单纯超越界限而会受到限定，那么它在超越界限时，就仍将会是观念的，因而就将作为观念的自我或以其观念性变为现实的，并受到限定。

问题在于这样的事情何以能够设想。

只要我们把自我直观它自身的倾向设定成无限的，我们也就能够由此解决这一课题。在自我内从原始感觉中遗留下来的不过是界限，而且仅仅是界限。除了自我超越界限而外，自我对我们来说也不是观念的，因为它确实是在进行感觉。另一方面，自我不把它的超越界限的活动和在界限以内受到阻滞的或现实的活动对立起来，也就不能承认它自身是观念的（即进行感觉的）。两种活动只有在互相对立并彼此相关时才能区分开来。然而不通过第三种处在界限之内同时又处在界限之外的活动，两种活动互相对立又彼此相关是不可能的。

这第三种既是观念的同时也是现实的活动，无疑即是从（1.）那里推导出来的创造活动，在这一活动里主动性和被动性可以互相制约。

因此现在我们可以列举出这种创造活动的中间环节，并且把它们本身完全推演出来。我们的这一做法如下：

1. 自我作为直观它自身的无限倾向在上一阶段中确然是进行感觉的，即把它自己直观为受到限定的。但是，界限只存在于两个对立物之间，因此，自我要不是必然地超越到界限彼岸的某物上去，即超越界限的话，也就不能够把它自己直观成受到限定的。这样一种超越界限的活动已经通过感觉给我们确定下来，但也应当为自我本身确定下来，只有在这种情况下自我才会作为进行感觉的自我把自己变为对象。

2. 不只自我中前此客观的东西，而且连其中主观的东西也都必须变成对象。这种情况之所以发生，是因为超越界限的活动对自我变成了对象。但是，自我若不把这一活动同另一种没有超越界限的活动对立起来和联系起来，就不能把任何活动直观成超越界限的。除了通过第三种在界限内受到阻滞同时又超越界限的、既是观念的同时又是现实的活动之外，自我在其观念的和现实的活动里，在其超越界限、进行感觉的活动里，以及在其被阻滞于界限以内的、被感觉的活动里，都是不可能直观自己的，而自我通过的这种活动，也正是自我在其中作为进行感觉的东西而变自己为对象有活动。就自我是进行感觉的来说，它是观念的，就其是对象来说，它则是现实的，因此自我作为进行感觉的东西借以变成对象的那种活动，必定是一种既是观念的同时又是现实的活动。

因此，说明自我如何把自身直观成进行感觉的这个问题也可以这样来表述：说明自我如何会在同一活动里变成观念的和现实的东西。这一同时既是观念的又是现实的活动就是我们所设定为不证自明的创造活动，主动性和被动性在这一活动中是互相制约的。因此，上述第三种活动的发生同时也向我们说明了我们自己在自我问题上所陷入的那种循环论证的起源（Ⅰ.）。

而这一活动的发生过程是如下所述的过程。在第一种活动（自我意识的活动）内，自我是一般地被直观的，而且由于被直观而受到了限定。在第二种活动里自我不是一般地被直观，而是从特定方面被直观成受到限定的，不过，如果没有观念的活动去超越界限，它也不能被直观成是受到限定的。这样在自我内就出现了两种活动的一种对立，这两种活动作为同一个自我的活动不能不被结合在第三种活动内，在第三种活动内必然有一种被作用状态和能动状态互相制约的关系，或者说，自我在这一活动内之所以是观念的，只是因为它同时也是现实的，反之，自我在这种活动内之所以是现实的，只是因为它同时也是观念的，因为是这样，所以自我就作为进行感觉的东西把自身变成了对象。

3. 自我在这第三种活动中是摆动在超越界限的活动和受到阻滞的活动之间。由于自我作这种摆动，两种活动就彼此关联在一起，并作为对立物被固定下来。

问题在于：

a）观念的活动是作为什么被固定下来的。就观念活动一般地被固定下来而言，它就不再是纯粹的活动。它在同一行动内是同那种在界限以内受到阻滞的活动对立起来的，因此就被理解为被固定下来的活动，不过是被理解为和现实的自我对立的活动。就观念活动被理解为是被固定下来的而言，它就得到了一个观念的基础，就其被理解为是和现实的自我对立的活动而言，它本身就成了现实的活动（但也只是在这一对立之内才是如此），成了某种同现实的自我现实地对立的东西的活动。但这种同现实的自我现实地对立的东西正是正在之物。

这样一来，超越界限、已变成对象的观念活动，现在就作为这样的活动从意识中消失了，而变成了自在之物。

从这里不难作出如下论断。按照上面说的，原始有限制状态的唯一根源乃是自我的直观活动或观念活动，而在这里作为有限制状态的根源被反映给自我本身的也正是这一活动，只是恰恰并非作为自我的活动，而是作为一种与自我对立的活动，因为自我现在仅仅是现实的自我。因此，自在之物无非就是观念的、超越了界限的活动的阴影，通过直观，这一阴影又被反射给自我，在这种情况下，自在之物本身就是自我的一种产物。把自在之物看作是现实东西的独断论者所持的观点和自我在现在这个阶段上所持的观点是相同的。在自我看来，自在之物是通过一种留下产物的行动产生的，而不是通过自在之物借以产生出来的那种行动产生的。因此自我原初不知道这一对立物是自己的产物，而且，自我只要囿于自我意识为自己划定的这种虚幻境地，就不能不停留在这种无知状态；只有突破这一境地的哲学家才能摆脱那种幻觉。

我们的演绎现在已经进展得相当之远，以致可以说外在于自我的某种东西第一次为自我本身而存在了。自我在现在这一行动内第一次和处在界限彼岸的某物关联起来，界限本身现在也无非就是自我与其对立面的共同接触点。在原始感觉内出现的不过是界限，而在这里出现的是处在界限彼岸的某物，这样，自我就明了界限是怎么回事了。如同随后就会表明的，界限也将由此而具有另外一种意义，这是可以预期的。自我在原始的感觉内只是被感觉的东西；原始的感觉现在变成了一种直观，在这种直观内自我首次变自身为进行感觉的东西，但正因为如此，也就不再是被感觉的东西。被感觉的东西对于把自身直观为进行感觉的自我来说，就是超越界限的观念的（以前进行感觉的）活动，但这种活动现在不再作为自我的活动被直观了。现实活动原来的限定者就是自我本身，不过自我不变成自在之物，也就不能作为限定者得到意识。这里推演出来的第三种活动是这样一种活动，在这种活动中被限定者和限定者既是分离的，同时又是结合在一起的。

现在留待探讨的是

b）在这一行动内从现实的或受到阻滞的活动中会形成什么。

观念的活动已变成了自在之物，这样，现实的活动就将通过上述同一行动变成和自在之物相反的东西，即变成自在之我。自我，迄今一直是主体同时兼客体的东西，现在首次成为某种自在的东西；自我原初主观的东西已越过了界限，并在界限那边被直观为自在之物；留在界限以内的，是自我的纯粹客观的东西。

因此现在演绎已到了这样一点，在这一点上自我和它的对立面绝不只是对哲学家来说才是互相分离的，而是对自我本身来说也是互相分离的。自我意识的原始二重性现在好像是在自我和自在之物之间作了分割一样。因此，从自我现在的行动中留下来的并不是一种单纯的被动性，而是两个彼此现实对立的东西，它们是感觉的规定性依以存在的基础。这样，自我如何对它自身变成进行感觉的东西这个课题就第一次完全解决了。这个课题，迄今为止还没有一种哲学能做出回答，至少经验论没有能做出回答。不过，要说经验论苦心孤诣地想说明印象作用从单纯被动的自我到思维的、能动的自我的转化徒劳而无功，那倒也应该说唯心论者在解决这一课题上和经验论同样有困难。因为不管被动性来自何方，是从我们之外事物的印象作用产生的，还是从精神本身的原始机制中产生的，被动性终究还是被动性，而应当加以说明的转化同样还是那个转化。创造性直观的奇迹把这一困难给解决了，没有创造性直观，困难就完全不能解决。因为显而易见，自我除非把它自己直观成是和它自身对立的东西，而且同时在作限定的活动和被限定的活动之内、在主动性和被动性的那种相互规定之内作直观，它就不能把它自己直观成进行感觉的；主动性和被动性的这种相互规定是用我们已经指明的方式出现的，不过只有哲学家才看

清楚的自我本身的这种对立,对哲学家的对象,即自我来说,倒显得是自我本身和在它之外的某物之间的一种对立。

4. 在现实活动和观念活动之间作摆动的结果,一方面是自在之我,另一方面是自在之物,两者都是现在需要推演的直观的因素。头一个问题是:这两者如何通过已被推演出的行动来规定。

a）自我通过这一行动可以被规定成纯粹客观的东西,这一点刚才已经说过了。但自我只是在其现在和自在之物所处的相互关系中才成为纯粹客观的东西。因为,作限定的东西如果还会在自我之内,那么,自我之所以**可能存在**,就只是因为它是在显现自身,而不是简直像独断论者要求的那样,因为它现在是**自在的**,似乎不依赖于它自身的。独断论者正是要使自己仅仅提高到这后一种观点。

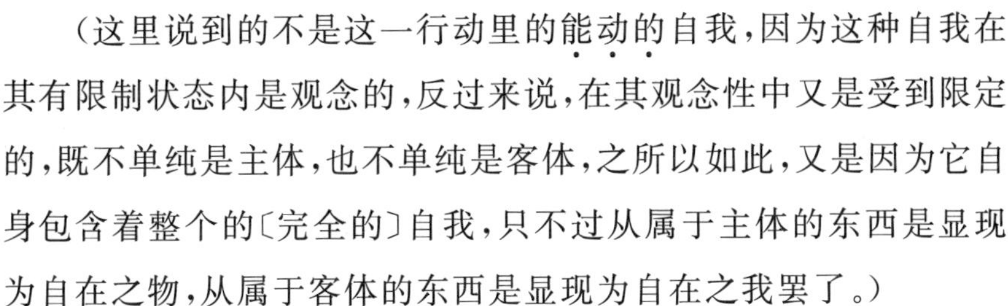

(这里说到的不是这一行动里的**能动的**自我,因为这种自我在其有限制状态内是观念的,反过来说,在其观念性中又是受到限定的,既不单纯是主体,也不单纯是客体,之所以如此,又是因为它自身包含着整个的〔完全的〕自我,只不过从属于主体的东西是显现为自在之物,从属于客体的东西是显现为自在之我罢了。)

b）**事物**已全然首先被规定成和自我绝对对立的东西。然而自我是被规定为活动的,因此事物也就只是被规定为一种和自我的活动相对立的活动。但任何对立都是一种特定的对立,因此,事物如不同时受到限定,就不可能与自我对立。这也就说明自我必须又限定被动性(I.)会是什么意思。被动性之所以受到限定,是因为它的条件即事物受到了限定。我们一开始就看到,和一般有限制状态同时,出现了一种有限制状态里的有限制状态,但这种有限制状态却是随同自我和自在之物的对立才达到意识的。事物被规定为一种和自我对立的活动，这样也就被规定成了一般有限制状态的根源，被规定为本身受到限定的活动，因而也就被规定为特定有限制状态的根源。那么事物是由什么来限定的呢？是由自我也受其限定的那种界限。自我内有多大程度的能动性，事物内就有多大程度的不动性，反之亦然。只有通过这一共有的限定，两者才能互相作用。只有哲学家才看到，同一个界限可以是自我和事物的界限，就是说，事物只是在自我受到限定的限度内才会受到限定，自我也只是在客体受到限定的限度内才会受到限定，一句话，只有哲学家才看到自我中主动性和被动性在现在行动内的这种**互相规定**；在随后的行动里自我也将见到主动性和被动性的这种**互相规定**，不过，如可以预期的那样，自我是在迥然不同的形式下见到这种**互相规定**的。界限依旧是原先通过自我本身确立了的界限，只是现在不再单纯表现为自我的界限，而且也表现为事物的界限。事物所取得的实在性，就是在自我本身通过自我的原始行动所取消的那么多的实在性。但是，对自我来说，事物也像自我本身一样，会显得是不借助于自我的影响而受到限定的，同时，如要把这一结果再同我们的出发点联系起来，那么观念的活动在这里也直接因其超越界限并被直观成超越界限的活动而受到了限定。

从这里不难推断出通过那种行动何以

c）**界限**就会得到规定。既然界限同时对自我、对事物都是界限，那么，它的根据就既不在前者之内也不在后者之内；因为，假如根据在自我，自我的主动性就会不受被动性的制约；假如根据在事物，事物的被动性就会不受主动性的制约，一句话，行动就不会是真正的行动。既然界限的根据既不在自我之内，也不在事物之内，那它就不在任何地方了。界限完全存在，就是因为它是存在的；它之所以如此，就是因为它是如此。所以界限对于自我，对于事物，都将表现为完全偶然的东西。因此，在直观中是界限的那种东西，对自我和事物来说同样都是完全偶然的。在此还不能对这一点作更确切的界说或剖析，这在后面才能办到。

5. 把自我和自在之物作为对立面从中遗留下来的那种摆动是不能持久的，因为这一对象在自我本身（那种在自我和自在之物之间摆动的自我）之内设定了一种矛盾。但是，自我是绝对的同一性。因此，既然自我确实＝自我，就确实会必不可免地产生出第三种活动来，在这种活动中，自我和自在之物两个对立面被置于相对平衡状态。

自我的一切活动都是从自我本身的一种矛盾出发的。因为自我既然是绝对同一性，所以除了自身内的一种二重性以外，就不需要什么决定性的活动根据，同时，一切精神活动的持续存在都有赖于自我本身的这种矛盾的持续存在，即有赖于这种矛盾的不断再现。

矛盾在这里诚然是作为自我和自我之外的某物之间的对立表现出来的，但从推演的角度来看，却是观念活动和现实活动之间的一种矛盾。如果说自我应在原始受限制状态以内直观（感觉）它自身，那它同时也必须尽力超脱这种状态。被限制状态、必然性、强制，所有这一切只有在与一种不受限制的活动对立的情况下才会感觉出来。没有想象的东西，也就没有什么现实的东西。因此从感觉本身开始就已经有一种矛盾设定到自我里来了。自我受到限制，同时又竭力超脱限制。

这种矛盾不能取消掉，但也不能持续下去，因此只能由第三种活动结合起来。

这里所说的第三种活动，一般地是一种**作直观的**活动，因为这里作为被限定的东西来看的是**观念的**自我。

但这种直观是对直观的一种直观，因为它是对感觉的一种直观。感觉本身就已经是一种直观，不过是一种**第一**级次的直观活动（所有感觉的单纯性、界说它们的不可能性均由此而来，因为任何界说都是综合的）。因此现在推演出来的直观是一种**第二**级次的直观活动，或者换个说法也一样，是一种**创造性的直观活动**。

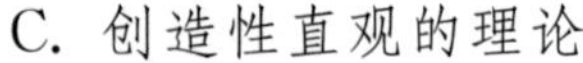

C. 创造性直观的理论

提　要

笛卡尔曾用物理学家的口气说过，给我物质和运动，我就能给你们造出个宇宙来。先验哲学家现在要说，给我一个具有两种对立活动的自然，其中一种活动进展到无限，另一种活动则在这种无限性中竭力直观其自身，那我就可以由此使理智及其整个表象体系出现在你们面前。其他一切科学实际上都把理智当作现成的前提，而哲学家则是从生成活动上来考察它，使之宛然出现在自己眼前。

自我只是理智及其一切规定所依托的根基。自我意识的原始活动只是向我们说明，自我在其客观活动方面，在原始冲动中何以会受到限制，而不是说明自我在其主观活动或知识活动中何以会受到限制。只有创造性直观才把原初的界限移到观念活动里来，而且只有创造性直观才是自我通向理智的第一步。

创造性直观的必要性在这里是从自我的整个机制中系统地推演出来的，这种必要性作为整个知识的普遍条件必须直接从知识的概念里推演出来；因为，如果一切知识都是从一种直接的认识中取得自己的实在性的，那么这一种直接的知识就只有在直观中才能找得到，这种认识并不像概念那样仅仅是实在性的阴影，是由一种再创造的能力、即知性制定出来的，而知性本身又以一种更高的东西为前提，这种更高的东西除自身之外没有什么原型，而是用原始力量按其自身进行创造的。因此，冒牌的唯心论，即那种把一切知识都化为浮光幻影的体系，必定是把我们认识中的任何直接性都化为子虚乌有的唯心论，例如，它认为不依赖于表象而存在的原型是在我们之外，就会有这样的后果。反之，那种在既是观念的，同时也是现实的精神活动中寻找事物起源的体系，则正因为自己是最完美的唯心论，同时也就必定是最完美的实在论。这就是说，如果最完美的实在论是认识自在之物，而且是直接认识自在之物的实在论，那么它只有在一种存在物当中才是可能的，这种存在物在事物中看到的只是自己的实在性，由自己的活动所限制的实在性。因为这样一种存在物作为事物的内在灵魂能够像贯通自己的直接机体一样，贯通到事物内部，并且能够像艺术大师最完满地认识自己的作品一样，从根本上洞察事物的内在机制。

反之，有人却想假定我们的直观包含着某种由碰撞作用或印象作用附加的东西，试图从这个假设出发，说明感性直观的自明性。首先，这里因碰撞作表象活动的生灵而转到这种生灵中的东

西并不是对象本身，而仅仅是对象的作用。然而，在直观中直接呈现的并不是对象的单纯作用，而是对象本身。这时，关于对象何以能附加到印象作用上，有人也许会试图用推论来解释；但这就得在直观本身之内完全不可能出现什么不属于推论或不属于以概念（如因果概念之类）为中介的东西，就得我们在直观中看到的东西不可能是对象本身，不可能是推理的一种单纯产物。或许，有人会用一种由外在冲动激发起来的创造能力解释对象附加到感觉上的活动；但这样一来，外在的对象、即引起印象作用的东西向自我的直接转化就永远不能得到解释了，人们终究不得不从灵魂完全拥有的、似乎能渗透到各处的一种力量来推出印象作用或碰撞作用。由此看来，无论是把关于外在事物的表象的起源弄成极其神秘的东西，说这种表象的起源是一种不容有任何其他解释的启示，还是用一种力量去说明像表象这样的怪物是从外在对象的印象作用不可捉摸地产生的，认为在这种力量面前就像在神性（在独断论体系看来，这是我们认识的唯一的直接对象）面前一样，连不可能的东西也是可能的，这些做法都依然是独断论处理问题最彻底的办法。

看来独断论者们也远远想不到在哲学这样的科学里没有什么假定是有效的，倒应该说，在这样一门科学里正需要在其他所有概念之前推演出那些本来就极为平常、极为熟悉的概念来，所以，在某种来自外部的东西和某种来自内部的东西之间作出区分无疑是需要论证和说明的。但正因为我要说明这种区分，我就设定了一个意识领域，在这个领域里那种分离尚未存在，内在世界和外在世界是互相包含的。所以，一种哲学在仅仅一般地使自己成为无所不能证明和无所不能推演的法则时，即使似乎无意这样做，也会由于它的纯粹的首尾一贯性而确实成为唯心论。

现在还不曾有过一个独断论者去描述或证明那种外部作用的方式和方法，然而，作为对于一种同知识的全部实在性无不有关的理论必不可少的要求，按理说这是可以期望的。因此，人们终究不能把那些物质向精神逐渐升华的过程置之度外，在这些地方人们只是忘记了精神乃是一个永恒的琼岛，我们从物质开始，走过许许多多迂回曲折的道路，才能一跃而登上这个岛去。

面对这些要求，不容人们借口绝对不可理解就停在原地长久不动。既然理解那种机制的冲动总是一再表现出来，而那种自诩无所不能证明的哲学又在佯言实际上已经揭示了那种机制，所以我们还是得从这种哲学声明本身看出一点不可理解的东西来。这种哲学中所有不可理解的东西都是从通常的立脚点而来的，避开这一立脚点是哲学中一切理解活动的首要条件。譬如，谁要认为在精神的一切活动中到处都不存在什么无意识的东西，而且除了意识领域而外，不存在任何领域，那么他也就不理解理智何以会在它的创造物中流连忘返，适如他不理解艺术家何以能在他的作品上着迷失神一样。在他看来，存在的无非是普通的道德创举，而那种把必然性和自由结合在自身之内的创造活动则是什么地方也根本不存在的。

理智除了力求返回它的同一性以外，没有别的意向。一切创造性直观都是从一种永恒的矛盾中产生的，这种矛盾不断向理智施加强制，使理智活动起来，并在理智创造活动的形式上约束着理智，如同自然界在其产生活动中显得受到束缚一样。创造性直观之产生于一种永恒矛盾，一部分已经在前面推演出来了，通过直观的全部理论将进一步得到说明。

关于直观这个词,我们需要指明,绝对不可把任何感性的东西混杂到这一概念里,比如把视觉活动当成好像是唯一的直观活动似的,虽然日常语言是只把视觉活动算作直观活动的;关于这一点,我们可以举出相当深刻的理由来。没有头脑的庸人们用光线来解释视觉活动,可是光线究竟是什么呢?它本身就是视觉活动,说得更确切一些,是本来的视觉活动,是直观活动本身。

创造性直观的全部理论都是从上面已经推演出来并得到证明的一个命题出发的,这个命题是说:把超越界限的活动和在界限内受到阻滞的活动互相关联在一起,也就把两者定为互相对立的活动了,前者被定为自在之物,后者则被定为自在之我。

可能有人马上要问:设定为绝对不可限定的那种观念活动究竟如何能被确定下来,因而也会受到限定呢?我们的回答是:这一活动不是作为直观的活动或自我的活动受到限定的,因为它在受到限定时,也就不再是自我的活动了,而变成了自在之物。这一直观活动现在本身就是一个被直观的东西,因而不再是作直观的活动了。而只有这样的直观活动才是不可限定的。

变换了自己的地位的直观活动,是被包含在创造过程中的活动,正因为如此,同时也就是现实活动。这一被束缚在创造过程中的观念活动作为直观活动,仍然是不可限定的。因为它虽在创造性直观里受到了限定,但也只是在这一阶段受到限定,而不是像现实活动那样,不断地受到限定。既然如此,只要能多少表明理智的所有创造性活动都是以不可限定的观念活动和受到阻滞的现实活动之间的矛盾为基础,那么这一创造活动就会和这一矛盾本身一样是无限的，同时也会和那种在创造过程中受到限定的观念活动一起，把前进的根源设定在创造过程之中。一切创造活动在这一阶段都是一种有限的创造活动，但也就是这种创造活动产生的东西却会带来产生新的矛盾的条件，这一矛盾又将转化为一种新的创造活动，而且毫无疑问，将如此类推，以至无穷。

自我假使不包含一种超越任何界限的活动，它就将永远不能超出它最初的创造活动，它就会是进行创造的，而它在自己的创造活动中又是大都为它之外的直观者受到限定，而不是为其自身受到限定。为了对其自身成为进行感觉的东西，自我必须尽力超出原初被感觉的东西，同样，为了对其自身成为进行创造的东西，自我就必须尽力超出每一个创造物。这样，我们就像在感觉那里一样，在创造性直观这里又被纠缠到同一个矛盾里去了，同时我们看到，如同感觉中的简单直观一样，这种创造性直观也将被这一矛盾提高到另一阶段。

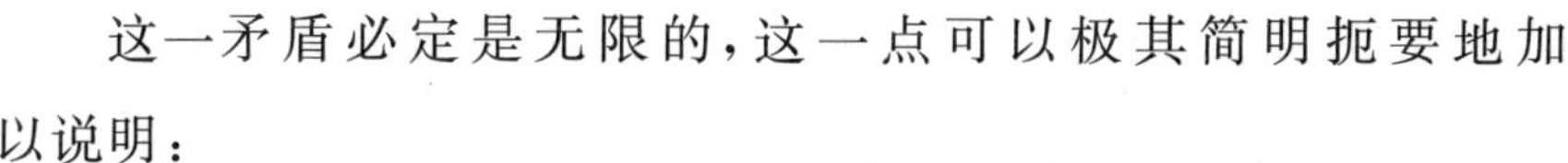

这一矛盾必定是无限的，这一点可以极其简明扼要地加以说明：

自我包含着一种不可限定的活动，但如果自我不把这一活动设定为自己的活动，这一活动也就不会存在于这样的自我之内。然而，自我若不把自己当作那种无限活动的主体或基础和这一活动本身区别开来，就不能把这一活动直观为自己的活动。而正因为是这样，就在有限性和无限性之间产生了一种新的二重性，一种矛盾。自我作为那种无限活动的主体在动能方面(potentia)是无限的，**这种活动本身**在其被设定为自我的活动时，则变成了有限的；但这种活动本身在变成有限的时，就重新越过界限，加以扩展，而在加以扩展时，就又受到了限定，这样交相更迭，持续不断，以至无穷。

这样，用这种方法提高到理智的自我现在就处于一种不断扩张和收缩的状态中了，而这种状态也正是进行改造和创造的状态。作那种更迭的活动必将因此而表现为进行创造的活动。

I. 创造性直观的演绎

1. 现在我们离开我们那类在对立物之间处于摆动状态的对象了。这两个对立物本身是绝然不能结合的，它们要能结合在一起，那也只有通过自我结合它们的努力，只有这种努力才能使它们长存，使它们相互关联。

这两个对立物仅仅受自我的行动的影响，因而是自我的一种产物，不只是自在之物，而且也是这里初次表现为自身的产物的自我。正因为自我的产物是这两个对立物，自我就上升到了理智的高度。假使我们认为自在之物在自我之外，因而这两个对立物是属于不同的范围的，那么，它们之间就完全不可能有什么统一，因为它们本身是不能统一的；为了把它们结合或统一起来，就需要一个把它们统括在一起的更高的东西。而这一更高的东西是更高一级的自我本身，或者说，是上升到理智高度的自我，关于这种自我，我们在以后会不断地谈到。因为在自身之外有自在之物的自我不过是客观的或现实的自我，而在自身之内有自在之物的自我却既是观念的同时又是现实的自我，即理智的自我。

2. 只有通过自我的一种行动，才能把那两个对立物聚合在一起。但自我在这一行动内根本没有得到对于它自身的直观，因此行动好像是在意识中埋没了似的，而只有对立作为意识中的对立遗留下来。但如果没有第三种能使两个对立物彼此对峙（对立）、从而正好把它们结合起来的活动，这个对立也就不能作为意识中的对立遗留下来（两个对立物过去似乎是互相消灭的）。

这样的对立，或者说，作为绝对（不是单纯相对的）对立物的这样两个对立物出现于意识中，这是创造性直观的条件。我们的难题也就在于如何说明这一点。因为一切事物只有通过自我的行动才能出现于自我之内，这一对立当然也不例外。但是，这一对立如果是由自我的行动设定的，那么，也就恰恰因此不再是绝对的了。这个难题只能用下述方法来解决。这一行动本身的意识中必须趋于消失，因为这样一来，才会只有对立的两个环节（自我和自在之物）作为本身（即通过它们自身）不能结合的东西遗留下来。这是因为，这两个环节在原初那种行动内确实也不过是由自我的行动（因而并非通过它们自己）聚合在一起的，自我的行动仅仅是用来使它们得到意识，完成这个工作以后，自己就从意识中消失了。

那种对立作为意识中的对立遗留下来，这就给意识提供了一个广阔的天地。因为通过这种对立，意识的同一性不只对考察者来说是全然消除了，而且对自我本身来说也正是这样，于是自我就被引导到我们自己原初停留过的那一考察点上去了，不过自我在这一点上所看到的许多东西一定完全不同于我们所看到的。我们看到自我本来就处在对立活动的斗争之中，对这一斗争一无所知的自我却仿佛不得不把这一斗争盲目地、不由自主地结合在一种共同的构造里。自我的不可限定的观念活动已经作为这样的活动统摄在这一构造里，因此，能够从这种构造中遗留下来的只是作为受到限定的现实活动。在现阶段上，对立活动的那种斗争变成了自我本身的对象，因而对于直观其自身的自我来说，也就变成了自我（作为客观的活动）和自在之物之间的对立。因此，既然直观的活动现在是在冲突之外（这种情况之所以发生，正是由于自我上升到理智，或者说，是由于那种斗争本身又成了自我的对象），所以，那种自我和自在之物的对立对自我本身来说，就能够在一种共同的构造中清除自身。为什么最原始的对立是自我和自在之物之间的对立，即使根本不是对哲学家而言，而是对自我本身而言，这也是显而易见的。

3. 那种本身不能结合的对立，只有在自我把它直观为这样的对立的情况下，才能设定于自我之内，这样的直观活动我们也已经推演出来，但直到现在为止，我们只是就其一个方面进行了考察。因为自我不在自身内再创造出同一性，因而再创造出自我对事物、事物对自我的相互关系，就不能借助其本质中的原始同一性来直观那种对立。因此在那种对立中事物只是作为活动出现的，虽然是作为与自我对立的活动出现的。这一活动诚然是由自我的行动固定下来的，但也只是作为活动固定下来而已。因此以前已经推演出来的事物一直是一种积极的、能动的事物，还不是现象界那种消极的、不动的事物。我们如果不再使对象本身出现一种对立，因而出现一种平衡，就永远也不会达到这种消极的事物。自在之物是纯粹观念的活动，在这种活动中只有它和自我的现实活动的对立是能够认识的。像事物一样，自我也只是活动。

这些对立活动一旦通过那种起着接触点的作用的共同界限结

合起来，就不能互相分离了。当然，它们如果不把自身直接还原成第三种共同的东西，也就不能共存。直到它们把自身直接还原成第三种共同的东西，它们才会作为活动而相互抵消。因此，从它们当中产生的第三种东西既不可能是自我，也不可能是自在之物，而只能是处在二者中间的一种产物。因此，这一产物在直观活动中并不是作为自在之物或能动的事物，而是仅仅作为那类事物的现象出现的。所以，事物就其是能动的来说，就其是我们的忍受活动的原因来说，是处在直观这一环节的彼岸，也可以说是由创造性直观从意识内部排挤出来的，创造性直观在事物和自我之间摆动时产生了某种处在两者之间的东西，这种东西把两者彼此隔开，同时也是两者的共同表现。

这一第三者之为感性直观的对象，又只是我们看到的，而不是自我本身看到的，而且就是对我们来说，也还没有得到证明，而必须首先给以证明。

这一证明不是别的，而就是如下的证明。在产物内存在的东西，只是存在于创造活动之内的东西，而通过综合安插进去的东西，通过分析也必定可以从中再次展示出来。因此产物内必定可以显示出那两种活动的痕迹来，不只可以显示出自我的痕迹，而且也可以显示出事物的痕迹。

为了知道为什么能在产物上辨认出那两种活动来，我们就必须首先知道为什么它们一般是能辨别的。

那两种活动里的一种活动是自我的活动，这种活动是根本性的，就是说，是存在于限定之前的（这种限定确实在这里方才能给自我本身加以说明），是无限的。然而也没有理由把那种同自我对立的活动设定为有限的，反之，如果自我的活动确然是无限的，与自我对立的事物的活动也必定是这样。

但是，如果两种彼此对立、彼此相外的活动都有肯定的或正的性质，它们就决不能被看作是无限的。因为在同等肯定的活动之间只能有相对的对立，即一种单纯在方向上的对立。

（例如，若两个大小相等的力 A 和 A 从相反方向作用于同一物体，则两者首先都是正的，以致在互相结合起来时，就会出现一个加倍的力；因此，两者也并不是根本对立或绝对对立的，而是仅仅由于它们与那个物体的关系而对立起来的；它们一俟脱离开这种关系，就又都是正的。把两者中的哪一个设定成正的或者负的，这也完全无关紧要。最后，两者只能通过它们的相反方向而区别开来。）

因此，假如自我的活动与事物的活动两者都是肯定的或正的，因而仅仅是相对对立的，那么两者也只能通过它们的方向来互相区别。然而两种活动既然设定为无限的，而在无限的东西里根本没有什么方向，所以，那两种活动必须真正通过一种比单纯相对的对立更高的对立，才能加以区别。两种活动中的一种活动必须是一种不但相对否定另一种活动，而且绝对否定另一种活动的活动；这何以是可能的，现在尚未指明，而只能肯定事情一定会这样。

（试用两个力——其中一个力是 A，另一个力是 －A——来代替上面那两个单纯相对对立的力，则 －A 本来就是负的，和 A 绝对对立的；如果我把二者结合起来，则不会像上例那样出现一个加倍的力，反之，它们的结合的表达式是：A＋（－A）＝A－A。从这里可以一眼看出，数学为什么无需重视绝对对立和相对对立的区别，因为在运算上表示相对对立的公式 a－a 和表示绝对对立的公式 a＋(－a)是全等的。但是如同下面就会明白地表现出来的那样，绝对对立和相对对立的区别对哲学和物理学却颇为重要。A 和－A 也不单是通过它们的对立方向才能加以区别，因为一个力不只在这个方面是负的，而且按其本性说就是绝对负的)。

如把这一点应用于我们现在所研究的场合，那么，自在之我的活动就是肯定的或正的，并且是一切肯定状态的根据。因为这一活动是被表示成一种自身向无限扩展的努力。这样，自在之物的活动就只能按其本性来说是绝对否定的或负的。如果说自在之我的活动是充实无限的努力，那么，自在之物的活动则相反地只能被设想为限制前一种活动的活动。这种活动本身不可能是现实的，它必须和另一种活动相对立，不断受到另一种活动的作用的限制，才能表明自己的实在性。

事性确实也是这样。我们从现在的观点看来是自在之物的活动的，无非就是自我的观念的、返回自身的活动，这一活动只有作为另一活动的否定活动才是可以想象的。客观的或现实的活动自为地存在着，即使毫无直观的活动，它也存在，相反地，没有加以直观或加以限制的东西，直观的或作限制的活动就决不会存在。

反之，从两种活动的互相绝对对立则可得知，它们必定是设定在同一主体之内的。因为，只有两种对立的活动都是同一主体的活动，其中一种活动才能是和另一种活动绝对对立的。

(例如，我们设想一个物体，它被一个来自地上的力 A 推到半空，在这种情况下，由于重力不断起作用，这个物体就会通过不断偏离直线的运动又返回地上来。如果我们设想重力是碰撞引起的，那么，A 和在相反方向上而来的重力 B 的冲力两者就都是正的力，只是彼此相对对立，以致 A 或 B 两者之中哪一个力被假定为负的，都完全是任意的。反之，如果我们假定重力的原因完全不在力 A 的出发点之外，那么，A 和 B 两个力就会有一个共同的来源，在这里立即就可以看到，两个力中的一个力必须本来就是负的，同样也可以看到，如果正的力 A 是一种切线作用力，则负的力必定是一种超距作用力。前一情况是单纯相对对立的例证，后一情况则是绝对对立的例证。在两种情况里应该假定哪一种情况，对运算来说自然都是无所谓的，但对自然学说来说却不是无所谓的。）

因此，如果两种活动有同一个主体，即自我，那么，不言而喻，它们必定是彼此绝对对立的；反过来说，如果两者是彼此绝对对立的，它们就是同一个主体的活动。

当我们把一种活动设定为自我的活动，把另一种活动设定为事物的活动，两种活动就会像这里可能显示的那样，似乎是划分到了不同的主体上，假如真是这样，自我向无限的事物进展的倾向就会为一种在相反方向上而来的倾向（自在之物的倾向）所限制。只是这样一来自在之物势必会存在于自我之外。但是，自在之物却只存在于现实的（实践的）自我之外；通过直观的神奇力量，两者已经结合起来，而且是作为设定在一个同一性主体（理智）之内的、不是相对对立而是绝对对立的两种活动结合起来的。

4. 应当作为直观条件的两种对立活动，现在已经得到了更精确的规定，而且我们给两者找到了和它们的方向无关的性质。自我的活动是依据其肯定的本性来识别的，另一种活动则是依据它一般只能被设想为限制肯定活动的活动来识别的。现在我们就运用这些规定去探讨上面提出的问题。

在两种活动的对立所产生的共同的东西里，必定会显示出两种活动的痕迹，况且，既然我们认清了两者的本性，那么这种产物也必定可以表现出自己的特点来。

既然这种产物是两种对立活动的产物，那么，单凭这一点它也就只能是一种有限的产物。

此外，这种产物还是两种对立活动共同的产物，因而哪一种活动也不能消除另一种活动，两者必定在产物中一起出现，但决不是作为同一的活动，而是以它们本来的样子，即作为互相保持平衡的对立活动出现的。

两者在互相维持平衡的情况下，当然不会停止其为活动，但是将不表现为活动。让我们再回顾一下关于杠杆作用的那个例子。要杠杆保持平衡状态，必须在离支点等距离的两端垂以相等的重量。任何孤立的重量都有牵引力，但不能产生效应（不显现为能动的），两个重量会把自己限制在共同的效应上。在直观里就是这样。两种活动彼此保持平衡，并不因此就不再是活动，因为平衡只是存在于两种活动作为活动互相对立的条件下，只有产物才是一种静态平衡。

但在另一方面，这种产物既然应当是一种共同的产物，那么，也必定可以从中见出两种活动的痕迹。因此在产物中可以分出两种对立的活动来，一种活动是完全肯定的，具有向无限扩展的倾向；另一种活动作为与前者绝对对立的活动，则与绝对有限性有关，正因为这个缘故，只有作为限制肯定活动的活动，才能加以识别。

只因两种活动是绝对对立的，它们也就可以是无限的。两者仅仅在相反的意义上是无限的。（这一点可以用方向相反的算术级数的无限性来说明。一个一般的限量1，可以增加到无限，结果总会有它的一个分母，但我们如果假设它已增加得超过了任何限制，那它就是$\frac{1}{0}$，即无限大。限量1可以无限分割，因而也可以减少到无限，我们如果假设分母增大得超过了任何限制，那限量1就成了$\frac{1}{\infty}$，即无限小。）

因此，假如那两种活动中的一种活动是没有限制的，这种活动就会创造出肯定的无限物，另一种活动在同样的条件下则会创造出否定的无限物。

因此，在共同的产物中一定可以看到两种活动的痕迹，其中一种活动在其无限制状态中将会产生肯定的无限物，另一种活动将会产生否定的无限物。

然而这两种活动若不是同一个同一性主体的活动，也就不可能是彼此绝对对立的。因此，若没有第三种活动，它们也不能结合在同一个产物之内，而这第三种活动就是两者的综合活动。因此，产物内除了那两种活动外，必定也还有综合这两种对立活动的第三种活动的痕迹会表现出来。

在把这种产物的特性完全推演出来之后，仅仅还需要证明这三种活动都是会合在我们称之为物质的东西之内的。

II. 物质的演绎

1. 这两种在产物内保持平衡的活动，只能表现为固定的平静的活动，即表现为力。

其中一种力按其本性来说将是肯定的，所以，假如不为相反的力所限制，自身就将会无限地扩展下去。关于物质应该赋有这样一种无限扩张力，我们只能作先验证明。如同构成产物的两种活动中的一种活动按其本性来说确实是以无限为目标一样，产物的一个因素也必定确实是一种无限扩张力。

这种集中在产物内的无限扩张力可以听任自身向无限扩展。因此，它之被抑制在一个有限产物内，只能从一种与它相反的否定的阻力来理解，这一阻力作为对应于自我的限定活动的东西，也必定同样能够在共同产物里显示出来。

因此，假使自我能在现阶段上反思自己的构造，那就会发现这种构造是由两种彼此保持平衡的力所构成的共同东西，此中一种力就其本身来说将会创造无限大，而另一种力则在其无限制状态中将会把产物归结为无限小。不过，自我在现阶段还不是能作反思的。

2. 直到现在，我们留意的仅仅是两种活动的对立本性以及与它们相应的力，但它们的相反方向也取决于两者的对立本性。因此我们可以提出一个问题：何以单单通过两种力的方向，也能把它们区别开呢？这个问题将使我们对产物作出更精细的规定，并给我们开拓一条新的研究道路，因为，被看作是从同一点开始起作用的两种力何以能够在相反方向起作用，这无疑是一个很重要的问题。

两种活动中的一种活动已被设想成原初就是和肯定的无限物有关的。但在无限物中是没有什么方向的。因为方向是规定，而规定＝否定。因此，肯定的活动必定在产物里表现为一种自身完全没有方向的、正因为如此也就向所有方向进展的活动。不过必须再次指明，这种向一切方向进展的活动也只有用真正反思的观点才能区分，因为在创造活动的这一阶段上活动还没有一处是和它的方向区分开的，自我本身怎样会作出这种区分，这将是一个特殊课题的对象。这样，问题就在于：在产物中与肯定的活动对立的活动会通过什么方向把自己区别出来。可以预期的是，如果肯定的活动把所有方向都结合到了自身之内，与它对立的活动就只能有一个方向，这是可以严格证明的。在方向概念里也包含着扩张性概念的意思。没有扩张，也就没有方向。否定的力既然是和扩张力绝对对立的，那就必然表现为一种阻碍任何方向的力，因此，这样一种力假如没有受到限制，就会在产物中成为对所有方向的一种绝对否定。而对一切方向的否定就是绝对界限，就是单纯的点。因此，那种否定的活动将表现为一种极力使任何扩张都返回到这个单纯的点上去的活动。这一个点可以指示这种活动的方向，因此这种活动就只能有针对这一个点的一个方向。我们试想扩张力是从共同的中心 C 开始，向所有向方 CA，CB 等等起作用的，在这种情况下，否定的力或吸引力将反过来从所有方向反作用于同一点 C。关于肯定的力的方向所能提到的，对于否定的力的方向也是适用的。活动和方向在这里同样绝对是一个东西，自我本身并没有把它们区分开。

正像肯定活动与否定活动的方向没有同活动本身区分开一样，这些方向互相之间也没有区分开。自我怎样才做出了这种区别，这是以后要研究的题目，通过这一区别，自我就开始把空间作为空间、把时间作为时间区别出来了。

3. 现在在两种力的关系方面给我们留下来的最重要的问题是：方向相反的两种活动究竟何以能够结合在同一个主体之内。从不同的点出发的两种力如何能在相反方向起作用，这是可以理解的；但从同一点出发的两种力如何能在相反方向起作用，则不那么容易理解。如果 CA、CB 等等是直线，肯定的力沿着这些直线起作用，那么，否定的力就必定与此相反，是在相反的方向上起作用的，因而是在 AC、BC 等等方向上起作用的。我们令肯定的力在 A 受到限定，那么，否定的力在为了作用于 A 点而必须首先通过 C 和 A 之间的所有中间点时，就和扩张力完全不能区分，因为它和扩张力将会在同一方向起作用。否定的力既然是在和肯定的力相反的方向上起作用，所以也将有相反的情况，这就是说，否定的力将直接地作用于 A 点，限定 A 直线，而不通过 C 和 A 之间的各个点。

因此，如果扩张力只是连续地发挥作用的，那么，吸引力或缓冲力则与此相反，将起直接作用或超距作用。

两种力的关系就按照这一点规定成这样了。既然否定的力直接作用于限定点，那么，在限定点之内存在的无非就是扩张力，但在这一点的对面，在扩张力的相反方向上起作用（尽管是从同一点开始）的吸引力必然会把自己的效力扩展到无限。

这是因为，既然这种吸引力是一种直接起作用的力，而且对它说来根本不存在什么远不可及的地方，那就必须把它看作是作用于一切广度、因而作用于无限的。

这样，两种力的关系也就是处在创造活动彼岸的主观活动和客观活动的关系。如同在界限内部被阻滞的活动和超越界限、进展到无限的活动只是创造性直观的两个因素一样，通过共同的（对两种活动完全偶然的）界限区分开的排斥力和吸引力（在这两种力当中，排斥力是在分界点内部被阻滞的，吸引力却向无限进展，因为吸引力和排斥力共同的界限**相对于排斥力来说**也只是吸引力的界限）也只是构成物质的两个因素，而不是进行构造活动的东西本身。

进行构造活动的东西，只能是第三种力，这种力是综合排斥力和吸引力两者的力，而且是同直观内自我的综合活动相对应的。两种活动何以能够在同一个同一性的主体里被设定成互相绝对对立的，只有借助这第三种综合的活动才能加以理解。因此，与客体内这一活动相应的力将是这样的力，借助这种力，那两种决然彼此对立的力就被设定在同一个同一性主体里面了。

（康德在其自然科学的形而上学基础里，把吸引力叫做贯穿力，而他这样做的原因，只是因为他已把吸引力看作重力〔因而没有作纯粹考察〕，所以他在构造物质时也只需要两种力，而我们却演绎出构造物质所必要的三种力。吸引力纯粹地来看，即当作构造的单纯因素来看，诚然是一种直接起超距作用的力，但并不是贯穿力，因为在绝对虚空的地方，是没有什么东西可以贯穿的。吸引力之所以有贯穿的属性，无非是因为它被当成重力了。重力本身和吸引力并不相同，虽说重力也必然包含着吸引力在内。重力也不像吸引力那样，是一种单纯的力，反之，正如演绎过程表明的那样，是一种合成的力。）

通过重力，通过这种真正创造性的力，才完成了物质的构造，现在留待我们去做的只是从这一构造中得出一些最主要的结论来。

推　论

有一个要求，人们是完全有权向先验研究提出来的，这就是解释物质为什么必须被直观成是向三维扩展的，关于这一点，就我们所知，直到现在还没有人试图作过解释；所以，我们认为有必要在这里直接根据构造物质所需要的三种基本的力，附带把物质的三维性演绎出来。

根据前面的研究，必须在物质的构造中区分出三个阶段。

a）第一个阶段是这样的：在这里两个对立的力被看作是结合在同一点之内。从这一点开始，扩展力能够向所有的方向起作用，但这些方向只有借助于相反的力才能被区分开，只有这种力才能给定分界点，因而也给定方向点。但决不可以把这些方向与维相混淆，因为一条线不管被引申到哪个方向，也只有一维，即长度那一维。否定的力给本身没有方向的扩张力提供一定的方位。而我们已经证明，否定的力不是间接作用于分界点，而是直接作用于分界点的。因此，如果我们假定，否定的力从作为两个力的共同基点的 C 点开始，直接作用于直线上的分界点，而这个分界点在起初还可以是完全不确定的，那么，这个力就以超距作用达到了离开 C 的一定距离，因而决不会碰到什么东西，而是只有肯定的力在起支配作用；但在直线上随后就出现某一点 A，在 A 点那里，肯定的力和在相反方向上来的否定的力两者将彼此处于平衡，因此这一个点就既不会是肯定的，也不会是否定的，而是完全无差别的。从这一个点开始，否定的力的支配作用将会增加，直至在某一特定点 B 占居优势，因此在 B 点仅仅是否定的力起支配作用，正因为如此，直线就完全在那里受到了限定。A 点将是两个力共同的分界点，而 B 点则将是整条直线的分界点。

刚才作出的直线上有三个点：C、A、B。从 C 开始到 A，只有肯定的力起支配作用，A 点是两个力的一个单纯的平衡点，最后是 B 点，在这里只有否定的力起支配作用。这三个点还在**磁体**那里就已经被区分开。

可见，我们无意中也已经把**磁**同时和物质的第一个维即**长度**一起演绎出来了。从这里即可得出一些重要结论，但这些结论的详尽发挥在本书内是不可能做的。例如，从这一演绎中可以看出，我们在磁现象中看到的还只是处在第一个构造阶段上的物质，两种对立的力在这里是结合在同一点之内的；因此，磁并不是个别物质的机能，而是整个物质的机能，因而是一个真正的物理学范畴；自然界在磁体上给我们保存的、但在其他物体上是浑然的那三个点，无非就是 a priori〔先验地〕推演出来的、实际构造长度所需要的三个点；因此，磁一般就是长度的普遍构造者，等等。我还要指明，这一演绎关于磁的物理实质给我们提供了一种人们用实验方法也许永远也不能发现的启示，即正极（上面说的 C 点）是两种力的基点。这是因为，否定的力只能起超距作用，因而我们觉得负磁力仅仅在相反的一点 B 上表现出来，这就是必然的事情了。假定了这一事实，这三个点就必然在磁力线上。反之，这三个点在磁体上的存在则证明，否定的力是一种超距作用力，同样，我们 a priori〔先验地〕构造出来的直线和磁体直线的完全一致也证明了我们的全部演绎的正确性。

b）在刚才所构造出来的线上，B 点是整条线的分界点，A 点是两个力共同的分界点。通过否定的力一般就设定了一种界限；如果这个力现在被限定为一种有限制状态本身的根据，那么，就会出现一种有限制状态的有限制状态，并且这种状态是在 A 点上，在两个力共同的界限上。

既然否定的力和肯定的力一样，都是无限的，所以，A 点上的界限对否定的力来说就像对肯定的力一样，可以是偶然的。

但是，如果 A 对两个力都是偶然的，那么，CAB 线也可以被看作是分成 CA 和 AB 两条线，它们通过界限 A 互相区分开。

这个把两种对立的力表现为完全彼此相外地由界限区分开的阶段，是物质构造的第二个阶段，而这个阶段在自然界是以电为代表。因为，如果 ABC 表示一个磁体，磁体的正极是 A，负极是 C，零点是 B，这时我就会直接看到电的图式，因为我把一个物体设想为分成 AB 和 BC 两个物体，其中每一个都只表示两种力中的一种力。不过，这个论断的严格证明是在下面。

只要两种相反的力被看作是结合在同一个主体里的，就只能出现上面所构造的那种线，因为肯定的力的方向是由否定的力来决定的，以致它只能通向界限所在的那一点。因此，一旦两种力彼此分开了，就将发生相反的情况。正是 C 点把两种力结合在一起。如果设想这一个点是静止的，则会有无数的点围绕着这一个点，这一个点假使可以作单纯的机械运动，那就能向那些点推移。然而在这一点上却有一种能向所有这些方向同时进展的力，这就是原初没有方向的力，即能向一切方向扩张的力。因此，这种力只要和否定的力没有分开，就能够向所有这些方向起作用，但在自己所标出的每一条直线上却只能始终不变地向这一个方向起作用；所以这种力也只能在长度这一纯粹的维上向所有方向起作用。一旦两种力彼此完全分开，就会出现相反的情况。这就是说，一旦C点进行推移(比如向CA方向推移)，在它已经到达的下一点上，就又有无数的点把它围起来，而它可以向所有这些点推移。因此，这种就其倾向来说现在能完全让自身向一切方向扩展的扩张力，将从CA线上任何一点开始，又向所有方向辐射直线，这些线与CA线相交成角，这样，就把宽度这一维附加到了长度那一维上。关于现在被假定为静止的C点向其余方向投射出来的所有直线，情况也都是这样，因此这些直线中没有一条现在还可以被想象为一种纯粹的长度。

至于这一构造阶段在自然界是以电为代表，这可以由如下情况来说明：电并不像磁那样只在长度方面起作用，只是寻求长度，为长度所传导，而是在磁的纯粹长度上又附加了宽度这一维，因为电在其导体里扩展到了整个面上；另一方面，电也像磁一样并不向深度起作用，而是如大家熟悉的，仅仅寻求长度和宽度。

c) 如果现在完全被分离的两种力原初确实是同一个点上的力，那么，这种分离也同样确实会使两者必定产生一种又把它们结合起来的努力。但这只有借助第三种力才能做到，这种力能衔接两种对立的力，而两种对立的力又能在它里面彼此渗透。两种力借第三种力这样互相渗透，正好赋予产物以不可渗透性，并且由于这种特性，就给前两维加上了第三维即厚度，这样，物质的构造也就完成了。

在构造的第一个阶段里有两种力，它们虽然结合在一个主体内，然而却是分离的，正如上面所构造的直线 CAB 上那样，从 C 到 A 只有肯定的力，从 A 到 B 则只有否定的力；在第二个阶段里，两种力甚至分配到了不同的主体上。在第三个阶段里，两者将结合成一个共同的产物，以致整个产物中没有一个点不可能同时存在两种力，这样，整个产物就是无差别的。

这第三个构造阶段在自然界是以化学过程为标志。因为，化学过程中两个物体显然仅仅代表两种力原初的对立，之所以如此，是因为两种力互相渗透，而这就是关于两种力所能作出的唯一设想。但是，在每一物体内如果两种力中没有一种力获得绝对优势，那么，两个物体之代表原初的对立又是不可思议的。

在第三种力里两个对立面互相渗透，以致整个产物在每一点都既是吸引力同时又是排斥力。正像通过这种力第三维才添加到前两维上一样，化学过程也是前两个过程的补充，第一个过程只寻求长度，第二个过程只寻求长度和宽度，直到最后，化学过程则同时向所有三维起作用，正因为如此，在化学过程内也才可能有一种真正的互相渗透。

如果物质的构造经历了这三个阶段，我们就可以 a priori〔先验地〕预料，这三个阶段在各个自然物体上也能或多或少地识别出来；甚至我们可以 a priori〔先验地〕确定这些阶段中的任何一个阶段必然特别出现或隐没的顺序位置，例如，第一个阶段只有在最坚硬的物体上才能识别出来，反之，在流体上则定然是完全不能辨认的，这甚至给区别流体和固体之类自然物体和它们的相互秩序 a priori〔先验地〕提供了一个原则。

如果我们不是探讨化学过程(这一般可以指任何过程，只要过程向产物转化)的特殊表现，而是寻求化学过程的一种普遍表现，我们就不能不首先注意到，根据以前推演出来的原则，现实产物的条件一般是力的三一体，因此在自然界必然可以 a priori〔先验地〕找到一个过程，在这一过程中这种力的三一体比其他过程都容易辨认出来。这样的一个过程就是伽法尼电流，这不是个别过程，而是一切向产物转化的过程的普遍表现。

第一个时期概述

没有一个读者在研究进程中不会做出如下的评述来。

在自我意识的第一个时期，可以分出三种活动，这三种活动表现在物质的三种力里，而又见之于物质构造的三个阶段。物质构造的这三个阶段给我们提供了物质的三个维，而这三个维又给我们提供了动态过程的三个阶段。人们可以很自然地想到，归属于这些不同形态的永远只能是同一个三一体。为了展开这一思想，完全看清这种在现时还是单纯揣测的联系，把自我的那三种活动和物质构造的三个阶段作一番比较，将不是没有好处的。

先验哲学无非是一种不断提高自我的级次的活动，它的全部方法就在于把自我从自我直观的一个阶段引导到另一阶段，以至达到一个地方，用自我意识的自由自觉活动所包含的全部规定，把自我建立起来。

理智的整个历史由以出发的第一种活动，就其不是自由的，而是还不自觉的来说，是自我意识的活动。哲学家一开始就设定为不证自明的那种活动，在其被看作是无意识的时，就提供了我们的对象即自我的第一种活动。

在这一活动内，自我对我们来说诚然同时是主体和客体，但对其自身来说并不是这样，而是似乎表示物质构造中所指出的这样一个点，在这个点上，原来未被限定的活动和作限定的活动还是结合在一起的。

这一活动的结果是客观的活动被主观的活动所限定，这又仅仅是对我们来说的，对自我本身来说并非如此。但作限定的活动作为一种起超距作用的、本身不可限定的活动，必然被看作是极力超越限定点的。

因此，这一最初的活动所包含的完全是标志物质构造的第一个阶段的规定。

在这一活动内，从作为客体兼主体的自我里实际上产生了一种共同的构造，但这一构造并不是对自我本身存在那里。因此我们不得不进到第二种活动，这种活动是自我在那种有限制状态中的一种自我直观。由于自我不能通过自身而意识到有限制状态是被设定的状态，所以，那种直观也不过是一种觉察活动或感觉活动。因此，既然自我在这一活动内没有意识到它自己的活动（它就是为这一活动所限定的），那么自我和自在之物之间的对立也就同时直接和感觉活动一起确立起来了，当然，这不是对自我来说，而是对我们来说的。

换句话说，这无非意味着：在这第二种活动里，两种原初在自我之内结合在一起的活动，不是对于自我而是对于我们来说，分为两种完全不同的、彼此相外的活动，即一方面分为自我的活动，另一方面分为事物的活动。原初属于一个同一性主体的活动的那些活动，现在分到了不同的主体上。

这就表明，我们在物质构造中所假定的第二个阶段之于物理学和理智的第二种活动之于先验哲学是一样的东西。这第二个阶段就是两种力变成不同主体的力的那个阶段。现在同样明显的是，构造物质的蓝图是用第一种活动和第二种活动造成的，换句话说，自我从第一种活动开始，仿佛就已经不自觉地以构造物质为目标了。

另一种评述向我们更详细地表明动态的东西和先验的东西的同一性，并可以使我们看到从这一点出发而进一步扩展自身的那种联系。这一种评述如下。上述第二种活动是感觉活动。那么，通过感觉而成为我们的对象的东西究竟是什么呢？它不是别的，无非就是质。但一切质都不过是电，这是自然哲学中得到证明的一个命题。而电正是标志自然界中物质构造的第二个阶段的东西。因此我们可以说，在理智中是感觉的东西，在自然中就会是电。

第三种活动和物质构造的第三个阶段的同一性，实际上不需要什么证明。因此，自我在构造物质时，真正说来，是在构造它自己，这是一目了然的。第三种活动是自我作为感觉者借以变自己为对象的活动。但是除非把两种先前完全分离的活动表现在同一个同一性产物内，这是不可能推演的。因此，这一物质产物是自我的一种完整构造，不过不是对自我而言，自我现在还是和物质同一的。如果说自我在第一种活动内只是被直观为客体，在第二种活动内只是被直观为主体，那么，在第三种活动内就同时作为两者而变成了对象，这对哲学家来说是不言而喻的，对自我本身来说则不然。对自我本身来说，自我在这一活动内仅仅是作为主体而变成对象的。自我只表现为物质，这是必然的，因为自我在这一活动内虽是主客统一体，但并没有把自己直观为主客统一体。哲学家作为出发点的自我概念，是一个主客统一体概念，主客统一体是意识到它自身是主客统一体的。物质并不是主客统一体这样的东西；因此，自我通过物质也不是作为自我变自身为对象。然而，只有当自我像成为哲学家的对象一样而成为自己的对象时，先验哲学才能告成。所以，这门科学所包括的范围也不能到现在这个时期就封死。

到此为止所比较的结果是：物质构造的三个阶段事实上是和理智的三种活动对应的。因此，如果自然界的那三个阶段本来就是自我意识发展史的三个阶段，那么很明显，宇宙中的一切力实际上最后都可以归结为表象力；这个命题是莱布尼兹唯心论的基础，如果理解得当，事实上就同先验唯心论没有差别。当莱布尼兹把物质称为单子的沉睡状态，或者，当海姆斯台尔胡斯（Hemsterhuis）把它称为凝固的精神时，这些说法是有一种含意的，而这种含意很容易从我们现在讲的原则里看得出来。实际上，物质无非是被看成了处于精神活动的平衡状态里的精神。物质只是湮没了的精神，或者反过来说，精神只是在生成过程中来看的物质，因此，精神和物质之间的一切二元对立或一切现实对立的消除何以结束了关于两者关系上的大堆混乱学说，就无需再详尽地说明了。

同样，为了指明这一观点在有关物质的本质和地位问题上，较之其他所有观点，例如原子论的观点，已达到了远为更高的概念，也不需要作进一步的剖析了。原子论的观点认为物质是由原子组成的，却没有想一想我们并没有因此而向物质的真正本质靠近半步，因为原子本身也不过是物质而已。

A priori〔先验地〕推演出来的物质构造给研究自然现象的一般理论提供了基础，我们希望这种理论能够摆脱原子论物理学永远不停地追求的种种假设和虚构。原子论物理学家在真正去解释自然现象以前，不得不作出大量假设，譬如关于物质的假设，他不作丝毫的证明就十分任意地把许多属性附加给了物质，这仅仅是因为他也只能用这些属性，而决不能用别的属性去进行解释。因为自然现象的最终原因永远也不能借助于经验来研究，这原是不易之理，所以剩下来的方法就只能是或者根本不再去认识这些原因，或者像原子论物理学那样去虚构它们，不然就得去 a priori〔先验地〕发现它们，而这后一种方法就是在经验之外给我们留下的唯一的知识源泉。

第二个时期——从创造性直观到反思

提　要

随着自我提高到理智，第一个时期就结束了。两种完全分离的、处在全然不同的范围内的活动，通过与两者衔接的第三种活动，又被设定在同一个产物之内。由于第三种活动与两者衔接起来，连事物的活动也变成了自我的活动，正因为这样，自我本身就被提高到了理智。

但是，因为自我是在进行直观，它也就完全被束缚在创造活动里，不能同时既是直观者又是被直观者。由于这个缘故，创造就是一种完全盲目的、无意识的创造。于是按照大家十分熟知的先验哲学方法，现在就出现了这样一个问题：直到现在只对我们说来是理智和进行直观的自我，如何对它自身也成为这样的东西，或者说，怎样把它自己也直观成这样的东西。然而如果不在创造本身内有一种根据，促使自我参与创造的观念活动回到自身，因而能使这种活动超越创造物，那就绝对不能设想有什么根据来决定自我把它自身直观成创造性的。因此，自我何以会把自身认作是创造性的问题也就是自我怎样能使它自身摆脱并超越它的创造的问题。

在我们对这一问题本身作出回答以前，作如下说明将有助于对这一时期的内容先有一个概括的了解。

我们探讨的全部题目，只是解释自我意识。我们至此已经推演或者以后还要推演的自我的一切行动只是一些中间环节，通过这些环节我们的对象就达到了自我意识。自我意识本身是一种特定的行动，因此所有那些中间环节也只能是特定的行动。但通过每一特定的行动，对自我产生的是一种特定的产物。于是对自我说来，重要的就不是产物，而是它自身。自我并不是要直观产物，而是要在产物内直观它自身。但是，正因为自我极力在创造中直观自身，就对自我将产生一种新的产物的条件，而且，如果竟然没有附加一种直到现在还没有人知道的新的有限制性状态，致使我们由于所有创造活动的条件和机制不断被恢复，而不能看出自我在一旦陷进创造活动以后何以能一再地从中超脱出来，那么，新的产物的条件就会无穷无尽地产生下去;这类情况应该说是可能的,而且如不久即将表明的那样,甚至是必然的。

因此,我们在试图说明自我何以能脱离创造时,我们反而将会使我们的对象牵连到整整一系列的创造中去。所以,我们将来只能十分迂回曲折地解决这一时期的主要课题,并且,对我们来说,如同对我们的对象一样,直到我们多少通过一种从绝对自生性发生的反思而脱离这个范围时为止,只要将来出现某种范围全然不同的东西,那就不是我们所寻求的东西。在绝对反思所处的这个地点和意识现在所处的地点之间作为中间环节而存在的,是客观世界及其产物和现象的全部多样性。

因为我们的整个哲学都是坚持直观的立场,而不是坚持反思的立场,例如康德及其哲学所站的那种立场,所以我们也将把理智现在开始的一系列行动作为行动,而根本不作为行动的概念或范畴来推演。因为那些行动如何达到反思,是自我意识较后一个时期的任务。

D. 课题:说明自我怎样得以直观它自身为创造性的

解　决

I.

在自我一旦变成进行创造的以后,我们就必须放弃自我会把它自己直观为单纯的活动这一想法。但是,如果不直接通过创造再对自我产生一种观念的活动,它借这种活动在创造中直观自己,它就不能把它自己直观为进行创造的。

因此,自我在它的创造活动中会有对它本身的一种直观,以便在其中发现这样一种直观的条件，这一点现在还只能当作假设来看。如果说这些条件在意识里真是现实存在着的，我们就可以由此得出结论说，这样一种直观确实会产生，而且我们将试图去发现这样一种直观的结果。

如果说自我应当把它本身直观为进行创造的，那么它就必须——这是我们在这方面能够确定的首要东西——同时把它自身与不进行创造的自我本身区别开。因为当它把自己直观成进行创造的自我的时候，它无疑是把它自己直观为一种被规定的东西，但是，它不把某种相异的、它也同样可能成为的东西和它自己对立起来，就不能把它自己直观为一种被规定的东西。

为了易于探讨，我们当下就把问题提出来：自我内那种不进行创造的东西到底会是什么？必定是和进行创造的东西对立的东西。这一点在这里至少已经可以看得很清楚。自我在其进行创造的情况下，并不是一种单纯的活动，而是一种复合的活动（这个词的意义类似于人们谈到力学中的复合运动时所指的意义）。因此，自我中不进行创造的东西必须和作为单纯活动的创造性东西对立起来。

但在另一方面，为了把创造性的活动和单纯的活动互相对立起来，两者又必须同时在一个更高的概念里协调一致。在对这个更高概念的关系上，两者必定显得是一种活动，因而它们的差异就必定显得是某种单纯偶然的东西。事实一定会表明，某种东西被确定下来时，两种活动就有了区别，某种东西没有被确定下来时，两种活动则是同一的。

更进一步说，在自我内必定又有三种活动：一种单纯的活动，一种复合的活动，还有第三种能使前两者互相区别又相互关联的活动。第三种活动本身必定是一种单纯的活动，因为如其不然，它就不可能区别复合活动之为复合活动。因此，那种与复合活动关联的单纯活动同时也是作关联的活动，并且，如果作关联的活动表现了自己的特点，那么，被关联的活动也表现了自己的特点。

但是作关联的活动也无非就是上面被我们设定为自明的、直接通过创造又产生的观念活动。正因为这一活动是观念的，它就只和自我本身相关，而且也无非是那种被我们一开始就已设定到自我里去的、单纯的直观活动。

所以，应该说两种活动相关联的根据在于它们两者都是进行直观的，它们相区别的根据则在于一种是单纯的直观活动，而另一种是复合的直观活动。

如果两种活动都应当被设定为进行直观的，那么两者就必须是从一个本原中产生的。因此，两者赖以区别开来的条件，在对这一本原的关系上就必须表现为是偶然的。这种偶然的东西是两者所共同的；因此，对创造性活动是偶然的东西，对单纯的活动来说，也是偶然的。试问，在创造中可以看到一种偶然的东西，它同时可以造成两种活动的共同界限吗？

为了弄清这一点，我们转过来探讨一下这一问题：究竟什么是创造中本质的、必然的东西呢？必然的东西就是作为创造活动本身的条件的东西，因此偶然的或偶性的东西就将是相反的东西，因而将是限制或限定创造的东西。

限制创造的东西是与自我对立的自在之物的活动。但这种活动对创造来说不能是偶然的，因为它是创造活动的必要条件。因此并非限制者本身就会是偶然的东西，而是限制限制者的东西才会是偶然的。

让我们说得更清楚一些。在我看来，自在之物的活动一般只表明对现在的创造性活动的一种限制，并没有表明这一限制中的偶然的东西，或表明限制是这种特定的限制。事物的活动和自我的活动一样，都不是自在自为地受到限定的。

自在之物的活动是限定自我的东西，这可以从这种活动与自我对立来解释；但假如这种活动不同样也受到限定，它也就不可能用特定的方式限定自我，这种情况就不再能归因于上面那种对立了。自我不以这种特定的方式存在，自在之物的活动也尽可以与自我对立。

因此，创造中必然的东西就在于一般的对立，偶然的东西就在于对立的界限。但这种界限也无非就是处在自我和事物之间的共同的界限而已。界限是共同的，这就是说，它对自我是界限，对于事物来说也同样是界限。

把我们的结论集中到一点，我们取得的结果就是：两种本来同一的、作直观的活动是由自我和自在之物的偶然界限来区别的，换句话说，作为自我和事物的界限的东西，也就是那两种直观活动的界限。

单纯的直观活动只是把自我本身当作对象，复合的直观活动则同时把自我和事物都当作对象，正因为如此，复合的直观活动就部分地超越了界限，或者说，既在界限之内同时又在界限之外，然而自我只是在界限的此岸才是自我，因为在界限的彼岸，就它自身来说，它已经变为自在之物。因此，超越界限的直观，同时也超越自我本身，并在这种情况下表现为外在直观。单纯的直观活动仍然在自我内部，在这种情况下，可以叫做内在直观。

因此，两种直观活动的关系是下面所说的关系。外在直观和内在直观的唯一的界限是自我和自在之物的界限。去掉这一界限，内在直观和外在直观就交融在一起了。内在智能在哪里停止，外在智能就从哪里开始。而在我们看来是表现为外在智能的对象的，无非就是内在智能的一个限定点，因此两者——外在智能和内在智能——本来也就是同一的，因为外在智能也不过是被限定了的内在智能而已。外在智能必然也是内在智能，反之，内在智能这时则并非必然也是外在智能。就其本原来讲，任何直观都是理智的，因此客观世界也不过是表现在界限之中的理智世界而已。

全部研究的结果在于：如果说自我应当把它自身直观成进行创造的，那就必须，第一，内在直观和外在直观在自我内彼此分开；第二，有两者的一种相互关系产生。这样就首先发生了一个问题：关联两种直观的东西究竟会是什么。

关联两种直观的东西必然是两者共有的某种东西。然而内在直观同外在直观本身决无共同之处，当然，反过来讲，外在直观同内在直观是会有某种共同之处的，因为外在智能也就是内在智能。因此把外在智能和内在智能关联起来的东西本身还是内在智能。

这里我们首先着手来了解一下，自我大致如何才能使外在直观和内在直观彼此对立和互相关联起来。如果不是作关联的东西即内在智能作为真正能动的、作构造活动的本原参与外在直观，那种情况就本来永远也不会出现；因为，如若外在智能是被限定了的内在智能，那我们将来就必须反过来把内在智能本身设定成原本不可限定的。所以内在智能也无非是一开始就设定到自我里去的、自我直观它自身的那种不可限定的倾向，这种倾向作为内在智能才在这里第一次被区分出来，因此，内在智能也就是在前一活动内直接由于超越界限而受到限定的那种活动。

如果自我在外在直观中应认识到它自身是进行直观的，那它就必定会把外在直观和现在恢复的观念直观联系起来，不过这种直观此时是表现为内在直观。但自我本身只是这种观念的直观，因为这种同时既是观念的又是现实的直观是某种完全不同的东西；因此，作关联的东西和被关联的东西在这一行动内可以是同一个东西。外在直观现在诚然能够和内在直观加以关联，因为两者是不同的，然而外在直观又是两者之间的同一性的一个根据。但是，自我不能把外在直观和本来的内在直观关联起来，因为它不能在同一个行动里把外在直观和它自己关联起来，并且不能在作关联的同时，又把它自己反思为关联的根据，因此，自我就不能把外在直观和本来的内在直观关联起来，因为根据我们的假定，它自身仅仅应该是内在直观；如果它应当承认本来的内在直观，那它就必须还是某种和后者不同的东西。

在以前的行动里，自我是进行创造的，但进行创造的东西和被创造的东西是重合为一的，自我和它的对象是同一个东西。现在我们来寻求一种行动，自我在这一行动内应该把它自己认作进行创造的东西。假使这是可能的，那就不会有什么关乎被直观的东西出现在意识之内了。但是,假使创造性直观会得到认识的话,也只能在同内在直观的对立中作为这样的直观而得到认识。然而内在直观本身却不会被承认为是内在直观,这正是因为自我在这一行动中原来无非是内在直观,因此外在直观也不可能被承认为是外在直观,同时,外在直观既然只有作为外在直观才是可以承认的,那么,一般地说就不能被承认为是直观。所以在意识中能从整个这一活动中留下来的,无非一方面是被直观的东西(与直观分离开了),另一方面是作为观念活动的自我,不过观念的活动在现在是内在智能罢了。

在经验意识中完全没有出现什么作为活动的外在直观,而且根本不能出现什么东西,但是,在经验意识中对象和仍然没有受有限定的、完全自由的内在智能如何能互相并列在一起(例如,像制作图表那样),这倒是一个相当重要的研究课题。像作为活动的外在直观一样,自在之物也没有出现在意识中;在被感性对象排除到意识以外的情况下,自在之物是解释意识的单纯观念根据,而且同理智本身的行动一样,在理智看来是处在意识的彼岸的。只有一种比经验意识高几个阶段的哲学,才需要把自在之物作为解释意识的根据。经验论永远不会提高到这个程度。康德通过他引入哲学的自在之物,对哲学能超过普通意识,至少是给了第一次推动,至少是暗示出在意识内表现出来的对象的根据不可能再存在于意识之中,不过他并没有清楚地想到,那种处在意识彼岸的解释根据归根到底也只能是我们自己的观念的、仅仅化为自在之物的活动而已,当然更谈不到把这点讲明白了。

II.

我们假设的关系所产生的结果，一方面可以是感性对象（已与作为活动的直观分离开），另一方面可以是内在智能。两者一起使自我成为有意识地进行感觉的。因为我们称之为内在智能的，无非是自我中有意识地进行感觉的东西。在感觉的原始活动里自我就已经是进行感觉的，而它自身并不认为是这样，就是说，那时它是无意识地进行感觉的。但由于我们已经指明的原因，在自我中从上面推出的活动里只能一方面留下感性对象，另一方面留下内在智能；通过这种推出的活动就可以看出，自我经过创造性直观正在变成有意识地进行感觉的。

因此，按照大家已十分熟悉的先验哲学的进程，自我何以会认识到它自己是进行创造的这一课题现在必须规定成这样：自我何以会把它自己作为有意识地进行感觉的自我变为对象，换句话说，既然有意识的感觉和内在智能是同一个东西，自我何以也会作为内在智能把它自己变成对象。

因此，研究的全部结果将把上面（I.）推演出来的那种关联行动当作对象，并须力求使这种行动得到理解。

这里可以轻而易举地看出下面讲的内容。自我能够把它自身作为有意识地进行感觉的东西区分出来，只是因为它把对象作为单纯被直观、因而无意识的东西，和它自己作为有意识的东西（有意识地进行感觉的东西）对立了起来。

至于对象，先验地来看，也无非是外在的或创造性的直观本身。只是自我不能意识到这种直观本来如此。因此，如同过去外在智能同内在智能对立一样，客体也必定和内在智能是对立的。但内在直观和外在直观这两者的对立只是造成了处在两者之间的界限。因此，对象就其为内在智能和外在智能由以区分开的那种界限所限定来说，也仅仅是对象，因此，这种界限现在也不再是内在智能和外在智能的界限，而是有意识地进行感觉的自我和完全无意识的对象的界限。

因此，自我不把界限承认为界限，就不能把对象和自己对立起来。那么界限是怎么来规定的呢？它无论在哪一方面都被定为是偶然的，对事物来说是偶然的，对自我来说也是偶然的。但一般地说来，它在何种限度内是自我的界限呢？它完全不是自我中活动的界限，而是自我中进行忍受或承受的界限，当然，它是在现实的和客观的自我中进行忍受或承受的界限。自我的被动性之所以受到限定，正是因为这种被动性的根据被设定到一个自在之物里面，而这种自在之物必然本身就已是一种受到限定的东西。不过，对自在之物（观念的活动）是界限的，却是现实自我的被动性的界限，不是现实自我的主动性的界限，因为后者已经为自在之物本身所限制。

事物的界限会是什么，这已经不答自解了。自我和事物是如此互相对立，以致在一方是被动性的，在另一方就是主动性。因此，界限如果是自我的被动性的界限，那就必然是事物的主动性的界限，只有这样，它才是两者的共同界限。

因此，如果界限被承认为是事物的主动性的界限，它也就可以只被承认为界限。问题是，这怎么是可以思议的。

事物的主动性应当通过界限来限制，界限决不应该仅仅对自我是偶然的，而且对事物也应该是偶然的。如果它对事物是偶然的，那么事物本身原初就必定是没有受到限定的活动，因此事物的主动性受到限制，这必定不能从事物本身来解释，所以只能从事物以外的根据来解释。

这个根据在哪里才能找到呢？是在自我内吗？可是从现在的立场上决不能再作这一解释了。自我同样又没有意识到对事物（观念活动）作这种限定的原因，因而没有意识到自己的被动性的原因，或如不久就要指明的那样，没有意识到自己的特殊有限制状态的原因，这些是自我本身不能知道的。因此，关于事物的主动性受到限定，自我的被动性也因而间接地受到限定的根据，自我本身只能到某种现在完全处在意识之外，但与意识的现阶段相衔接的东西里去找。所以，如果说自我确实必须承认界限就是界限，那么它也确实必须超越界限，并到现在不再属于意识的某种东西里去寻找界限的根据。因此，这一未知物必然处在现在的对象的创造活动的彼岸，这个未知物我们在这里想用 A 来表示，现在的对象我们可以用 B 来表示。因此，当自我能创造 B 时，A 必定已经**存在**。因此在意识的现阶段上，A 不再能有什么改变，仿佛脱出了自我的掌心，因为 A 是在自我现在行动的彼岸，而且对自我是无可移易地确定了的。一旦设定了 A，那么 B 也就必须径直照其现在正好设定的样子来设定，而不可能是别样。因为 A 包含着 B 的特定有限制状态的根据。

但自我现在不再意识到这个根据 A 了。因此，B 的特定有限制状态对自我来说就自然会是偶然的，因为自我没有意识到这种有限制状态的根据，但是，在我们这些懂得这一根据的人看来，这

种有限制状态乃是一种必然的有限制状态。

为了讲明这一点，还需要作如下说明：B是这一特定的B，这应在某一A内有其根据，而这一A现在是完全在意识之外的。但另一方面，这一A是这一特定的A，这也许又在其他某种更加远远在前的东西里有其根据，如果我们根本得不到一个决定整个系列的普遍根据的话，这可能就要追溯到无止境的地步去了。于是，这一普遍的根据就只能是我们一开始称之为有限制状态中的有限制状态的东西，不过这种状态现在还没有完全推演出来，而这种状态的根据，就我们这里已能看到的来说，仅仅是建立在观念活动和现实活动的那种共同的界限之上的。

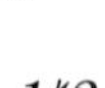

如果自我应该承认它自己和对象之间的界限是偶然的，那它就不能不承认这个界限是为某种完全处在现阶段之外的东西所制约的。因此自我感到它自己在被迫追溯它不能意识到的一个阶段。它是感到自己在被迫追溯，因为它事实上是不能返回去的。因此，自我内有一种无能为力的状态，一种受强制状态。含有B的特定被限制状态的根据的东西，确实是不依赖于自我而现实地存在着的。因此，在自我内相对于A来说只会产生一种观念的创造活动或再创造活动。但是一切再创造活动都是自由的，因为所有这类活动都是一种全然观念的活动。A确实只能恰好被规定为含有B的特定被限制状态的根据，因此在A的再创造中，自我诚然不会在实质上是自由的，然而在形式上却会是自由的。反之，在B的创造中自我在实质上和形式上都未曾是自由的，因为一旦有了A以后，自我就必须把B正好创造成一种这样规定了的东西，而决不能把B创造成别的东西。因此，这里自我在同一行动内形式上既是自由的，同时又是受强制的。其中一方面为另一方面所制约。在较早的阶段上，B尚未存在，自我的涉及B时感到自己是自由的，假若它有可能不返回这个阶段，它就可以在涉及B时不感到受强制。而反过来说也一样，假使它在现阶段上可以感到不受强制，它也就不会感到自己在被迫追溯。

因此，自我在现阶段的状况简单地说来就是这样。它感到自己在被迫追溯一个自己不能返回去的意识阶段。自我和对象的共同界限，即第二种有限制状态的根据，造成了现在这个阶段和过去那个阶段的界限。自我感到自己在被迫追溯一个它实在不能再返回去的阶段，这种感觉就是对现在的感觉。因此，自我发现它自己在其意识的第一个阶段中就已触及现在。因为它除非感到自己被限制在一点上，感到仿佛被约束在一点上，它就不能把对象和自己对立起来。这种感觉无非就是人们用自我感觉来表示的东西。一切意识都是从自我感觉开始的，通过自我感觉，自我才开始把自己同对象对立起来。

在自我感觉中内在智能，即同意识联结在一起的感觉成了自身的对象。正因为如此，自我感觉就同感觉完全区别开了，在感觉里必然出现某种与自我相异的东西。在以前的行动里自我已是内在智能，不过它自身并不认为是这样。

然而自我究竟是怎样作为内在智能变成自己的对象的呢？唯一无二的方法就是它看到出现了时间（不是从外面加以直观的时间，而是作为单纯的点、作为单纯的界限的那种时间）。因为，自我把对象同它自己对立起来时，它就看到出现了自我感觉，就是说，它作为纯粹的内涵，作为只能向一个维扩张而现在是向一点集结的活动，变成了自己的对象，而正是这一仅仅向一个维扩展的活动，当其变自身为对象时，就是时间。时间并不是某种不依赖于自我而流逝的东西，恰恰相反，从活动上来看，自我本身就是时间。

现在自我既然在这种行动中把对象同它自己对立起来，那么对象对它来说就成了任何内涵的否定，也就是说，对象对它来说必然会表现为纯粹的外延。

因此，内在直观和外在直观在自我内不只彼此分离，而且作为这样的直观也成了对象，如其不然，自我就不能把对象和它自己对立起来。

另一方面，内在智能借以变自己为对象的直观是时间（不过这里所指的是纯粹时间，即完全不依赖于空间的时间），外在智能借以变自己为对象的直观则是空间。因此，除非一方面内在智能通过时间对自我成为对象，另一方面外在智能通过空间对自我成为对象，自我就不能把对象同它自己对立起来。

III.

内在智能和外在智能同时都参与了对象的最初构造。只有外在智能对自我成为对象，对象才表现为纯粹的外延，因为自我本来是内在智能本身，外在智能是对内在智能成了对象；因此，两种智能不再能够结合在一起了，而在原来的构造中情况并不是这样。所以，对象既不是单纯的外在智能，也不是单纯的内在智能，而同时即是这二者，因而两者是彼此限制的。

因此，为了比以前更加确切地把对象规定为两类直观的结合，我们必须比以前更为严格地把这一综合的两个对立环节区别开。

那么就两者的无限制状态来看，内在智能究竟是什么呢？外在智能是什么呢？

内在智能不是别的，就是自我在被迫追溯其自身的活动。如果我们设想内在智能完全不受外在智能的限制，那么，在感觉达到极度状态时，自我就似乎将其全部不可限定的活动集中到一个唯一的点上去了。反之，如果我们设想外在智能不受内在智能的限制，那么，外在智能就会是一切内涵的绝对否定，自我也就似乎完全解体了，自身不可能有任何抵抗。

因此，就其无限制状态来看，内在智能是由一个点，由绝对界限，或由自身不依赖于空间的时间的图像来表示的。因为时间单独来看只是绝对界限，因此时间同空间的综合只能由线或延伸的点来表示，但这种综合直到现在还完全没有推演出来。

点的对立物或绝对外延是一切内涵的否定，是无限的空间，仿佛是解体了的自我。

因此，在对象本身，即在创造活动中，时间和空间只能同时产生，而且互不分离。只是因为两者互相限制，两者才是对立的。两者各就其自身来看，同样都是无限的，只是意义相反罢了。只有通过空间，时间才成为有限的，只有通过时间，空间才成为有限的。一方通过另一方而成为有限的，这意谓着一方是由另一方来决定和衡量的。所以时间本来的量度是作等速运动的物体在时间内经过的空间，而空间本来的量度是作等速运动的物体经过空间所需要的时间。因此，两者表明是绝对不可分离的。

但现在来看，空间无非就是变成对象的外在智能，时间也无非就是变成对象的内在智能，因此，空间与时间的情况是怎样的，外在智能与内在智能的情况也是怎样的。对象是外在智能，是由内在智能决定的。因此，外延在对象里不是单纯的空间量，反之，外延是由内涵来决定的，一句话，是由我们称之为力的那种东西决定的。因为力的内涵或强度不在＝0 的情况下，只能通过力向其中扩展的空间来衡量，反过来说也一样，这一空间又是通过那种相当于内在智能的力的大小来决定的。因此，在对象里和内在智能相当的是内涵，和外在智能相当的是外延。但内涵和外延是互相规定的。对象无非就是被固定了的、单纯现在的时间，但时间唯有通过充实了的空间来固定，空间之充实又唯有通过那种本身并不存在于空间之内，而是 extensione prior〔凌驾于外延之上〕的时间量来决定，因此，决定空间的充实的东西在时间上有一种单纯的存在，反之，固定时间的东西在空间上也有一种单纯的存在。然而，对象中的这种在时间上有一单纯存在的东西，正是使对象从属于内在智能的东西，并且对内在智能来说，对象的大小仅仅是通过内在智能和外在智能的共同界限来决定的，这种界限表现为完全偶然的。因此，在对象那里与内在智能相当的东西或只在时间上有一种量的东西，将表现为完全偶然的或偶性的东西，与此相反，在对象那里与外在智能相当的东西或在空间上有一种量的东西，将表现为必然的或实体的东西。

因此，对象正像同时是外延和内涵一样，也同时是实体和偶性，这两者在对象内是不可分离的，只有一起通过两者，对象才能加以完成。

在对象那里是实体的东西，只在空间上有一种量，在对象那里是偶性的东西，只在时间上有一种量。充实的空间固定了时间，时间上的量以一定方式充实了空间。

如果我们用这一结果返回来讨论这里的研究由以开始的问题，那就会有如下情况。为了把对象认作对象，自我必须先把对象和自己对立起来。但在这种对立中，外在智能和内在智能已成为自我的对象，就是说，在我们这些作哲学思考的人看来，在自我内空间和时间可以互相区分开，在对象中实体和偶性可以互相区分开。因此，实体和偶性之可以区分，其基础仅仅在于：归于一方的只是时间中的一种存在，归于另一方的只是空间中的一种存在。只有通过直观中的偶性的东西，自我才被限制在一般时间上；因为既然实体只是在空间内才有一种存在，它也就有一种完全不依赖时间的存在，并使理智在时间方面完全不受限制。

既然现在用这种方式，并通过前面推演出来的自我的行动，自我中的空间和时间、对象中的实体和偶性对哲学家说都已变成可以区分的，那么按照大家熟知的方法，眼下的问题就在于空间和时间、因而实体和偶性如何对自我本身也变成可以区分的。

时间只是变成自己的对象的内在智能，空间只是变成自己的对象的外在智能。因此，如果两者应当再成为对象，这就只有借助于一种上升到更高级次的直观，即创造性直观。两者都是自我的直观，它们之所以再能成为自我的对象，这只是因为它们是从自我产生出来的。那么在自我之外究竟是什么呢？自我在现阶段仅仅是内在智能。因此在自我之外的，就只是相当于外在智能的东西。时间和空间两者只能通过创造而成为自我的对象，这就意谓着自我由于现在重新进行创造而已经停止了创造（因为它现在只是内在智能）。然而在每一创造活动中，时间和空间同外在智能和内在智能一样，都是通过综合而结合在一起的。因此，假使这第二种创造活动竟然没有和第一种对立，以致直接通过与第一种创造活动的对立而成为自我的对象，那么，通过第二种创造活动我们也将一无所得，我们和第二种创造活动所处的地位也就正好又会是我们和第一种创造活动所处的地位。但第二种创造活动与第一种相对立，这只有在第一种大致是第二种的限制者时才能思议。因此，一般自我之所以能继续进行创造，其根据无论如何不可能是在第一种创造活动里，因为第一种创造活动只是第二种的限制者，并且确实以需要限制的东西或限制活动的材料为前提，倒应该说，一般自我之所以能继续进行创造，其根据必定在于自我本身的无限性。

因此，存在于第一种创造活动中的根据不可能是有关一般自我从现在的创造向以后的创造过渡的根据，而只能是有关以后的、带有这一特定有限制状态的对象被创造出来的根据。一句话，只有第二种创造活动中的偶性的东西才能通过第一种创造活动来规定。我们用 B 表示第一种创造活动，用 C 表示第二种创造活动。这样，如果 B 只包含 C 之内的偶性东西的根据，这种偶性的东西也就只能是 B 之内的一种偶性的东西，C 之内的偶性的东西就是通过 B 之内这种偶性的东西来规定的。这是因为只有 B 本身用特定的方式受到限定，也就是说，只有凭借 B 本身之内的偶性的东西，B 才有可能以特定的方式限定 C。

为了便于研究，从而使人们能立刻看到研究目标之所在，我们要指出，我们现在正接近于对因果关系作演绎。我们正处在这样一个地方，从这一个地方出发要比从其他许多地方出发更容易深入探讨先验唯心论推演范畴的方式；既然如此，就请允许我们事先对我们的处理方法作一番概括的考察吧。

我们是把因果关系作为这样的必要条件来演绎的，唯独在这种条件下，自我才能把现在的对象承认为对象，假使表象是停留在一般理智中的，时间保持固定，那么理智内就不只是不可能有什么表象的多样性（这是不言而喻的），而且现在的对象也永远不会被承认为是现在的。

因果关系中的连续序列是一种必然性的连续序列。表象的随意性连续序列一般地说根本是不可思议的。随意性，例如在理解有机产物或艺术作品之类整体的各个部分时表现出来的随意性，归根到底本身是以因果关系为基础的。我要从有机产物的哪一部分出发，我就可以从哪一部分出发，结果我总是不得不从某一部分追溯到另一部分，又从后者追溯到前者，因为在有机的东西内，一切都是互为因果的。在艺术作品里情况诚然不同，这里没有一个部分是另一部分的原因，但在艺术家的创造性理解中，一个部分终究还是以另一部分为前提的。凡在表象的连续序列常常显得随意的地方，情况都是这样，例如，在理解无机界的各个部分时就是这样。在无机界同样也存在着所有部分的普遍交互作用。

一切范畴都是行动的方式，通过它们，对象本身才给我们产生出来。如果因果关系根本不存在，理智也就根本没有什么对象，正因为这样，因果关系就和对象是不可分离的。如果可以判定 A 是 B 的原因，这就无非意谓着：产生于两者之间的连续序列并非只是产生于我的思想之内，而且产生于对象本身之内。假如 A 和 B 没有这种关系，那么无论是 A 还是 B 一般都不可能**存在**。因此，这里不只有一种一般的连续序列，而且有一种作为对象本身的存在条件的连续序列。那么在唯心论中单单存在于思想之内的东西和存在于对象本身之内的东西之间的对立究竟会被理解为什么呢?连续序列是一种客观的连续序列,这在唯心论中无非意谓着:连续序列的根据不在我的自由的、有意识的思维之内,而在我的无意识的创造活动之内。这一连续序列的根据不在我们之内,这无非意谓着:在这一连续序列发生以前,我们自己并没有意识到它,反之,它的发生及其被意识是同一回事。连续序列对我们必然表现为和现象不可分离,就像这些现象表现为和连续序列不可分离一样。所以,是连续序列维系于事物,还是事物维系于连续序列,对经验都有同样的结果。不过说两者总是不可分离的,这是普通知性的判断。因此,一方面认为连续序列是通过理智的行动产生的,另一方面则认为对象的产生不依赖于理智,这事实上是极其荒谬的。人们起码应该把连续序列与对象两者都同样称作不依赖于表象的。

我们再回到联系问题上去。现在我们有两个对象 B 和 C。那么 B 到底是什么呢?它曾把实体和偶性不可分离地结合起来。就它是实体来说,它无非是被固定了的时间本身;因为对我们来说时间固定下来,实体就会产生,反之亦然。因此,如果在时间中也存在着一种前后连续的序列,实体本身就必定又是时间里的常住性东西。从这点来看,实体既不能产生,也不能消灭。实体不能有产生;因为我们如假定某种东西是产生的,那就必定先已有过一个此种东西还不存在的阶段,但这一阶段本身必定是固定了的,因此这一阶段本身必定存在着某种常住性的东西。因此,现在产生的东西只是常住性东西的一种规定,而不是常住性东西本身,常住性东西永远是不变的。同样，实体也不能消灭；因为当某物消灭时，本身必定会遗留下某种常住性东西，那一消灭着的阶段就会由这种东西固定下来。因此，消灭的并不是常住性东西本身，而只是常住性东西的一种规定。

因此，如果说没有一个对象能够按照实体来创造或毁灭另一对象，那么也只有后续对象中偶性的东西会由先行的东西来规定，反过来说也一样，只有后者中偶性的东西才会是规定前者中偶性的东西的东西。

这样，因为B规定的是C内的一种偶性的东西，实体和偶性在对象里就彼此分离开了，实体常住不灭，而偶性变更不居，空间静止不动，而时间流逝不息，因此两方面都分别成了自我的对象。但正因为如此，自我也就看到它自己置身于一种新的状况，即表象的不随意连续序列的状况，而这一状况现在就是反思必须对待的状况。

“B的偶性东西包含着C内偶性东西的根据。”这一点还是只有我们这些考察自我的人才认识。然而理智本身也必须承认B的偶性东西是C内偶性东西的根据，但B和C两者如不在同一行动内彼此对立而又互相关联，这是不可能得到承认的。两者被彼此对立起来，这是显而易见的，因为B被C从意识中排除出去了，并且返回到过去的阶段，B是原因，C是结果，B是作限制的东西，C是被限制的东西。至于如何能把两者互相关联起来，这是无需理解的，因为现在自我只是一种原始表象的连续序列，这些表象一个排除另一个。（其原因和自我不得不从B追溯到C，又从C追溯到D等等对象的原因是一样的。）只有偶性能有生有灭，而不是实体，这当然是确定不移的。但实体究竟是什么呢？实体本身只是被固定了的时间。因此实体也可以不保持不变（这一点对自我是不言而喻的；因为实体本身如何几乎能常住不变，这种问题毫无意义）；由于时间现在一般并不是固定的，而是流逝着的（这也不是就其本身来说，而只是对自我来说），所以实体也不能加以固定，原因在于自我现在只是这种连续序列本身，因而自我本身并不是固定的。

此外，在理智的这一状况内，理智只是表象的连续序列，它的这一状况是一种单纯的中间状况，只是哲学家在它之内假定的状况，因为它必须通过这一状况以后才能达到下一状况。

虽然 C 和 B 之间可能会有对立存在，实体却必定保持不变。但是，如果不正是因为有对立的方向出现于连续序列之内，是不可能把连续序列固定下来的。连续序列只有一个方向，这一方向离开连续序列也就成了时间，时间从外表上看只有一维。

但相反的方向之所以能出现于连续序列，只是因为自我不得不在从 B 追溯到 C 的同时，又回到 B；因为这样才能使相反的方向彼此互相抵消，才能使连续序列固定下来，正因为如此，也就使实体固定下来。然而，自我现在不得不从 C 追溯 B，无疑只能采取它从 B 追溯 C 的方式。就是说，如同 B 包含着 C 内一个规定的根据一样，C 也必定包含着 B 内一个规定的根据。但在 C 存在以前，B 内这一规定是不能存在的；因为 C 的偶性东西确然应当含有 B 内这一规定的根据，但是 C 作为这样一种被规定的东西在现阶段才对自我产生出来；C 作为实体或许事先就已存在了，但自我现在对此毫无所知，当 C 作为那样一种被规定的东西对自我产生出来时，自我一般才看到C产生出来；因此，B内那一规定（C应当含有它的根据）也只能在这个阶段才产生出来。因此，在B规定C的同一个不可分割的时刻内，C也必定又可以规定B。但B和C在意识内已彼此对立起来，因此，C内的设定活动必然只能是B内的否定活动，反过来说也一样。所以，B之规定C就必须被视为肯定的，C之规定B则必须被视为否定的。

几乎不用再说，通过上面讲的，我们已经推演出了交互作用关系的全部规定。一般地说，没有交互作用，是不能构成什么因果关系的，因为不把实体作为相互关系的基础固定下来，就没有什么结果对原因的关系是可能的，也就是说，上面要求的对立是不可能的。但是，如果因果关系不是一种相互的关系，实体也不能被固定下来。因为，如果这些实体不处在交互作用之中的话，两个实体诚然也可以被设定到意识中去，不过就只有在不设定另一方时才能设定这一方，或者相反，只有在不设定这一方时才能设定另一方，而不是在同一个不可分割的时刻之内，设定一方也就能设定另一方；然而，如果自我要承认两者有因果关系的话，两方同时设定到意识中就是必不可少的。但只有先把两方设定成互相渗透的，即只有每一方是另一方内某个规定的根据，这一规定又和设定在前一方本身内的规定对应和对立，才能设想同时设定两方，而不是先设定一方后设定另一方，就是说，只有在两方彼此有交互作用时，才能设想同时设定两方。

通过交互作用，固定了连续序列，于是也就恢复了现在，因而也在对象中恢复了实体和偶性的那种同时并存关系，B和C两者都同时是原因和结果。作为原因，每一方都是实体，因为每一方只

有就其被直观为常住的而言，才能被认作是原因；而作为结果，每一方则都是偶性。因此，通过交互作用，实体和偶性又用综合的方法结合起来了。所以承认对象是这样的对象，其可能性对自我来说是受连续序列和交互作用的必然性制约的，其中前者取消现在（这样自我才有可能超越对象），后者却恢复现在。

B和C在同一时刻互为规定的根据，因此在这一时刻之外也可能同时存在，这一点现在还没有推演出来。对于理智本身，那种同时并存的关系只能在一段时刻有效，因为，理智既然在不断地进行创造，而且直到现在也没有出现什么使创造活动本身又会受到限定的根据，那么，理智也就会不断地又被卷入连续序列的长流中去。因此，理智怎样得以把握世界内所有实体同时并存的关系，即普遍交互作用，还是没有由此得到说明。

同交互作用一起，同时也推演出了共存的概念。一切同时存在的东西都只是通过理智的行动而存在的，共存也无非是我们表象的原有连续序列的条件。实体并不是什么与共存不同的东西。实体被固定为实体，意谓着设定了共存，反过来说也一样，共存无非是实体彼此固定的活动。于是，如果理智的这一行动从观念上，即有意识地被再创造出来，那么，对我也就因而出现了作为共存或同时存在的纯粹形式的空间。一般地说，只有通过交互作用的范畴，空间才成为共存的形式，在实体范畴里，空间不过是作为外延的形式而出现的。因此，空间并不是别的，而就是理智的一种行动。我们可以把空间界说为停顿了的时间，反过来把时间界说为流动着的空间。在客观化了的时间里一切都是前后相继的，在空间本身则一切都是互相并列的。因此，空间和时间两者只有在这样的连续序列之内才能成为对象，因为在这种序列中空间是静止的，而时间是流逝的。空间和客观化了的时间两者在交互作用内表明自身是通过综合结合在一起的。同时并存恰恰就是这种结合，如果附加上时间的规定，空间里的彼此并列就变成了同时并存。同样地，如果附加上空间的规定，时间上的前后相继也就变成了同时并存。方向本来就只存在于时间之内，尽管给时间定向的点在于无限；不过正因为时间本来就有方向，在它里面也仅仅能分辨出一个方向来。在空间里本来是没有什么方向的，因为所有方向都在空间里互相抵消了，作为一切连续序列的观念基础，空间本身是绝对静止，绝对缺乏内涵，于是也就是空无。在空间问题上，一向使哲学家们疑惑不解的正是空间具有空无的所有宾词或特性，却不能被当作空无来对待。正因为空间内本来没有什么方向，所以，空间里一旦出现了方向，也就有了一切方向。但凭借单纯的因果关系，只能有一个方向，我只能从 A 到达 B，而不能倒过来又从 B 到 A；只有凭借交互作用的范畴，一切方向才都同样成为可能的。

上述研究包含着关系范畴的完整演绎，由于最初只有这一类范畴的演绎而无其他范畴的演绎，全部范畴的演绎在理智本身看来就不存在了（因为理智何以会承认这样的演绎，这在下一个时期才能加以说明），但对哲学家来说当然是存在的。如果我们考察一下康德的范畴表，我们就会发现，每类范畴的前两个范畴总是彼此对立的，而第三个范畴是这两个范畴的结合或统一。譬如，实体和偶性的关系只规定一个对象，因果关系规定许多对象，交互作用则又把这些对象结合成一个对象。在第一种关系里把某种东西设定为统一的，在第二种关系里又把它取消，在第三种关系里才又通过综合把它结合起来。此外，前两个范畴只是观念的因素，只有从两者产生的第三个范畴才是现实的东西。因此在原始的意识里，或在理智本身(就其有观念活动的机制来说)，能表现出来的既不是作为实体和偶性的个别对象，也不是一种纯粹的因果关系(在这种关系里，连续序列原来只能一个方向)，反之，交互作用的范畴才是对象借以对自我同时变为实体兼偶性、原因兼结果的范畴。就对象是内在智能和外在智能的综合来说，它必然涉及前一环节和后一环节。在因果关系内这种综合被取消了，因为实体对外在智能是常住不变的，而偶性在内在智能面前却是瞬息即逝的。但是，除非把发生因果关系的两个实体再结合成一个实体，而且如此继续进行这种综合，直到形成一种自然观念，在这种自然观念里，一切实体最后都被结合成一个只和自身发生交互作用的实体，因果关系本身就不能被承认为真正的因果关系。

随着这一绝对的综合，表象的一切非随意性的连续序列都可以固定下来。但是，由于我们直到现在根本看不出自我何以每每完全会脱出连续序列的根据，由于我们把握了的只是相对的综合，而不是绝对的综合，所以我们预先看到，在绝对整体里一切对立都被扬弃了，所有因果连续序列都被结合为一个绝对有机体，而把自然看作这样的绝对整体的自然观念之所以可能，并不是由于表象活动的原有机制，这种机制只是把这种自然观念从对象引向对象，其中一切综合都是纯粹相对的，宁可说那种自然观念之所以可能，仅仅是由于理智的一种自由活动，但这种活动我们直到现在并没有理解掌握。

我们在当前的研究进程里有意不讨论许多具体观点，以便尽量不打断演绎的联系，但现在必需把我们的注意力转到这方面来。例如，连续进行创造的根据在于理智本身，这一点直到现在还不过是一个假设。因为**一般的**自我之所以继续进行创造，其根据不可能在最初的创造活动之内，而必定是在一般理智之内。这一根据必定已经包含在我们以前的原则里了。

自我既不是本来就是创造的，也不是随意就是创造的。构成理智的本质和本性的，正是一种原始的对立。然而自我本来就是纯粹的和绝对的同一性，它必定会不断地试图回到这种同一性，但向这种同一性的回归维系于原始的二重性，这是一个永远也不能完全消除的条件。一俟具备了创造的条件，即二重性，自我就必须进行创造，而且，自我只要确实是一种原始的同一性，也就不得不进行创造。因此，如果说自我内存在着一种连续的创造活动，那么这种情形之所以可能，只是因为所有创造活动的条件，即对立活动的那种原始的斗争，会在自我内被无限地恢复起来。但这一斗争应当在创造性直观里结束。而如果这一斗争真的结束了，理智就会完完全全转变成对象，所得的结果就是一个对象，却不是什么理智。只有那一斗争不断进行，理智才是理智；那一斗争一旦结束，理智就不再是理智，而是物质、对象。因此，只要一切知识一般确实都以理智和对象的那种对立为基础，那么这种对立也就确实不会在什么个别对象里自行消除。如果不是每个对象都仅仅是貌似孤立的，只能作为一个无限整体的部分被创造出来，到底怎么会出现有限的对象，就是绝对无法解释的。另一方面，只有上述对立本身是一种无限的对立，以致总是唯独综合的中介环节有可能存在，

而对立的两个极不相近的因素又决不会互相转化，我们才能设想这种对立仅仅是在一个无限的对象里自行消除的。

但是，因为那种对立所依据的两种活动的斗争必然是永恒的，所以那种对立必定是无限的，这难道在实际上还不能指明吗？理智决不能把它自己扩展到无限，因为它在这方面受到了它向自身回归的动向的阻碍。而它同样也不能绝对地向它自身回归，因为它在这里阻碍了成为无限物的倾向。因此，这里是不可能有什么中介作用的，而且，一切综合都只是一种相对的综合。

不过人们要想更确切地规定创造的机制，我们就只能用下述方式来设想这种机制。一方面消除绝对对立不可能，另一方面消除它又有必要，这就将出现一个产物，不过对立在这一产物内不能绝对被消除，而只能局部地被消除；在这一产物所消除的对立之外，还会有一种尚未消除的对立，在第二个产物里才能再次加以消除。因此，出现的每一产物都会由于只是局部地消除无限的对立而成为后一产物的条件，后一产物则又会由于只是局部地消除对立而成为第三个产物的条件。所有这些产物都将和另一个统一起来，最后都将从属于第一个产物，因为每一在先的产物都留有对立，作为后来的产物的条件。如果我们想到那种相当于创造活动的力是自然界真正的综合力或重力，我们就会确信这种从属关系不过是宇宙内发生的天体对天体的从属关系，这样一来，在一物依存于另一物的体系内部的宇宙结构就不过是理智本身的结构罢了，理智总是通过所有这些产物，不断寻求自相绝对平衡的地方，而这样的地方就存在于无限性之内。

可是，正因为对理智创造活动的机制作这种解释，就使我们直接陷入一种新的困难境地。一切经验意识都是以当前对象为起点，而理智从最初的意识起就已看到自己处在表象的一个特定的连续序列里。然而各个对象只有作为宇宙的一部分才有可能存在，而基于因果关系的连续序列本身不仅已经把许多实体作为前提，而且把所有实体的交互作用或动态并存也作为前提。因此就有这样的矛盾：理智在其开始意识到自己时，只能和连续系列的一个特定的点衔接起来，因此，理智在开始意识到自己时，必然已经不由自主地把实体的整体性、把实体的普遍交互作用假定为连续序列可能存在的条件。

这一矛盾只能完全靠区分绝对理智和有限理智的办法来解决，同时，对于我们已经不知不觉地把自我和创造活动置于第二种有限制状态或特定有限制状态，也可以当作是一个新的证明。这一关系的细致剖析如下。

如果自我一般本来就是受到限制的，那么，宇宙的存在，即实体之间的普遍交互作用的存在一般就是必然的。由于这种原始受限制状态，或者换句话说，由于自我意识的这种原始的斗争，宇宙对于自我就不是逐渐产生的，而是通过唯一的绝对综合产生的。这种原始的或最初的受限制状态当然可以用自我意识来解释，但并没有给我说明那种不再能用自我意识来解释的、因而一般不能解释的特殊受限制状态。特殊受限制状态，或者用我们以后还会使用的名称来说，第二种受限制状态，正是这样的受限制状态：由于有这种状态，理智在经验意识最初的起点上就必须把自己表现为处在某一现时、处在时间序列的一个特定阶段之内的。在第二种受限制状态的序列内产生的东西，也就是通过第一种受限制状态已确立的一切,不过有这样的区别:通过第一种受限制状态,一切都是同时确立或设定的,绝对综合对于自我不是通过各个部分的组合,而是作为一个整体产生的;绝对综合也不是在时间里产生的,因为一切时间都是通过这种综合才确立起来的,反之,在经验意识里,这一整体则只有通过各个部分的逐渐综合,因而只有通过各个连续的表象,才能被创造出来。于是理智就其不在时间内存在,而是永恒的来说,无非是那一绝对综合本身,在这种情况下它既不曾开始进行创造,也不能停止进行创造;但就其为受到限定的而言,理智也只能显得是在一个特定的点上和连续系列衔接在一起的。决不可认为无限理智好像和有限理智迥然不同,也决不可认为在有限理智之外会有无限理智。这是因为,如果我把有限理智的特殊受限制状态去掉,有限理智也就是真正的绝对理智。如果我设置这种受限制状态,绝对理智就会正因为如此而不成其为绝对的;这时就只存在着一种有限的理智。也不能把这种关系设想成这样:好像绝对综合及其进化过程中一个特定点上的那种衔接活动竟会是两种不同的行动;正确的说法应该是:宇宙和进化中的一个特定点是同时在同一原始的行动内对理智产生的,理智的经验意识是被联结到了这一点上的,或者更简略地说,第一种受限制状态和第二种限制状态是通过同一活动对理智产生的,后一种状态之所以显得不可理解,仅仅是因为它是和前一种状态同时被设定的,却未能按它自己的规定性从前一种状态中推演出来。因此,这一规定性无论从哪一方面来看都将完全表现为偶然的东西,这正是唯心论者只会用理智的一种绝对行动而实在论者则会用他们所谓的定数或命运来说明的东西。为什么理智的意识由以出发的那一点必然对理智表现为是完全不借理智的作用而被规定了的，这是很容易看清楚的；因为，正是由于在这一点上才产生出意识，并随之产生出自由，处在这一点彼岸的东西必定显得是完全不依赖于自由的。

我们在理智的历史上现在已经进展得相当之远了，我们已经把理智限制在一个特定的连续系列上，理智的意识只能在一个特定的点上与这个连续序列衔接在一起。我们刚才进行的研究只涉及理智何以能出现于这一连续序列的问题；既然我们现在已经看到，第二种受限制状态也必然和第一种受限制状态一起同时出现于理智面前，我们也就因而看出，在理智最初萌发意识时，我们不能把理智看得和我们实际上看到的不同，即不是处在一个特定的连续系列之内。通过这一研究，先验哲学的真正课题已经变得特别明朗了。每个人都可以把他自己看作是这类研究的对象。但要有自知自明，他必须首先抛弃自己的一切个性，因为这些个性正是应当弄明白的。去掉个性的一切限制，留下的就是绝对理智。再把理智的各种限制也去掉，留下的就是绝对自我。于是需要解决的课题就正是：绝对理智何以能根据绝对自我的行动来说明，构成我的个性的整套受限制状态又何以能根据绝对理智的行动来说明。但是，如果一切限制都从理智中去掉了，那么究竟还留下什么东西作为解释一个特定行动的根据呢？我觉得，纵然我能从自我中去掉所有个性，甚至去掉自我借以成为理智的限制，我终究不能消除自我的根本特性，即自我对其自身同时是主体和客体这个特性。因此，自我本身就其本性来说，还在以特殊的方式受到限制以前，单纯由于以自身为对象，本来在自己的行动里就已受到了限

制，从自我行动的这一最初的或原始的被限制状态直接对自我产生了那种无限斗争的绝对综合，这种斗争就是这一被限制状态的根据。假使理智和绝对综合始终是同一个东西，那么，虽然也会有宇宙，但不会有任何理智。如果应当有一种理智，那它就必须能够脱离那一综合，以便有意识地再把这一综合创造出来；但是，如果没有特殊受限制状态或第二种受限制状态出现于第一种受限制状态，这又是不可能的，这第二种受限制状态现在已经不再可能在于理智一般地直观宇宙，而在于理智恰好从这个特定的点开始直观宇宙。因此，那个初看起来似乎不能解决的难题，即一切存在的东西都应该是可以用自我的行动来解释的，然而理智却只能衔接到早已预先决定了的连续系列的一个特定点上，在绝对理智和特定理智之间作出区分，即可迎刃而解。就你是这一个个体来说，你的意识所衔接的那一连续系列是不由你来决定的，因为在这种情况下你不是创造者，而是本身属于被创造者之列。那一连续系列只是绝对综合的发展，这一绝对综合已确立了一切曾经发生和行将发生的东西。你正好看到这一特定的连续系列，这是必然的，这样你才能是这一特定的理智。你会觉得这一系列是一种不依于你而预定的系列，你不能先去创造它，这是必然的。这个系列并非真像是在独自发展的；因为，你觉得在你意识彼岸的东西不依赖于你，这正是你的特殊受限制状态之所在。去掉了这一状态，就没有什么过去的阶段，设置了这一状态，这一状态就恰恰和过去的阶段一样，都是必然的，并且和过去的阶段一样，都是现实的，即既不更现实，也不更不现实。绝对理智的范围处在特定受限制状态之外，对绝对理智来说，既没有什么东西已经开始，也没有某种东西正在生成，因为对这种理智来说，同时就有一切，或者说得更贴切一点，这种理智本身就是一切。因此，绝对的、没有真正意识到自身的理智和有意识的理智之间的分界点仅仅是时间。对于纯粹理性来说，根本不存在什么时间，一切都是为它而存在，而且是同时存在；对于经验理性来说，则一切都在产生，而且对它产生的一切都完全是连续产生的。

在我们现在从这一点出发，进一步追踪理智的历史以前，我们尚需把自己的注意力转到那一连续序列的一些更精微的规定上去，这些规定是和它们的演绎同时呈现在我们面前的，我们还可以像预期的那样，从它们的演绎中引出其他很多结论来。

a）正如我们所知道的，连续系列无非是原始绝对综合的进化；因此，这个系列中产生的东西都是为这一综合预先就已决定了的。第一种有限制状态确立了宇宙的所有规定，而使我成为这一理智的第二种有限制状态则确立了使我意识到这一对象的那一切规定。

b）那种绝对的综合是在一切时间之外发生的一种行动。时间仿佛是随着每一经验意识而重新开始的；虽然每一经验意识都只能在进化过程的一个特定点上开始，因而已把某一时间假定为消逝了的。因此，时间对经验意识来说就从来也没有开始过，而且对经验理智来说根本就没有什么时间上的开端，只有通过绝对自由才有时间上的开端。在这种情况下我们可以说，每一种理智并非仅仅就其本身而言，而是从客观上来看，就都是时间上的一个绝对开端、一个绝对的点，这个点似乎是被设置和抛掷到没有时间的无限性里去了，从这一点起，才开始了时间上的一切无限性。

以为表象是从外在事物那里完全不依人们的意志为转移地出现于我们之内的，我们反而全然无能为力，根本不能创造它们，而必须像它们被提供给我们的那样去接受它们，这是一种对唯心论十分流行的责难。然而要说表象必须这样呈现于我们，这是从唯心论本身可以推演出来的。为了能把一般对象直观为对象，自我必须把过去的阶段设定为现在的东西的根据，因此过去的阶段只有通过理智的行动才不断又产生出来，而且只有自我的这种追溯活动是必要的，过去的阶段才是必然的。但是，在现在的阶段能给我产生的无非是现在正在给我产生的东西，这种现象的根据只能在精神的无限连贯性里去寻找。现在能给我产生的仅仅是带有这些规定而非其他规定的一个对象，因为我在过去的阶段创造了这样一个对象，它包含着恰恰具有这些规定而非其他规定的根据。理智何以能看到自己被一种创造活动立即卷进一个完整的事物系统里，这在其他无数场合也照样可以得到证实，在这些场合，理性看到自己仅仅由于有连贯性，就被一种假定置于极端紊乱的系统里，甚至在那种假定是完全随意作出的地方，也有类似情况。例如，没有比万有引力系统更为紊乱的了，为了解开这一系统，人们不得不绞尽脑汁，可是这实在是一条最简单不过的定律，它曾把天文学家引入这个运动迷宫，又把他们从中领了出来。我们的十进位制无疑是一个完全随意的计数系统，可是数学家也看到自己被那一假定纠缠在连贯性里，也许他们之中还不曾有一个人完全解开这些连贯处（比如像十进位小数的那些值得注意的特性）。

因此，在现在的创造活动中，理智永远是不自由的，因为它在以前的阶段进行过创造。由于进行过第一次创造，创造的自由似乎就从此永远丧失了。但是，对自我来说，恰恰不存在什么第一次创造活动；因为理智觉得自己似乎曾经着手作过一般的表象活动，这种现象也同样只是属于它的特殊受限制状态。去掉这种受限制状态，理智就是永恒的，就是从未着手进行过创造的。如果要判定理智曾经着手进行过创造，那么，依照一定的规律作出这种判断的仍然是理智本身；因此，从这里当然可以得出结论说，理智是自认为它曾经着手作过表象活动，但决不能得出结论说它曾经在客观上或自在地着手作过这种活动。

这里有唯心论者不能回避的一个问题，就是他到底何以能假定有过去的阶段呢？换句话说，他凭什么担保有过去呢？每个人都能根据他自己的创造活动解释现在的东西，可是他怎么能假定在他进行创造以前已经有某种东西存在了呢？过去是否已经自在存在，这个问题和自在之物是否存在的问题一样，都是超验的。过去之所以存在，只是由于有现在，因而对每个人本身来说只是由于有他最初的受限制状态，去掉这一状态，一切已经发生和正在发生的东西就都是唯一理智的创造，这种理智在过去没有开端，在将来也不会有终结。

我们认为绝对的理智不应有经验的永恒性，而应有绝对的永恒性，如果我们想用一般时间来规定它，它就是过去、现在和将来存在的一切。但是，经验的理智为了成为某种东西，即是说，为了成为一种特定的理智，就必须不再是一切，必须不再存在于时间之外。对于经验理智本来只有现在存在，由于它追求无限，现在的时刻就成了未来时刻的保证人，但这种无限性这时不再是绝对的，即没有时间的无限性，而是经验的、通过表象的连续序列所产生的无限性。的确，这种理智每时每刻都在力图表现绝对的综合，正如莱布尼兹说的，灵魂每时每刻都在创立宇宙观念。但是，这种理智不能通过绝对行动来表现宇宙，因而就试图通过连续的、在时间上不断向前进展的行动来表现宇宙。

c）既然时间自在自为地、或者说本来就表示单纯的界限，因此从外部来看，即和空间联系起来看，它只能被看作是流动的点，即只能被看作是线。但线是对运动最根本的直观，一切运动被看作运动，只是因为它们被看作线。因此从外部来看，原始的表象连续序列就是运动。不过，既然穿过整个连续系列仅仅寻求自己的同一性的正是理智，既然理智在从表象到表象过渡的每一阶段上如不试图反复把这种同一性确立起来，这种同一性就会被消除，那么，从表象到表象的过渡就一定是通过某一个量来发生的，这个量是连续的，也就是说，其中没有一个部分是绝对最小的。

但从表象到表象的过渡正是在时间之内发生的，因此时间就应当是这样一个量。同时，既然理智内一切原始的连续序列都在外部表现为运动，因此，连续性的规律就应当是一切运动的根本规律。

空间也同样证明有这种特性。

因为时间内的连续序列和一切变化无非都是预先就决定一切的绝对综合的进化，所以一切运动的最终根据都必须在这一综合本身的各个因素内去找；然而这些因素也无非是那些原始对立的因素，因此一切运动的根据也可以在那种对立的因素内去找。这种原始的对立只有在无限综合里才能被消除，在有限对象内则只能暂时被消除。对立在每一时刻都重新产生，又在每一时刻被消除。对立在每一时刻这样一再产生又一再消除，必定是一切运动的最终根据。这条原理是动态物理学的基本原理，同各门附属科学的所有基本原理一样，在先验哲学里拥有它自己的地位。

IV.

在刚才描述的连续序列里，理智认为重要的不是这种连续序列，而是它自身，因为这种连续序列是完全不随意的。它寻求它自身，但正因为如此，它就离开了它自己。它一旦置身于这一连续序列，就不再能够把它自己直观成不是在连续序列内活动的。而如果说我们已经在这一连续序列中推演出了一种理智的自我直观，那本来也就是通过交互作用推演出来的。但是，直到现在为止，我们只能说明交互作用是相对的综合，而没有能说明这种作用是绝对的综合或表象的整个连续序列的一种直观，整个连续序列何以能成为对象，离开这一连续序列的一种受限定状态是全然不可思议的。

这样，我们在这里就看到自己不得不转到第三种有限制状态，这种有限制状态与以前的全部有限制状态相比，把理智置于一个更为狭窄的范围里去了，但我们必须满足于现时单纯假定这种状态。自我的第一种被限制状态是自我一般地变成理智的状态，自我的第二种被限制状态是自我必须从一个现在的阶段出发的状态，或自我只能衔接到连续序列的一个特定点上的状态。不过起码从这一点起，系列可以向无限进展了。然而这一无限性如果不再受到限定，就绝对不能理解理智如何能脱离自己的创造活动而把自身直观成创造的。到此为止，理智和连续序列本身是一个东西；从现在起它必须把连续序列和它自己对立起来，以便在这个序列中直观自己。但连续序列只是靠偶性的变易更替不断展开的，可是连续序列之所以能受到直观，却仅仅是由于其中实体的东西被直观成常住不变的。而那种无限连续序列里的实体的东西也无非就是绝对综合本身，绝对综合无所谓产生，倒是永恒的。不过，如果宇宙对理智不能变成有限的，理智就不会有对于绝对综合，即对于宇宙的直观。因此，除非宇宙对理智能在直观中受到限定，理智也就不能直观连续序列。

然而，理智现在既不能中断创造，也不能不再是理智。因此，表象的那种连续序列如不在这一有限制状态内部再次成为有限的，就不能对理智得到限定。为了立即表明这一点，于是外部世界内就有变化的一种不断更替，但这些变化并不消失到无限中，而是被限制在一个特定的范围之内，不断返归这一范围。因此，这种变化的更替是有限的同时又是无限的，说它是有限的，是因为它从未越过一定的界限，说它是无限的，是因为它不断地返归到自身之内。圆周是有限性和无限性的真正综合，连直线也必须化为这一综合。连续序列只是表面上发生在直线上，它是不断流回其自身的。

但理智不能不把连续序列直观成向其自身回归的；通过这种直观无疑将对理智产生一种新的产物，因此理智又将不能够对连续序列进行直观，因为对理智产生的不是连续序列，而是某种完全不同的东西。于是问题就是：那种新产物将会有什么性状。

我们可以说，有机自然界是对先验唯心论最明显的证明，因为每一种植物都是理智的一个象征。如果就植物来说，它用特定的形式摄取或造就的质料在自然环境中已经预先形成，理智又是绝对的和唯一的，那么，对理智来说质料到底会从何而来呢？理智从自己内部既创造形式又创造质料，因而就是绝对有机的东西。在原始的表象连续序列内，理智对我们表现为一种活动，这种活动自身本来就没有一时不是同时既为原因又为结果；就这种活动是进行创造的而言，它是原因，就它是被创造的东西而言，它则是结果。那种认为一切都是从外部达到理智内部的经验论，实际上仅仅是机械地解释理智的本性。如果理智完全是有机的，就像它终归表现的那样，那么，它也就是由内部出发为自己造就了一切对它是外物的东西，而它所看到的宇宙只是自我意识的粗陋而疏隔的器官，正如有机个体是自我意识的精致而直接的器官一样。

演绎有机自然界，主要得回答四个问题。

1. 为什么有机自然界一般是必然的？

2. 为什么有机自然界内必然有一种阶序？

3. 为什么有生命机体和无生命机体间有区别？

4. 所有机体的根本特点何在？

1. 有机自然界的必然性可以用下面的方式推演出来。

理智必须在其从原因向结果的创造性转化中或在其表象的连续序列内（就这个序列向它自身回归来说）直观其自身。但是，如果不使这一连续序列恒常不变，或不在静止中去表现这一序列，理智是不能那样做的。这种向其自身返归的、在静止中加以表现的连续序列也就是机体。机体的概念并不排除任何连续序列的概念。机体无非就是被封闭于界限之内的、被表象为固定有常的连续序列。虽然这种静止的形态之不断被重新创造只有通过一种连续的内在变易才有可能，这种有机形态的表现还是静止。因此，如果理智确实像它在原始的表象连续序列里那样，本来就同时是原因和结果，而且那一连续序列也确实是一个受到限定的连续序列，那么，这种连续序列就必定会作为机体而成为理智的对象，这就是对我们关于理智何以会直观到它自身是创造性的这个问题的最初解决。

2. 然而连续序列在其界限之内又是无限的。因此理智是一种使它自己变为机体的无限趋向。因此，在理智的整个系统内一切也都将极力要成为机体，而且这种极力要成为机体的普遍冲动必将遍及理智的外部世界。所以也必然存在着机体发展的一种阶序。因为，理智就其是经验的来说，虽不能通过绝对综合来表现宇宙，至少也有在时间内不断创造宇宙的持续努力。因此理智原始表象中前后相续的次序并不是别的，而就是绝对综合的连续显示或发展，不过这种发展因有第三种受限制状态，也只能达到一定界限为止。这种进化受到限定和被直观为受到限定，就是机体。

因此总的看来，机体也无非就是宇宙缩小了的、仿佛凝结在一起的形象。然而连续序列本身是渐进的，也就是说，在任何个别环节上都不可能完全展开。反之，连续序列进展得愈远，宇宙也就发展得愈远。因此机体也将按照连续序列进展的程度，得到更大的扩展，把宇宙的一个更大的部分表现于自身之内。这样就将产生一种发展阶序，这种阶序是和宇宙的发展平行并进的。机体不断地扩展自己的范围，就像理智不断扩展范围一样，这就是那种发展阶序的规律。如若这种扩展能进展到无限，或宇宙的进化能进展到无限，机体也就会进展到无限，前者的界限也就是后者的界限。

这可以用如下的情形来说明。我们在有机自然界看到的发展阶段愈低，机体表现于自身之内的世界就变得愈窄，凝结在机体内部的宇宙部分就变得愈小。植物界自然是最狭窄的世界了，因为许多自然变化根本没有发生在这个领域之内。动物界最低级的动物于自身之内所表现的变化范围确实更广阔一些，但也依然很有限，因为譬如说，那些最可贵的感官，视觉器官和听觉器官，还不发达，感觉的功能，即对直接现存事物的感受性几乎还没有显示出来。我们在动物身上称之为官能的东西，并不表示什么通过外部印象而得到表象的能力，而只是表示它们和宇宙有关系，这种关系可能比较广泛，也可能比较有限。但有关**一般**动物能够说的，可以这样来说明：我们的演绎现在所处的这一意识阶段，在自然界是通过**一般**动物来表示的。如果我们顺着机体的序列往上走，我们就会看到，各种官能是循序渐进地发展的，有机界就是按照这一次序通过这些官能扩展它自己的。[①] 例如，听觉展现得更为早一些，因为有机界通过听觉只扩展到一个很近的距离。神圣的视觉展现得更为晚一些，因为通过这一官能，世界就被扩展到连想象力也不能估量的广阔范围内去了。莱布尼兹确实对光怀有极大的崇敬，所以他只认为动物才有比较高的表象，因为它们对光的印象作用是敏感的。但就是在这一官能脱颖而出时，这种官能本身能扩展多远，以及光是否不仅对最高级的机体才成其为光，这仍然是不好一言而定的。

3. 机体一般是在其进展中被阻滞的、似乎僵化了的连续序

① 关于这一规律，我不能不提到基尔迈耶尔（Kielmeyer）先生关于有机力量分布的比例问题所作的演讲，他的演讲提出并证明了这一规律。

列。然而理智却不只应当直观它的一般表象的连续序列，而且应当直观它自己本身，更正确地说，它应当把自身直观成在这一连续序列内是能动的。如果说，理智应当作为这一连续序列中能动的东西变成它自身的对象（从外表上来看，这是不言而喻的，因为理智现在只是进行外部直观的），那么，它就必须把连续序列直观为是由一个内在的活动本原所维持的。可是内在的连续序列从外部来直观，就是运动。因此理智只能在一种对象里直观它自己，这种对象自身就具有一种内在的运动本原。而这样一种对象也就是有生命的。因此，理智不只必须把它自身直观成一般的机体，而且必须把它自身直观成有生命的机体。

然而对生命的这种推演也恰恰说明，生命在有机自然界中必定是普遍存在的，因而有生命机体和无生命机体之间的那种区别在自然界本身是不可能发生的。既然理智应当通过整个有机自然界把它自身直观为在连续序列中是能动的，那么，从广义上说，每个机体就必定都有生命，就是说，在自身内必定有一种内在的运动本原。生命确实可以或多或少受到限制；因此那种区别是从何而来的问题就可以归结为前一个问题：有机自然界里的发展阶序是从何而来的呢？

机体的这种发展阶序也仅仅是标志着宇宙进化的不同阶段。如同理智通过连续序列不断力图表现绝对的综合一样，有机自然界也将不断表现出是为争得一般的机体而与无机自然界作斗争的。理智表象的连续序列的界限，也将是机体的界限。然而必定也有理智直观活动的一个绝对界限存在；这个界限对我们说来就是光。因为尽管光使我们的直观范围几乎扩展到无法估量的地步，但光的界限却不可能是宇宙的界限；在光的世界的彼岸，有一个不再属于我们的直观范围的世界，放射出一种我们所不认识的光芒，这并不是单纯的假设。因此，如果理智现在是在一个机体里就它直观所及的宇宙范围来直观宇宙的进化，它就将把这一机体直观成和它自己是同一的。因为企图穿过有机自然界的所有迷宫曲径把自己反照为创造性的，正是理智本身。但理智世界在哪一个低等机体里也没有完全表现出来。理智只有到达那个集中表现了整个理智世界的最完善的机体，才会认识到这一机体是和它自身同一的。所以，理智不只会把它自己一般地表现为有机的，而且也会表现为屹立于有机界顶峰的。它只能把其余的机体看成是中间环节，通过这些中间环节，最完善的机体就逐渐摆脱了物质的枷锁，换句话说，通过这些中间环节，理智就完全把它自身变成了对象。因此，理智也不承认其余机体和它自身有同等的地位。

理智世界的界限，或者同样地说，理智表象的连续序列的界限，也就是代表理智的机体的界限。因此，我们所谓的第三种受限制状态就在于，理智不能不把它自身表现成有机个体。理智世界由于有直观它自身为有机个体的必然性，对理智来说就完全受到了限定，反过来说，因为理智表象的连续序列成了一个受到限定的连续序列，它自己就成为有机个体了。

4. 机体的根本特点是它仿佛摆脱了机械过程，它不只是作为原因或结果而存在的，而且是独立自主地维持其存在的，因为它自身本来就同时既是原因又是结果。我们先是把对象规定为实体和偶性，但对象若不也是原因和结果，就不可能被直观为既是实体又是偶性的对象，而且，实体若不加以确定，对象也不可能被直观为既是原因又是结果。可是实体到底在什么地方开始，又在什么地方中止呢？一切实体由于同时存在而都变成了一个实体，这个实体只是与其自身进行永恒的交互作用；这就是绝对机体。因此，机体是更高一级的交互作用范畴，从总的方面来看，这一范畴可以引出自然界或一般机体的概念来，相对于一般机体，一切单个的机体本身又都是偶性。因此，机体的根本特点就在于它同它自己交互作用，既是进行创造的东西，同时也是创造的产物，这种概念或观点是一切有机自然学说的根本原理，从中可以 a priori〔先验地〕推演出机体的其他一切规定来。

我们现在已经达到一切创造的顶峰，即有机体的创造，因此我们可以回顾一下整个序列了。我们现在于自然之内能区分出三个直观级次来：单纯的直观，即通过感觉设定到自然界里的那种直观，是以质料为标志的；第二级直观或以物质为标志的直观，是通过创造性直观设定起来的；最后，第三级直观，是以机体为标志的那种直观。

由于现在机体只是第二级次的创造性直观，所以一般物质构造的范畴或普通物理学的范畴也将是有机构造和有机自然学说的范畴，不过它们在后者当中也必须同样看作是升高级次的。此外，物质的三维是通过普通物理学的三个范畴来规定的，同样，有机产物的三维是由有机物理学的三个范畴来规定的。而且如我们说过的那样，如果伽法尼电流是向产物转化过程的一般表现，如果磁、电和化学力随着产物级次的提高而提供了有机物理学的三个范畴，那么，我们就必须把伽法尼电流设想成是一般自然力向感受性、应激性和发育欲过渡的桥梁。

生命的根本特点尤其在于：生命是一种向其自身回归的、稳定的和由内在本原维持的前后相续的系列；并且如同理智的生命（生命是它的图像）或自我意识的同一性只是由表象的连续性来维持一样，生命也只是由内在运动的连续性来维持的；如同理智在其表象的连续序列中不断为得到意识而斗争一样，生命也必须被看作是同自然进程不断进行斗争的，或者说，是力求对自然进程坚持自己的同一性的。

在我们回答了对有机自然界的演绎可能提出的那些主要问题以后，我们还要把自己的注意力转到这种演绎的一个结果上去，即在机体发展的阶序中必定会出现一种机体，理智必须把这种机体直观成是与它自身同一的。如果说理智不过是原始表象的一种进化，如果说这一连续序列将会被表现在有机界，那么，理智必须认作与它自身同一的那种机体在每一阶段就都将是理智内在本质的完全再现。这样，凡是缺少与表象相应的有机界变化的地方，那些表象也就不可能成为理智的对象。我们要想先验地*说明这一点，可以举这样一个例子：天生的盲人完全会把光的表象当作是在他之外的一位观察者，因为在这方面需有内在的直观能力就行，不过这一表象并没有成为他的对象，虽说自我并不包含什么它自己不在自身直观的东西，因而先验地看来那种表象并不是现实地存在于他之内。有机界是唯独能使理智把它自己作为连续序列的实体或主体而与连续序列本身区分开的条件，或者说，是唯独能使这一连续序列成为某种不依于理智而存在的东西的条件。我们觉

* 此处原文为 transzendent——译者

得，好像存在着一种从有机体向理智的过渡，即有机体的作用似乎引起了理智的表象，这纯粹是错觉，因为，表象是通过有机体成为我们的对象的，所以有机体的作用在意识中先于表象，因而必定不会表现为受表象的制约，而是必定会表现为表象的条件，在这种情况出现以前，我们对表象也就恰恰不可能有丝毫知识。有机体的作用所制约的不是表象本身，而是表象的意识，如果经验论把自己的主张限制在后一方面，那就无可非议了。

因此，如果在根本不存在两个对立的对象，而本来只有一个对象的情况下，也可以一般地谈论某种过渡的话，那么，与其说可以谈论从有机体向理智的过渡，还不如说可以谈论一下从理智向有机体的过渡呢。因为有机体本身既然只是理智的一种直观形式，那么，一切存在于理智之内的东西必定都会直接在有机体内成为理智的对象。这种必然性就在于把我们之内存在的一切，因而也把表象本身，都直观为在我们之外，而不是仅仅把表象的对象直观成在我们之外，所谓精神事物对物质事物的整个依存性就是以这种必然性为根据的。譬如，一俟有机体不再是我们宇宙的完全反映，它也就不再作为自我直观的工具来使用了，这就是说，它有了毛病；我们仅仅是凭靠有机体和我们的绝对同一性而感到**我们本身**有病。而按自然规律，即理智本身的规律来看，有机体总是有毛病的。因为理智在自己的创造活动中不是自由的，而是受规律的限制和强制的。因此，在我的机体按照自然规律不能不是有病的时候，我也必需把我的机体直观成有病的机体。病痛的感觉无非是由于失去了理智与其有机体之间的同一性而产生的，与此相反，如果我们可以把一种全然空虚的感受另外叫做感觉的话，健康的

感觉就是对理智完全灌注灵机于机体的感觉，或者如一位优秀的作家表白的那样，是机体对精神保持透明的感觉。

上述精神事物对物质事物的依存性，并不是理智东西本身对肉体东西的依存性，倒是理智东西的意识对肉体东西的依存性。精神力量与机体力量的相互消长也属于那种依存性，甚至连它们显现自身是生而就有的必然性也属于那种依存性。我作为这一特定的个体，在我把自己直观成这样的个体以前，一般是不存在的；这种直观一终止，我就又不存在了。由于按照自然规律必然会有一个时刻，有机体作为一种用自己的力量渐次破坏自身的创造物，不得不停止其为外部世界的反映，所以，有机体和理智之间的同一性的绝对废除（这在疾病中只是局部的），即死亡，就是一种自然变故，这本身也属于原始的理智表象序列。

有机体是理智的不断再现，这一点适用于理智的盲目活动，如理智中存在着自由活动，也必将适用于这种活动，这是我们直到现在还没有推演出来的。因此，相应于理智表象中每一自动的连续序列，也必定会有理智机体内的一种自由运动，这种运动不仅包括所谓狭义的随意运动，而且也几乎包括表情、言语，总之，包括一切表现内心状态的现象。不过理智自由制定的表象如何会变成一种外表上的运动，这是属于实践哲学的一个问题，比之相反的问题，即理智的表象何以可能为有机体内的变化所制约，需有一种全然不同的解决。这个问题我们之所以在这里谈到，仅仅是因为终究只能按上面讲述的那些原则给以回答。因为就理智无意识地进行创造来说，它的有机体就是与它直接同一的，以致它从外部直观到的东西是不经过其他中介而由有机体反映出来的。例如，按照自然规律，在这类或那类诸如引起兴奋的一般原因存在的情况下，有机体就会显得是有病态的；有了这些条件，理智就不再是自由的，被制约的东西不管表现出来没有，有机体都**变得**有病态了，因为理智必须这样来看待有机体。但就理智是自由能动的来说，它的有机体就被和它区别开了，因此从理智的某一表象活动中并不直接产生出有机体的某一外在现象。理智的自由活动和理智机体的运动无论以哪一个为原因，哪一个为结果，它们之间的因果关系都同样是不可思议的，因为两者完全不是现实地对立的，而只是观念上对立的。因此，剩下来的办法就无非是在自由能动的理智和无意识地进行直观的理智之间确立一种和谐，而这种和谐必然是一种预定的和谐。因此，先验唯心论也确实需要一种先定和谐，当然，这并不是为了说明有机体的变化和不随意的表象一致，而是为了说明有机体的变化和随意性的表象一致；先验唯心论也不需要那种通常所解释的、直接出现于理智和有机体之间的莱布尼兹的预定和谐，而是需要在自由活动和无意识创造活动之间出现的一种预定和谐，因为要说明从理智到外部世界的转化，只需要后一种和谐。

不过只要我们还是处在当前这个范围里，我们就不可能看清、也无需看清这样一种和谐本身何以会是可能的。

V.

从现在完全推演出来的理智对有机体的关系中可以明显地看出，在意识的现阶段上，理智沉浸在它直观成和它自身完全同一的有机体里，因此又没有达到对它自身的直观。

然而与此同时，对于理智来说全部理智世界都凝结到了有机体内,因而创造活动的范围对理智来说也就完结了。因此,借以把完全的意识确立于理智之内的最后行动(因为发现这一行动乃是我们唯一的课题;其他一切解决这一课题的东西对我们来说都似乎是附带产生的,而且和理智本身的东西一样,是无意中产生的),必然完全存在于创造活动领域之外,也就是说,意识如果应当产生,理智本身就必须使自己完全从创造活动中解脱出来,这又无疑地只有再次通过一系列的行动才能实现。在我们能够推演这些行动本身之前,至少一般地认识一下这些和创造活动对立的行动所属的范围,是必要的。因为这些行动必然是和创造活动对立的,这确实可以从它们应当限定创造活动推论出来。

因此,我们要问在迄今探讨的方面同创造活动对立的行动是否已经多少给我们显示出来。自我是通过一系列创造得以逐渐把它自己直观为创造性的东西的。在我们推演这一系列创造时,的确没有什么理智借以解脱一般创造的活动表现出来,倒是每一推演出来的产物之被设定于理智特有的意识都能单单通过理智对被创造的东西作不断的反思而得到说明,不过,我们看到通过每次反思产生的还是一种新的创造活动的条件。因此,为了说明创造活动的前进过程,我们不得不把一种活动设定到我们的对象里去,由于这种活动,对象就竭力越出每一单个的创造活动,可是通过这种超越的活动,对象本身总是又纠缠到新的创造里。所以我们事先就可以知道,我们现在假定为自明的那一行动系列是属于一般反思范围的。

但是,创造活动现在对理智来说已经结束了,致使理智不可能通过什么新的反思返回创造活动的范围之内。因此,我们现在将要推演的反思活动必定完全不同于那种与创造活动经常并行的反思活动,假如它也不可避免地随带着一种创造活动(这是很可能的),这一创造活动也会和那种必然性的创造活动相反,是一种自由的创造活动。并且,如果伴随无意识创造的反思活动是一种必然性的反思活动,我们现在所探讨的反思活动就应该说只能是一种自由的反思活动。理智借这种自由的反思不会是仅仅限定它的个别的创造活动,而是将会限定一般的创造活动,并且是彻底限定。

创造活动和反思活动之间的对立将会达到极其明显的程度,因为我们直到现在为止从直观的观点已经看到的东西,从反思的观点来看就会觉得完全不同。

这样,我们就事先大致对上述一系列行动一般应当归属的范围有了一个最起码的认识,通过这一范围,理智就从一般的创造活动中解脱出来,即进入自由反思的范围了。如果说这种自由的反思应当同以前推演出来的东西有联系,那么,这种反思的根据就只能直接存在于第三种有限制状态里,这一有限制状态会促使我们进入反思时期,正如第二种有限制状态曾经促使我们进入创造活动时期一样。但我们看到自己直到现在也还完全未能真正指明那种联系,只不过是能够肯定会有这样一种联系而已。

第二个时期概述

要看清在这一个时期内加以推演的一系列行动的全部联系,就得靠很好地理解我们叫做第一种或最初的受限制状态的东西与我们叫做第二种或特殊的受限制状态的东西之间的区别。

这就是说,原始的界限已经在自我意识的第一种活动里通过观念活动设定在自我一边了，或者说，如同自我后来认为的那样，通过自在之物设定在自我一边了。然而通过自在之物所限定了的只是客观的或现实的自我。但一俟自我进行创造、因而处在整个第二个时期时，它就不再单单是现实的，而是同时既是观念的又是现实的。因此，这时进行创造的自我作为这样的自我不可能感到自己是为那种原始的界限所限定的，这也是因为那种界限这时已转到对象里去，对象正是自我和自在之物的共同表现，所以连那种原初通过自在之物设定的有限制状态也只能在对象里去找，而它也真的在对象里被指出来了。

这样，如果说**自我**现在还感到它自己受到限定，那它就只能感到它自己是作为进行创造的东西受到限定的，而这种状况也只有通过第二种界限才有可能发生，这样的界限只能是事物和自我的界限。

然而，这种界限如果说应当是自我内忍受活动的界限，那也只是对现实的或客观的自我来说才是这样的界限，但正因为如此，就是观念自我或主观自我的主动性的界限。自在之物受到限定，意谓着观念的自我受到限定。因此通过创造活动界限就真的转到观念的自我里去了，这是显而易见的。在观念东西的活动中限定观念东西的界限，也就在现实自我的忍受活动内限定着现实的自我。第一种有限制状态是通过观念活动和现实活动的一般对立设定的，第二种有限制状态则是通过这种对立的限度或界限设定的，这种对立一旦被承认为对立，就势必是一种特定的对立，这正是在创造性直观之内发生的现象。

自我由于变成了进行创造的，因而在没有认识到上述过程的情况下就直接置身于第二种有限制状态了，这就是说，连自我的观念活动也受到了限定。这第二种有限制状态对于自身不可限定的自我来说必定是完全偶然的。它是完全偶然的，这意谓着它自己的根据是在自我本身的一种绝对自由的行动里。客观的自我用这种特定的方式受到限定，是因为观念的自我正是用这种特定的方式行动过。但观念的自我用这种特定的方式行动过，这本身确是以这种自我的一种规定性为前提的。因此第二种界限对自我来说就显得同时既依赖于自我的活动又独立于自我的活动。这种矛盾之所以能解决，仅仅是因为这第二种有限制状态只是现在的有限制状态，因而只能在自我的一种过去的行动里拥有自己的根据。界限在多大程度上反映出自己是现在的界限，就在多大程度上是独立于自我的；界限在多大程度上反映出自己是一般的界限，就在多大程度上是通过自我本身的行动设定的。所以，观念活动的那种有限制状态对自我只能表现出是现在的有限制状态；因此，直接由于自我成为有意识地进行感觉的，时间对自我才是作为绝对的界限产生的，通过这种界限自我就作为有意识地进行感觉的东西，即作为内在智能变成了自己的对象。然而自我在以前的行动里（在创造的行动里）却并不单是内在智能，而是同时既是内在智能又是外在智能，因为它同时既是观念的活动又是现实的活动。当然，这只有哲学家才看得出来。因此，如果外在智能没有同时成为自我的对象，自我也就不能作为内在智能成为自己的对象，并且，如果内在智能被直观为绝对的界限，外在智能就只能被直观成是通向各个方面的无限活动。

所以，直接因为观念活动在创造中受到了限定，内在智能才通过那种自身独立于空间的时间成为自我的对象，而外在智能则通过那种自身独立于时间的空间成为自我的对象；因此，两者在意识内不是作为自我本身不能意识到的直观，而是仅仅作为被直观的东西出现的。

然而时间和空间本身还必须再成为自我的对象，这是这一时期的第二种直观，通过这种直观就有一种新的规定，即表象的连续序列被设定到自我里，由于有这种连续序列，第一种对象一般对自我就不存在了，因为自我本来只有和作为自己限制物的第一种对象对立，才能意识到第二种对象，这样一来，第二种有限制状态就被完全设定到意识里去了。

可是因果关系本身又得成为自我的对象，这是通过交互作用，即这一时期的第三种直观实现的。

如此看来，这一时期的三种直观无非是一切知识的一些基本范畴，即各个关系范畴。

只有连续序列本身再对自我成为一种受到限定的序列，交互作用本身才有可能存在，这是通过机体来实现的。机体就其标志着创造的顶点来说，作为第三种有限制状态的条件，不能不过渡到一种新的行动系列去。

第三个时期——从反思到绝对意志活动

I.

在直到现在为止推演出来的一系列综合行动里，没有能看到有什么行动使自我可以直接达到对它自己的活动的意识。但是，综合行动的领域既然已经结束，为以前的演绎所完全穷尽，那么，把对于所推演的东西的意识设定到自我本身里的那种行动或行动系列就不可能是综合的，而只能是分析的。因此反思的观点是和分析的观点同一的，所以从分析的观点出发，也决不能在自我内找到一种确实不是通过综合设定到自我里的行动。但自我本身何以会达到反思的观点，这不只直到现在都没有说明白，而且也许在理论哲学内就根本不能说清楚。我们找到反思因以被设定到自我里去的那种行动后，综合的线索就会又联结起来，并且无疑会从此伸展到无限。

既然理智只要进行直观，就和被直观的东西是一个东西，和被直观的东西全然无别，那么在它把它自身和产物分离开以前，它就不可能通过什么产物达到对它本身的直观；既然理智本身无非是对象借以产生的特定的行动方式，那么它之所以能达于自身，就只是因为它把自己的这种行动和在这种行动中给它产生的东西分离开了，或者说，和被创造的东西分离开了。

迄今为止，我们还完全不能知道这样一种分离是否在一般理智中可能存在或发生；问题在于假定有这样一种分离，在理智内将会存在的是什么。

行动和被创造的东西的那种分离，按普通说法叫做抽象。因此抽象看来就是反思的第一个条件。只要理智是和它的行动毫无区别的东西，对它的行动的意识就是不可能的。通过抽象本身，理智成了某种和它的创造活动不同的东西，但正因为如此，创造活动也就不再可能显得是一种行动，而只能显得是一种被创造的东西。

然而理智，即那种行动却和对象本来是一个东西。对象就是这个特定的对象，因为理智正是这样地而非别样地进行了创造。一方面是对象，另一方面是理智的行动，两者既然相辅相成，完全一致，所以又将在同一意识里吻合在一起。如果我们把行动之为行动同过去产生的东西分离开，现在给我们产生的东西就是概念。因此，我们的概念何以会同对象一致这个问题，就其以两者原初的差异为前提而言，先验地来看决没有什么意义。对象和它的概念，或者反过来说，概念和对象在意识的彼岸是同一个东西，两者的分离正是和产生着的意识同时产生出来的。所以说一种从意识出发的哲学是决不能解释那种一致性的，而且离开原始的同一性，这种一致性一般也是不可解释的，原始同一性的起源必然在意识的彼岸。

在对象还完全不是作为对象而存在的创造活动本身，行动本身是和正产生的东西同一的。自我的这种状态我们可以用类似的状态来解释，在这些状态下自我虽然并未停止创造或直观，但并没有什么本来意义上的外在对象出现于意识。如在睡眠状态里，原始的创造活动并没有被中止，和个体的意识同时被中断的是自由的反思。对象和直观是完全互相浸透的，正因为如此，在理智中无论前者还是后者都不是为理智本身而存在。理智假使不是仅仅自为的一切，在这种情况下就会是对它之外的一种理智进行直观的；但它现在是一切，却不是自为的，因而一般也就不是一切。这样一种状态就是到此推演出来的我们对象的状态。

只要创造行动没有和被创造物分离，纯粹成为我们的对象，一切就只是存在于我们自己之内，并且如果没有那种分离，我们就会真的以为一切都是只在我们本身以内加以直观的。因为，我们必须直观空间中的对象，这还没有说明我们是在我们外面直观这些对象的，因为我们也可以只在我们内部直观空间，而且我们原初确实是只在我们之内直观空间的。理智在哪里直观，就在哪里存在；然而它究竟怎样得以在它自身之外直观对象呢？在我们的有机体内，在我们感觉的一切地方，我们感到自己是直接现在的，为什么我们觉得整个外部世界不是像我们的有机体这样，这是不能理解的。如果我们的有机体没有通过一种特别的抽象和我们区分开，即使在外在事物与我们分离以后，我们通常也完全不是在我们之外直观我们的有机体，同样，如果不经过原初的抽象，我们也可以不把对象视为是和我们不同。因此，对象似乎离开灵魂而进入我们之外的空间，这一般只有通过概念和产物，即主观的东西和客观的东西的分离，才是可能的。

但概念和对象本来却那么一致，以致两者哪一方也不比另一方多什么东西或少什么东西，在这种情况下，如果没有一种特殊的行动把两者在意识中对立起来，两者的分离就绝对不可理解。这样一种行动就是人们用判断这个词非常明确地表示的那种行动，因为通过判断直到现在为止不可分离地结合在一起的东西，即概念和直观，才被初次分离开。这是因为判断根本不是把概念同概念作比较，而是把概念同直观作比较。宾词和主词在本身是没有区别的，因为就是在判断里，也会有两者的一种同一性被设定起来。因此，只是由于主词表示直观，宾词表示概念，主词和宾词的分离一般才有可能。因此概念和对象在判断中应当首先彼此对立，而后又互相关联，并被设定为彼此等同。但这种关联只有通过直观才是可能的。直观不可能是和创造性直观同一的，因为如其不然我们就根本无法前进一步，而只能说那是一种直到现在为止我们还完全不认识的直观形式，它正需要现在加以推演。

既然通过这种直观形式对象和概念才会互相关联，那么它一定是这样一种直观形式：它一方面邻接概念，另一方面又邻接对象。既然概念是一般直观对象由以产生的行动方式，因而是依以构造一般对象的规范，相反对象却不是规范，而只是规范本身的表现，那么就一定可以找到一种行动，在这种行动里规范本身会被直观为对象，或者反过来说，对象会被直观成一般的构造规范。

这样一种直观就是范式化，每个人根据自己的内心经验都熟悉它，并且为了能识别它，指导经验，我们只能去描述它，把它和其他一切类似的东西分开。

范式必须和图像加以区别，也必须和象征符号加以区别，人们每每把范式和象征符号混淆起来。图像从各方面看往往是很确定的，以致对图像和对象的完全同一性来说，缺少的只是对象所占有的那一特定空间部分。反之，范式并不是一种全面确定的表象，而只是对于某一特定对象依以能够被创造出来的那种规范的直观。范式是直观，因此就不是概念，因为它是在概念和对象之间起中介作用的东西。但它也不是对于对象本身的直观，而只是对于这样一种对象依以能够被创造出来的那种规范的直观。

范式是什么东西，这可以以工匠为例得到最明确的说明，工匠的任务就是按照某种概念去创造具有一定形式的对象。他可以大致了解对象的概念，但是，如果没有任何模式，没有一种尽管是感性直观的、然而是内在的规范在创造中引导他，就在他之外从他手中逐渐产生出和概念相关的形式，那是完全不可理解的。这种规范就是范式，范式完全不包含任何个别性的东西，也不是一种普遍概念，一个艺术家用普遍概念是不会创造出什么来的。他按这种范式一开始创造的只是整体的粗略蓝图，他应由此而去完成各个部分，一直到范式在他的内在直观里逐渐和图像相近。直到图像的规定全部出现，而同时完成了艺术作品本身为止，范式也还会指引着他。

在最普通的理解运用中，范式表示把每个对象认作一种特定对象的普遍中间环节。我一看到一个三角形，不管是什么三角形，我就会作出这个图形是三角形的判断来，这是以一个既非钝角、又非锐角，亦非直角的一般三角形的直观为前提的。无论借助三角形的单纯概念，还是借助三角形的单纯图像，我都不能作出那种判断；因为三角形的图像既然必定是一种特定的图像，那么现实的三角形同纯粹想象的三角形的一致即使是存在的话，也是一种单纯偶然的一致，这对形成判断是不够的。

恰恰从范式化的这种必要性就可以推知，语言的全部机制是以范式化为基础。例如，假定有某一个人，他完全不知道学科概念，对某一种动物仅能认识某些标本或若干族类，可是，他一看到这种动物中一个他还不知道的族类的个体，就能作出这一个体属于这种动物的判断来；他借一种普遍概念是不能作出这样判断的；因为甚至连一些自然科学家都往往很难拿稳有关某一类属的普遍概念，他怎么会竟然把握住普遍概念呢？

有关原初范式化的学说在原始语言机制研究上的运用，在古代民间神话遗留给我们的最古老的自然观研究上的运用，以及最后在科学语言（它的术语，几乎全都从范式化上表露了自己的起源）批判上的运用，都可以极其明显地表现出范式化的作法贯穿着人类精神的全部事业。

为了详尽无遗地讲明关于范式的本质可说的一切，我们还需指出，范式之于概念，正如象征符号之于观念。所以范式总是必然地涉及一种或为现实的、或为需要创造的经验对象。譬如，关于每种像人的形态那样的有机体形态，就只能有一种范式，而不像美、永恒诸如此类的东西只有一些象征符号。艺术家只是按照观念进行工作，另一方面却又需要一种工艺，以便在经验条件下表现艺术作品，由此可见，对他来说，从观念到对象的程序是工匠所经历的程序的二倍。

我们把范式的概念（即创造经验对象的感性直观的规范）完全规定好以后，现在我们可以回头把探讨过程联系起来。

应说明的课题是自我如何得以把它自身直观成在创造活动中是能动的。这是用抽象来说明的。对象借以产生的行动方式必须和已经产生的东西本身分离开，这是通过判断实现的。但判断没有范式化本身是不可能存在的。因为在判断里是把一种直观和概念设定为等同的；为能做到这一点，就必须有构成两者的中介的某种东西存在，而这就只能是范式。

但是，理智通过那种抽离个别对象的能力，或者换句话说，通过经验的抽象能力，根本没有达到脱离对象的目标；因为恰恰是由于范式化，概念和对象就又合而为一了，因而理智本身中的那种抽象能力是以一种更高的抽象能力为前提的，这样理智的结果才有可能被设定在意识之内。如果说一般经验抽象应当被固定下来，那么这只能通过这样一种能力来实现：借助这种能力，不只是特定的对象由以产生的行动方式，而且一般对象由以产生的行动方式也和对象本身区分开了。

II.

为了更精确地说明这种更高的抽象，现在要探讨的是：

a）如从直观活动里把所有概念都去掉（因为在对象里直观和概念原本是结合在一起的，而现在却应当由一般行动方式抽离出来，这样所有概念就都应当从对象中去掉），从直观活动中会形成什么。

每一直观都必须被分成两面：直观活动本身，或作为一般行动的直观活动；规定直观的东西，使直观成为对于一个对象的直观的东西，一句话，直观的概念。

对象是这一特定的对象，因为我过去是用这种特定的方式行动的，但这种特定的行动方式正是概念，因此对象是由概念来规定的；所以概念原本就是先于对象本身的，当然这不是从时间上说，而是照重要性来说的。概念是决定性的东西，对象是被决定的东西。

因此，概念并不像人们通常说的那样是普遍的东西，宁可说是规范、起限制作用的东西、决定直观的东西，如果说概念是不受确定的，那也只有在它不是被决定的东西而是决定性的东西的情况下，它才是不受确定的。因此普遍的东西是直观活动或创造活动，只是因为有一种概念参与这一本身不受确定的直观活动，这种直观活动才成了一个对象的直观。认为我消除许多具体直观中被决定的东西，只把普遍性的东西保存下来，概念就会给我产生，这是通常对概念起源的解释，这种解释一到概念的起源不能单从经验加以解释时，其浅薄无用就一目了然了。因为要着手那样去做，我无疑就得把那些直观互相加以比较；可是如果事先没有概念作指导，我怎么能做到这一点呢？因为，如果不是这些个别的、对我们是既成的对象先已变成我们的概念，我们到底从哪里知道它们是同一类对象呢？因此，那种从许多个别事物中把握共同东西的经验方法本身，确实是以把握这种东西的规范，即概念为前提的，因而是以一种比经验的抽象能力更高的东西为前提的。

这样，我们就在直观里把直观活动本身和概念或决定直观的东西区分开了。在原初的直观里两者是结合在一起的。因此，如果通过那种更高的抽象——它与经验的抽象相反，我们想称之为先验的抽象——**所有**概念都应当从直观里去掉，直观就俨然变成**自由的**了，因为所有的受限制状态都是由概念归于直观的。因此，脱掉概念以后，直观活动就成了一种在各方面都完全不受确定的东西。

如果直观完全成了不受确定的、绝对没有概念的，它所遗留下来的就无非是普遍性的直观活动本身，这种直观活动本身再加以直观，就是**空间**。

空间是没有概念的直观活动，因此完全不是从事物关系方面才多少可以抽离出来的概念；因为空间虽然是通过抽象对我产生的，但根本不是抽象的概念，既没有范畴所包含的那种意义，也没有经验概念或类概念所包含的那种意义。因为假如有空间的类概念，那就必定会有许多空间，而不是只有一种无限空间，空间里的每一限定，即每一个别空间事实上都以这种无限空间为前提。既然空间完全只是一种直观活动，那它必然也是一种向无限直观的活动，结果空间的每一最小部分本身也还是一种直观活动，就是说还是空间，根本不是唯独空间的无限可分性依以存在的那种单纯的界限。最后，虽然几何学只是根据直观作出所有的证明，但和根据概念作出的证明有同样的普遍性，几何学的存在应该完全归功于空间的这种特性，这一点已经为人们普遍公认，所以这里就无需进一步加以发挥。

b）如所有直观都从概念里去掉了，从概念中会形成什么？

由于原初的范式化为先验的抽象所取消，在一极产生了没有概念的直观时，在另一极上就必定同时产生没有直观的概念。如果各个范畴像它们在前一时期所推演的那样，是理智特定的直观形式，那么，在它们解脱直观时，它们所留下的就只能是纯粹的规定性。这种规定性也就是逻辑概念所表示的规定性。因此，如果一个哲学家最初只以反思或分析的观点为立脚点，他也就只能把范畴作为单纯形式的概念来推演，因而也只能从逻辑上去推演。另一方面，不说判断的各种功能在逻辑本身之内还需要推演，也不说先验哲学远非一种逻辑的抽象产物，而是逻辑必须从先验哲学中抽出来，以为范畴同直观的范式化分离以后似不失为现实的概念，这也是纯粹的谬误，因为，这些范畴去掉直观，就只是一些逻辑概念，但和直观结合起来，它们就不再是单纯的概念，而是现实的直观形式。这样一种推演的不足之处还通过别的一些缺点暴露出来，譬如说尽管范畴的机制非常之明显，它还是不能揭示这种机制，既不能揭示特殊的机制，又不能揭示普遍的机制。如下述情形就是这样：每个所谓动力学范畴都有和它相关的范畴，这完全是这类范畴的怪属性，而所谓数学范畴就不是那样。但是，一旦我们知

道在动力学范畴里内在智能和外在智能尚未分离，而在数学范畴中却是一些范畴只属于内在智能，另一些范畴只属于外在智能，那样一种属性便很容易说明。同样，每类范畴随处都包含着三个范畴，其中头两个彼此对立，第三个则是两者的综合，这证明范畴的普遍机制是以一种更高的对立为基础的，这种对立从反思的观点出发就不再能看到了，因此必然对反思观点存在着一种更高的、远为根本的观点。此外，这种对立既然贯穿着一切范畴，而且所有范畴依以作为基础的只是一个范型，那么存在的无疑也就只有一种范畴，同时，既然我们从直观的原始机制中只能推出一种关系范畴来，那就可以预期这种关系范畴应是那种唯一原始的范畴，这一点通过更进一步的考察就可以得到实际证明。如果可以证明，在反思以前或反思彼岸，由数学范畴来规定的根本不是对象，而只能是主体（不论它是进行直观的还是进行感觉的），如同对象确实不是自在地，而是仅仅相对于同时进行直观与反思的主体才是**一个**对象那样；如果可以相反地证明，对象在最先的直观里就确实必须规定成实体和偶性，而并没有一种反思以此为目的，那么，我们就可以从这两种证明得出结论说，数学范畴一般是从属于动力学范畴的，或者说动力学范畴先于数学范畴，因此数学范畴只能分别表现动力学范畴表现为结合在一起的东西。因为，只要不是在这里又像在样态范畴中发生的那样，先有一种外在智能和内在智能的对立，那种仅仅在反思的观点上产生的范畴也就只能是或者属于内在智能或者属于外在智能，因此也就不可能有什么相互关联。这一点也许可以这样更简略地来证明：在直观活动原始的机制里，前两个范畴是通过第三个范畴出现的，而数学范畴的第三个范畴往

往已把交互作用作为前提,因为譬如说,对象若不彼此之间普遍互为前提,对象的整全性就是不可思议的,对象若不彼此相互限制,即不设想它们有普遍交互作用,各个对象的有限制性也是不可思议的。这样,从四类范畴中留下来的根本范畴就只有动力学范畴;如果此外可以说明,连样态范畴也不能和关系范畴具有同等意义,即和关系范畴一样带有根本性,那么,留下来的唯一根本范畴也就只有关系范畴。然而在直观活动原始的机制内,事实上没有一个对象是作为可能的或不可能的出现的,像每一对象作为实体和偶性出现那样。通过最高的反思活动,对象才会显现出是可能的、现实的和必然的,而这种反思活动直到现在还完全未曾推演出来。这些范畴表现的是对象和全部认识能力(内在智能和外在智能)之间的一种单纯的关系,所以无论是通过可能性的概念,还是甚且通过现实性的概念,都没有把什么规定设定到对象之内去。但毫无疑问,对象和全部认识能力的那种关系,只有在自我把自己和对象,即它的同时既是观念的又是现实的活动完全分开以后,才是可能的,因此也就是说,只有通过最高的反思活动才是可能的。这样一来,相对于这种最高的反思活动,样态范畴也可以又叫做最高范畴,正如关系范畴相对于创造性直观的综合可以叫做最高范畴一样,但这也就正好表明它们决不是原本就在最初直观里出现的范畴。

III.

先验的抽象是判断的条件,但不是判断本身。它只表明理智怎么能把对象和概念分开,而没有表明理智如何在判断里又把两者结合起来。本身完全没有直观的空间概念和本身完全没有概念的空间直观何以又会结合成对象，没有一种中介是不可思议的。但概念和一般直观的中介就是范式。这样连先验的抽象也将通过一种范式化而被取消，这种范式化我们称之为先验的范式化，以与前面推出来的相区别。

我们已把经验范式解释为从感性上加以直观的规范，按照这种规范，可以在经验上创造对象。这样，先验范式就将是对规范的感性直观，按照这种直观，可以一般地或先验地创造对象。于是就范式包含规范来说，就它只是一种内在直观的对象，是一个构造对象的规范来说，它在外部倒必须被直观成是一种在空间里加以描绘的东西。因此范式一般就是内在智能和外在智能的中介。因此我们必须把先验范式解释成是内在智能和外在智能最根本的中介。

但内在智能和外在智能最根本的中介就是时间，这不是就时间单单是内在智能，即绝对界限来说的，而是就时间本身又成了外在直观的对象来说的，因此，这种中介是时间，是就其为直线，即向一个方向延伸的量来说的。

我们要详细地讨论这一点，以期把时间的真正特性更精确地规定一下。

从反思的观点来看，时间原本只是内在智能的直观形式，因为它只是从我们表象的连续序列方面产生的，从这一点来看它只是存在于我们之内，而不是像实体的同时并存性，即内外智能的条件那样，只能在我们之外由我们加以直观。反之，从直观的观点来看，时间原来就确实是外在的直观，因为在直观的观点上表象和对象之间本无区别。因此,如果时间对于反思来说仅仅是内在直观形式,那么它对直观来说就同时是那两者。从时间的这一特性可以特别看出为什么它是整个数学的基础,空间却只是几何学的基础,并看出为什么甚至全部几何学都可以还原为分析;这里正好说明了古人的几何学方法和近人的分析方法的关系,虽然两种方法彼此是对立的,但分析方法还是产生了完全相同的结果。

时间是概念和直观的普遍中介环节,或者说,时间是先验范式,这一点只是以时间的那种同时属于外在智能和内在智能的特性为基础的。范畴本来就是一些直观的形式,因而是和范式化分不开的(通过先验抽象两者才分开),由此就说明:

1. 时间也就像在前一时期证明了的那样,最初就已经包含在创造性的直观中或对象的构造中;

2. 一方面从时间对纯概念的关系上,另一方面从它对纯直观或空间的关系上,一定可以推出范畴的全部机制来;

3. 即使原初的范式化已通过先验的抽象而被取消,从对象的原初构造中也一定会有一种完全改观的看法产生出来,由于先验的抽象正是一切意识的条件,那种看法也就将是唯一能够得到意识的看法。所以,为了达到意识,创造性直观必须通过中介,而通过中介本身,它就丧失了自己的特性。

为了说明最后一点,可以举几个例子。

在任何变化中都会发生从一种状态向其矛盾对立的状态的转化,比如一个物体从向 A 方向的运动转化为向 −A 方向的运动。在自身同一的、不断追求意识同一性的理智里,这种矛盾对立状态的结合只有通过时间的范式化才是可能的。直观把时间创造为不断处在从 A 向－A 转化过程中的，以便调解对立面之间的矛盾。通过抽象，范式化就被扬弃了，随之时间也被扬弃了。有一个古代诡辩论者有名的诡辩，他们用来否认传递运动的可能性。他们说：试取物体静止的最后瞬刻和运动的最初瞬刻，两者之间没有任何中介。（这从反思的观点来看完全是真实的。）因此，如果要使一个物体运动起来，这不是发生在它静止的最后瞬刻，就是发生在它运动的最初瞬刻，但前一情况是不可能的，因为物体依然是静止的，后一情况也不可能，因为物体已经在运动。这种诡辩本来是通过创造性的直观破除了的，唯有创造性的直观才能表现有限中的无限，即那种虽然本身有限却不可能有无限小部分的量；对反思来说，则除非发明力学法术，是不能解除这种诡辩的。反思只能把一个物体从静止到运动的那类转化，即矛盾对立状态的结合，看作是以一种无限性为中介的，创造性的直观在它看来却失去了作用，所以它看到自己不得不把无数彼此相外的时间部分插入两种状态之间，而其中每一部分都无限小。但是，从一个方向向相反方向的那类转化即使是通过无限的中介发生的，而这本来又只有凭借连续性才有可能，那类转化却终究还是应在有限的时间内发生，所以，在某一瞬刻内把运动传给物体也只能是一厢情愿而已，因为不然就会在有限的时间内出现无限的速度。所有这些独特的概念都只是由于抛弃了直观原初的范式化而必然造成的。但谈到一般运动，因为在一条线上的每两点之间必须无穷地设想其他许多的点，所以从反思的观点出发构造运动是决然不可能的，因此，连几何学也还是设定线为自明的，即假定每个人都能用创造性直观本身去创造线，假使可以通过概念使线产生，它就一定不会这样做了。

从时间是先验范式这一特性中自然就可以明白，时间决不是单纯的概念，既不是那种能够经验地抽象出来的概念，也不是那种能够先验地抽象出来的概念。因为一切似乎可能抽象出时间来的东西，确实已把时间本身作为前提条件了。而如若时间是一种相当于知性概念的先验抽象，那就会像有许许多多实体一样，也一定有许许多多时间，可是时间却只有一个；人们所谓的相异时间，只是对绝对时间的不同限制而已。因此也没有一个时间公理（例如两种时间能够没有间隔或同时存在的公理）或任何完全以时间形式为基础的算术命题是能够根据单纯的概念得到证明的。

把先验的范式化推出来以后，我们就感到自己也该完全剖析范畴的全部机制了。

作为其余一切范畴的基础的根本范畴，即在创造中就已决定对象的唯一范畴，正如我们所知的那样，是关系范畴，这种范畴是直观的唯一范畴，因而是唯独可以把外在智能和内在智能表现为结合在一起的范畴。

第一个关系范畴，即实体与偶性，表示内在智能与外在智能的第一个综合。但如把先验的范式化从实体概念和偶性概念里都去掉，遗留下来的也不过是主词和宾词的单纯逻辑概念。反之，我们如从两者中把一切概念都去掉，遗留下来的就是仅仅作为纯粹外延或作为空间的实体，以及仅仅作为绝对界限的偶性，或就时间单纯是内在智能而完全不依赖于空间来说，是作为时间的偶性。但逻辑主词的本身完全没有直观的概念何以会成为实体，或逻辑宾词的同样本身完全没有直观的概念何以会成为偶性，却只有把时间的规定附加于两者，才能加以说明。

但时间规定正是通过第二个范畴才附加上的，因为通过第二个范畴（按照我们的推演是第一个范畴的直观）第一个范畴里是内在智能的东西方才对于自我成为时间。因此，就像当时业已证明了的，第一个范畴一般只有通过第二个范畴才是可以直观的；在这里指出的这种情形的根据，在于通过第二个范畴先验的范式才附加给时间。

实体之所以能直观为实体，只是因为它被直观成时间中常住的东西，但假使一直标志着绝对界线的时间不流动（向一个维延伸），它也不能被直观成常住的，这也正是仅仅通过因果联系的连续序列才发生的情形。另一方面也一样，即任一连续序列在时间中的产生，只有在同时间内的某种东西对立起来时才能加以直观，或者说，同空间上常住的东西对立起来才能加以直观，因为在流动中停顿的时间是和空间等同的，这种空间上常住的东西正是实体。因此这两种范畴总是互相贯通的，就是说，它们只有在第三个范畴里才是可能的，这就是交互作用。

从这种推演中自然可以抽象出如下两个命题来，其余所有范畴的机制都是根据这两个命题理解的：

1. 前两个范畴之间产生的对立，就是原初在空间和时间之间产生的对立；

2. 每类范畴中的第二个范畴之所以必要，是因为它可以把先验的范式附加给第一个范畴。

现在我们来指明这两个命题在所谓数学范畴上的运用，虽说这些范畴还没有真正推演出来。这样做不是为了预示某种尚未推出来的东西，而是为了通过进一步的发挥，把这两个命题说得更清楚一些。

我们已经指出，数学的范畴不可能是直观的范畴，因为它们单纯是从反思的观点上产生的。但正是在反思的同时，内外智能之间的统一性却被取消了，因而一种基本关系范畴也被分成了两个相反的范畴，其中一个范畴只表示对象那里属于外在智能的东西，另一个范畴则表现对象那里属于从外面被直观的内在智能的东西。

为了从第一个范畴、即单一性范畴（这是那类量的范畴中的第一个）开始着手，把其中所有直观都去掉，那就只留下逻辑的单一性。如果这种单一性可以和直观结合起来，那就必须附加上时间的规定。然而与时间联系的量是数。因此正是通过第二个范畴（多数性）才附加了时间的规定。因为计算正是从既成的多数性开始的。在只有一个东西时，我决不会去计算。单一性只有通过复多性才成了数。（时间和多数性才是互相并行的，这也可以从下列事实看出：对象的复多性正是由第二个关系范畴所决定的，而这正是时间由以初次在外在直观内对自我产生的那一范畴。甚至在表象的随意连续序列里对象的复多性之对我产生，也只是因为我是一个接着另一个地把握对象的，就是说，因为我一般地只是在时间内把握这些对象的。在数字级数里 1 只有通过复多性才成为单一性，即成为一般有限性的表达。这一点可以这样来证明：如果 1 是个有限数，那么它一定有一个可能有的分母，但 1/1=1，因此只有通过 2，3 等等，即通过一般的复多性，1 才是可分的；不然就会是 1/0，即无限的东西。）

但是，如同单一性没有多数性就不能直观一样，多数性没有单

一性也不能直观，因此两者互为前提，也就是说，只有通过第三种共同的范畴两者才能存在。

同样的机制也表现在质的范畴里。如果我把空间的直观从实在性里去掉（这是通过先验的抽象做到的），给我留下来的就无非是一般肯定性这个单纯逻辑概念。如果我把这种概念又同空间的直观结合起来，那就会给我产生空间的充实，不过没有一种限度，即没有时间中的量，空间的充实是不能加以直观的。但限度，即时间所作的规定，正是通过第二个范畴，即否定性范畴才附加上去的。因此第二个范畴在这里又是完全必要的，因为只有通过它，第一个范畴才能变成可以直观的，换句话说，因为是它把先验的范式附加给第一个范畴的。

也许这样说更清楚一些：如果我把对象那里现实的东西当作未被限制的，那它就将向无限扩展，同时，既然按照证明内涵和外延成反比，那么剩下的就无非是缺乏任何内涵的无限外延，即绝对空间。反之，如果我们认为否定性是未被限制的东西，那么剩下的就无非是没有处延的无限内涵，即点或内在智能（就内在智能**单纯**是内在智能来说）。因此如果我从第一个范畴里把第二个范畴去掉，给我留下的就是绝对空间，如果我从第二个范畴里去掉第一个范畴，给我所留下的就是绝对时间（即**单纯**作为内在智能的时间）。

于是，在原始直观内无论是概念，还是空间，还是时间，都不是单独对我们产生的，而是这一切同时对我们产生的。恰如我们的对象、自我是无意识地和自发地把这三个规定结合成对象一样，我们在创造性直观的演绎中所遇到的情形也是这样。先验抽象正在于取消那个把直观连结起来的第三者，通过先验抽象，能够作为直观构成部分给我们保留下来的，就只是没有直观的概念和没有概念的直观。从这一观点出发，对象何以是可能的这个问题就只能这样来表述：我们在自己内部发现是 a priori〔先验〕概念的那些完全没有直观的概念何以能够那么不可分解地和直观联系起来或向直观转化，以致它们和对象是全然不分的？既然这种转化只有通过时间的范式化才是可能的，那么我们就可以推论说，时间无论如何也会包含在那种原始的综合里。这样，我们在前一时期曾经遵循的那种构造秩序就完全改观了，但毕竟还是先验的抽象才使我们能够以明确的意识去剖析原始综合的机制。

IV.

我们已把先验抽象不证自明地设定为经验抽象的条件，而把经验抽象不证自明地设定成了判断的条件。因此先验抽象是每一判断（包括最普通的判断）的基础，而先验抽象的能力或 a priori〔先验〕概念的能力和自我意识本身一样，在每种理智中都是不可少的。

但这种条件不会先于被制约者而得到意识，而且先验抽象在判断里看不出来了，或者说在经验抽象里消失不见了，经验抽象及其结果是通过先验抽象同时被提升到意识的。

可以预断先验抽象连同它的结果如何也会设定到意识里，这只有通过一种行动才是可能的，因为我们可以看出，在普通意识里无论关乎先验抽象，还是关乎其结果，都必然没有产生什么东西，如果产生了关乎它们的某种东西，那也完全是偶然的。那种行动在普通意识方面不可能还是必然的（因为否则在普通意识中就必定总可以看出行动的结果来），可见这种行动必定不是从理智本身的任何其他行动里（而可能是从理智外面的一种行动里）产生的行动，因此对理智本身说来是一种绝对的行动。普通意识也许可以达到对经验抽象和从中产生的结果的意识，不过这毕竟还是通过先验抽象实现的；但也许正因为在一般经验意识里产生的一切都是通过先验抽象确立的，先验抽象本身就不再是必然的了，如果它做到了上述一点，它达到意识也将只是偶然的。

但显而易见，自我正是由于也意识到了先验抽象，才有可能使自己自为地绝对地超越于对象之上（因为自我通过经验抽象只不过是超脱了特定的对象），并且因为自己超越于一切对象之上，才有可能只把自身认作理智。然而这种作为绝对抽象的行动正因为是绝对的，就决不能再用理智的任何其他行动来解释，因此在这里理论哲学的锁链就断了；这样在理论哲学方面就只留下“在理智中应当出现这样一种行动”这一绝对公设，但正因为如此，理论哲学就超过自己的界限，而进入了实践哲学的领域，实践哲学仅仅是用绝对无上的公设来确立的。

这一行动是否可能以及如何可能，这个问题不再是属于理论探讨的范围，不过理论探讨还必须回答一个问题。假使这样一种行动是在理智之内，那么，理智将如何看待它自身，如何看待客体世界呢？毫无疑问，通过这一行动给理智产生的正是已经通过先验抽象为我们所确定的东西，这样，由于我们向实践哲学前进了一步，我们就把自己的对象完全带到我们向实践哲学过渡时所离开的那一点上去了。

理智将通过一种绝对行动使自己超越于一切客观的东西之

上。如果原始受限制状态不再继续下去，在这一行动里一切客观的东西就会对理智消失，但原始受限制状态必定会继续下去；因为，如果说抽象可以发生，那么被抽象的东西也就不能不存在。既然理智在进行抽象的活动中感到自己是绝对自由的，而同时又感到原始受限制状态像理智的重负一样，使自己退回直观去，那么，正是在这行动里理智就自为地被限定为理智，因而就不再如同在感觉里那样单单被限定为现实的活动，也不再如同在创造性直观里那样单单被限定为观念的活动，而是同时被限定为两者，即被限定为客体。理智显得自身是为创造性直观所限定的。但直观作为活动已在意识中沉沦了，而只有产物保存下来。因此理智认识到它自己是为创造性直观所限定，这恰恰也就意谓着它认识到自己正是为客观世界所限定。因此，适如我们在意识中通过最初的哲学抽象所察觉的那样，客观世界和意识本身的理智在这里才彼此对立起来。

理智可以固定先验抽象，但这无论如何得通过自由，更准确地说，得通过自由的一个特殊方向才能实现。这就说明了为什么 a priori〔先验〕概念并不是在每一种意识里都会出现，说明了为什么这些概念出现于意识也没有一处总是必然的。这些概念可能出现，但并非一定会出现。

既然一切在直观的原始综合内曾经结合在一起的东西都因先验抽象而使其自身分离了，那么这一切就将在分开时成为理智的对象，虽说这总是通过自由的。例如，同空间及对象分开的时间，作为同时并存形式的空间，相互确定自己在空间中和对方的位置的那样一些对象，就是这样，但同时理智却完全自由地处在规定所由出发的对象方面。

但一般地说，理智的反思可以有三种情形，一是它反思对象。这样对它产生的就是已推出来的直观范畴或关系范畴。二是反思它自身。如果理智同时作反思和直观，对它出现的就是量的范畴，量和范式结合在一起就是数，但正因为如此，数就不是原始性的。如果理智同时进行反思和感觉，或者说，如果它反思那种给它充实了时间的限度，那么对它出现的就是质的范畴。最后是理智通过最高的反思活动，同时反思对象和它自身，因为它是观念的活动同时又是现实的活动。如果它同时反思对象和作为现实活动（自由活动）的它自身，对它出现的就是可能性范畴；如果它同时反思对象和作为观念活动（受限定的活动）的它自身，对它出现的就是现实性范畴。

就是在这里时间的规定也还是通过第二个范畴才又附加到第一个范畴上去的。因为按照前一时期推出来的东西，观念活动的有限制状态正在于理智认识到对象是现在的。因此在特定的时间阶段内设定的对象是现实的，反之，由反思现实活动的活动所设定于一般时间内、并且仿佛被抛掷于其中的东西则是可能的。

如果理智再把现实活动和观念活动之间的这种矛盾也结合起来，对它出现的就是必然性概念。在一切时间内设定起来的东西都是必然的；但一切时间都是一般时间和特定时间的综合，因为在一切时间内设定起来的东西，和在个别时间内设定起来的一样，是特定的，但和一般时间内设定的一样，终究是自由的。

这类范畴中否定性的对应范畴的情况和关系范畴不同，因为它们事实上不是对应的东西，而是肯定性范畴的矛盾对立方面。

它们也不是现实的范畴，也就是说，不是只为反思而似乎规定了直观对象的概念，宁可说，如果这一类范畴中肯定性的范畴对反思是最高范畴或其他所有范畴的总结，那么那些（否定性的）范畴相反地就是范畴总体的绝对对立面。

既然可能性、现实性和必然性的概念是通过最高的反思活动而产生的，那么它们也就必然是理论哲学竣工时作为整个拱顶的一些概念。不过，这些概念已处在理论哲学向实践哲学的过渡之中，这一点读者一方面现在就可以预先看到，另一方面在我们建立实践哲学体系本身时，就会有更清楚的认识。

第三个时期概述

完成整个理论哲学所必需作的最后研究，无疑是关乎 a priori〔先验〕概念和 a posteriori〔经验〕概念之间的区别的，除非指明这些概念在理智本身内的起源，这种区别就很难弄清。在这一学说方面先验唯心论的独到之处正在于它还能指明所谓 a priori〔先验〕概念的起源。当然，这之所以可能，只是因为它置身于普通意识彼岸的领域里，而不是像一种局限于普通意识的哲学那样，事实上只能把这些概念看作是现成的和似乎垂手可得的，因而使自己陷入不能解决的困难，而这些困难是这些概念的维护者们一向都碰到的。

由于我们把所谓 a priori〔先验〕概念的起源置于意识的彼岸，认为客观世界的起源也在那里，我们就以同样的明确性和同样的理由断言，我们的认识本来就是完全彻底经验的，又是完全彻底 a priori〔先验的〕。

我们的一切知识本来就是经验的，这正是因为概念和对象对我们是不分离地同时产生的。因为，假使我们本来就能有一种 a priori〔先验〕知识，那就一定会先给我们产生对象的概念，然后才按对象的概念产生对象本身，而这就会使一种关于 a priori〔先验〕对象的真正见解得到认可。反之，凡是完全没有我的参与而对我产生的知识，都叫做经验知识，这种知识的产生就像我做物理实验，而不能事先知道实验的成效一样。不过对象的一切知识本来就是不依赖于我们的，以致在对象已然存在以后，我们才能制定出它的概念，而除了又借助于完全不随意的直观外，这一概念是不能加以表达的。可见一切知识本来就是纯经验的。

但是正因为我们的全部认识本来就是完全彻底经验的，它们就是完全彻底 a priori〔先验的〕。因为假如它们并非完全是我们的创造，我们的全部知识就会是从外面给与我们的，而这是不可能的，因为不然的话，我们知识里就会没有什么必然的和普遍有效的东西；所以，除了说一些知识似乎来自外部，另一些知识出自我们本身而外，就别无他途了。因此，我们的知识之所以能够是完全彻底经验的，只是因为它们完全彻底地出自我们本身，也就是说，它们完全彻底地是 a priori〔先验的〕。

这就是说，自我在什么限度内从它自身创造一切，一切（决不只是这个或那个概念，或者甚至是思维形式，而是整个唯一的、不可分割的知识）就在什么限度内是 a priori〔先验的〕。

但我们自己在什么限度内没有意识到这种创造，我们就在什么限度内没有任何 a priori〔先验的〕东西，而一切都是 a posteriori〔经验的〕。我们要意识到我们的知识是一种真正 a priori〔先验的〕知识，我们就要抽掉创造物而意识到一般创造行动。但正是在这样做的时候，概念的一切质料的东西(一切直观)就按照以前推演的方式从我们面前消失了，而只能留下纯粹形式的东西。在这种情况下，a priori〔先验的〕概念诚然是对我们存在的，而且的确是纯粹形式的概念，但这些概念的存在也只是以我们作理解，以我们用那种特定方式作抽象为条件，因此并不是没有我们的作用，而是凭借着一种特别的自由趋向。

因此，假使天生的概念不存在，也会有 a priori〔先验的〕概念存在。不是概念，而是我们自己的本性及其全部机制才是我们天生的东西。这种本性是一种特定的本性，它以特定的方式行动，但完全没有意识，因为它本身无非是这一行动；这一行动的概念不在它之内，因为不然的话，它原来就一定是某种和这一行动不同的东西，而如果说这种概念会出现于它之内，那也是通过一种新的行动才出现的，这种行动使前一种行动成了自己的对象。

那种关于天生概念的观念在发现一切概念中都有某种能动的东西后，人们早就必须放弃了。由于我们在自我的概念中设想行动和存在的原始同一性，这种观念就完全不能立脚了，但不仅如此，连现在提出的认为这些概念作为原始禀赋而存在的观念也因此而完全不能立脚了，因为这种观念的唯一基础是把自我想象成一种特殊的、与自我的行动不同的基质。谁向我们说他不能思考什么没有基质的行动，谁也就正好因此而承认思维的那种臆想的基质本身是他想象力的单纯产物，因而也仅仅是他自己的思维，他不得不在这样无限穷根究底时把自己这种思维假定成独立的。认为把一个对象仅有的一些宾词去掉以后，还会有什么东西(我们也不知道是什么东西)从这个对象里保留下来,这是想象力的纯粹幻觉。譬如,就没有一个人会说不可入性是以物质为根基的,因为不可入性就是物质本身。既然概念就是理智本身,何必要谈论以理智为根基的概念呢?亚里士多德主义者把灵魂比作白板,认为可以把外在事物的特征铭刻在上面。但是,如果灵魂不是白板,那它倒因而是块有意思的板子。

如果 a priori〔先验的〕概念是我们内部的禀赋,那么我们另外就有发展这种禀赋的外在推动。理智是一种静止的能力,外在事物似乎是作为引起活动的原因或作为刺激作用于它的。但是,理智决不是什么静止的能力,尚需被置于活动状态,因为如其不然,它就一定还是某种与活动不同的东西,是同产物维系在一起的活动,大致像在有机界那里一样,是理智的一种已被提高了级次的直观。同样,在把所有 a priori〔先验的〕概念都从那个发出推动的不可知的东西里去掉以后,也就没有什么客观的宾词留存下来,于是就不得不把这个 X 设定到理智里去,就像马勒伯朗士那样让我们觉得一切都在于神,或者像精明的巴克莱那样把光叫做灵魂和上帝的对话,这样一些观念对于一个不曾理解理智的时代来说是无需辩驳的。

因此,a priori〔先验的〕概念如果指的是自我的某种原初禀赋,那么人们当然总还是宁可要那种主张一切概念都是通过外部印象而产生的思想,这决非因为这样做似乎就可以求得某种理解,而是因为那样一来至少在我们的认识里就可望有统一性和完整性。这种意见的主要辩护者洛克反对天生概念的幻想。莱布尼兹并没有这种幻想,洛克设想他有,而没有看到认为观念原本就铭刻在灵魂里，或者认为它们通过对象才铭刻在灵魂里，都同样是不可理解的。他还是应该扪心自问一下：在这个意义上不可能存在的是否确实不单是天生的概念，在观念是对灵魂的印象这个意义上说，是否观念反而恰恰和天生概念一样一般也不可能存在？

所有这些迷误都可以用一句话来消除：我们的认识原本不是 a priori〔先验的〕，也不是 a posteriori〔经验的〕，因为这里的全部区别都仅仅是从哲学意识方面作出来的。认识从根本上来看，即从哲学的对象、从自我方面来看，既不是先验的，也不是经验的，就是根据这条理由，认识也不能部分地是先验的，部分地又是经验的，这样的论断事实上会使 a priori〔先验的〕认识的全部真理性或客观性成为不可能。因为那种论断不只是完全取消了表象和对象的同一性，而且由于结果和原因永远不可能是同一的，就不得不或者肯定事物似乎是作为一种没有形式的质料适应我们之内那些原初性的形式，或者反过来肯定那些形式使自身以事物为准，因而失去任何必然性。按照第三种可能的假定，客观世界和理智似乎是两只表，两者互相毫不理会，彼此完全漠然，正因为每只表按自己的正常行程向前运转，它们就互相一致。这种假定断言的是某种全然多余的东西，而缺乏任何说明都需要的根本原则：能用一个东西说明的，不可用许多东西去说明；它根本没有说到，这种完全处在理智表象之外的客观世界由于是概念的表现，终归也只能通过理智而存在，为理智而存在。

第四章　以先验唯心论为原则的实践哲学体系

我们觉得，有必要预先提醒读者：我们这里打算提出的，并不是一种道德哲学，而是一般道德概念的可思议性与可解释性的先验演绎；关于先验哲学的道德哲学部分的这种研究我们将非常概括地来进行，以致我们可以把整个道德哲学归结为几个重要原理和问题，而让读者亲自把它们应用于具体问题，这样，读者便不仅最容易知道自己是否理解了先验唯心论，而且也最容易知道——这是主要的事情——自己是否学会了把这种哲学作为研究工具来使用。

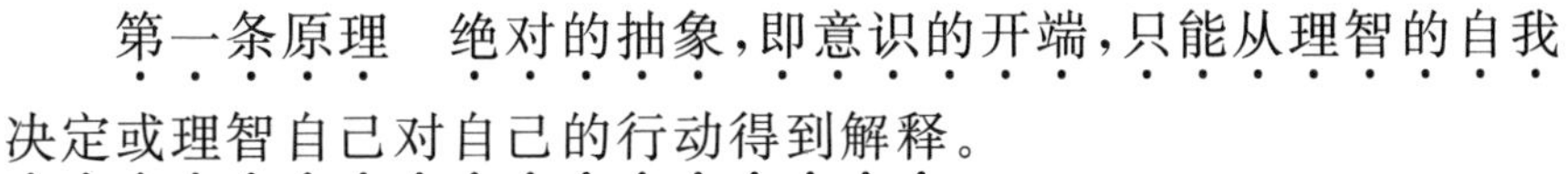

第一条原理　绝对的抽象，即意识的开端，只能从理智的自我决定或理智自己对自己的行动得到解释。

证明　我们理解为绝对抽象的东西，可以假定为已知的。这种东西是理智借以把自己绝对地提高到客观事物之上的行动。这种行动既然是绝对的行动，就不会受任何在先的行动的制约，因此，绝对的行动就仿佛打断了一切后继行动必然起因于在先行动的那种联系，而开始了一种新的行动序列。

一种行动不是产生于在先的理智的行动，这就意谓着：这种行动就其为特定的行动，有特定的行动方式而言，是不能由理智来解释的;但这种行动既然一般说来又必须是能解释的,于是,便只能从理智本身所包含的绝对的东西,从理智所包含的一切行动的最终本原得到解释。

一种行动只能从理智本身所包含的根本东西来解释,这也一定(因为理智所包含的根本东西无非是理智的原始二重性)恰恰意谓着:理智必须把自己规定为这种行动。因此,这种行动确实是能解释的,不过,决不是从理智之被决定的状况得到解释,而是从理智之直接的自我决定得到解释。

但是,使理智自己决定自己的行动是一种自己对自己采取的行动。所以,绝对的抽象只能从理智自己对自己采取的这种行动中得到解释,并且因为绝对的抽象在时间上又是一切意识的开端,所以,意识的这个最初开端也只能从过去要证明的这样一种行动中得到解释。

推　　论

1) 理智的那种自我决定就是最广义的意志活动。在一切意志活动里都有自我决定,自我决定至少会表现为意志活动,这是每个人通过内在直观都可以证明的;至于这种现象是真是假,在这里与我们无关。我们谈的不是业已出现客观事物概念的特定意志活动,而是先验的自我决定,原始的自由活动。但这种自我决定是什么,对于那种没有通过亲身的直观而察知自我决定的人是不可能解释清楚的。

2) 如果这种自我决定是原始的意志活动,则可由此得知,理智只有以意志活动为中介,才会自己成为自己的对象。

因此，意志活动就是对于我们所提出的理智如何认出自己是进行直观的这个问题的完善解决。理论哲学过去是由三种主要活动完成的。在第一种活动中，即在还没有意识的自我意识活动中，自我已是主客统一体，只是未成为自为的主客统一体。在第二种活动中，即在感觉活动中，仅仅是自我的客观活动变成了自我的对象。在第三种活动中，即在创造性直观的活动中，自我作为进行感觉的自我，即作为主体，变成了自己的对象。正因为进行直观的自我总是指向某种异己的东西，所以，只要自我完全是进行创造的，自我就决不会作为自我是客观的，而且作为把一切其他事物视为客观事物的东西，本身也不会变成客观的；因此，通过整个创造时期，我们决不能达到一个境地，在那里创造者、直观者本身会变成自己的对象；在那个时期，仅仅是创造性直观能被提高级次（例如，通过有机体），自我的自我直观本身则不能被提高级次。只有在意志活动中，自我的自我直观才被提到较高的级次，因为通过意志活动，自我作为它所是的整体，即同时作为主体和客体，或作为创造者，变成了自己的对象。这时，这种创造者似乎就与纯粹观念的自我分开了，而且永远不会再成为观念的了，而是对于自我本身成为永恒的、绝对的客观事物。

3）既然自我是作为自我，通过自我决定的活动而成为自己的对象的，所以，问题还在于这种活动与自我意识的那种原始活动会有什么关系，这种原始活动也同样是自我决定，但通过这种自我决定，自我并没有作为自我而成为自己的对象。

通过以上所说，我们已经得到了一个区分两种自我决定活动的标志。在第一种活动中，仅仅存在着决定者与被决定者之间的简单对立，这种对立相当于直观者与被直观者之间的对立。在现在的活动中则不存在这种简单的对立，而是决定者和被决定者共同与直观者相对立，并且第一种活动中的被直观者和直观者两者合在一起，都是现在活动中的被直观者。

产生这种差别的根据如下：在第一种自我决定活动中刚形成一般的自我，因为这种自我无非是正在自己变为自己的对象的自我；因此，在自我中还没有可以同时反映正在产生着的东西的观念活动。在现在的活动中，自我则已经存在，而且我们仅仅是说，自我作为已经存在的东西变成了自己的对象。因此，从客观上看，这第二种自我决定活动固然实际上完全与第一种原始的自我决定活动相同，不过还有一个差别，那就是在现在的活动中整个第一种活动都变成了自我的对象，而不是像在第一种活动中那样，仅仅是其中的客观事物变成了自我的对象。

我们经常提到应该用什么共同原则把理论哲学与实践哲学联系起来，毋庸置疑，这里同时也是回顾这个问题的最合适的地方。

通常仅仅被置于实践哲学的顶点，扩充为整个哲学的原理的正是自律，自律的发挥正是先验唯心论。原始的自律与实践哲学所说的自律的差别仅仅在于：借助于前一种自律，自我是绝对地自己决定自己，而不是自为地自己决定自己，同时自我还给自己立法，将立定的法律实现于同一种行动中，因此自我就辨认不出自己是立法者了，而是像在一面镜子里一样，仅仅在自己的产品中见到自己立定的法律；反之，实践哲学里的自我作为观念的自我则不是与现实的自我相对立，而是与那种同时既是观念的又是现实的自我相对立，但正因为如此，也就不再是观念的了，而是产生理想的。

不过根据同样的理由，既然产生理想的自我是与那种同时既是观念的又是现实的自我相对立，即与进行创造的自我相对立，那么，实践哲学里的进行创造的自我也就不再是进行直观的，即无意识的了，而是有意识地进行创造的，即现实理想的。

这样看来，实践哲学便完全是以产生理想的（提出理想的）自我与实现理想的自我的二重性为依据。实现理想虽然毕竟是一种创造活动，因而与理论哲学中的直观是同一种活动，不过有一个差别，那就是自我在实践哲学中是有意识地进行创造的；同时像在理论哲学中那样，自我也是产生理想的，不过在实践哲学里概念与实践、提出理想与实现理想完全是一回事。

从理论哲学与实践哲学的这种对立中可以立刻得出很多重要结论，在这里我们只提出其中最主要的结论来谈一谈。

a）在理论哲学里，即在意识的彼岸，给我产生客体，正像在实践哲学里，即在意识的此岸，给我产生客体一样。直观与自由行动的差别仅仅在于自我在自由行动中是自为地进行创造的。直观者只要纯粹以自我为对象，就总是纯粹观念的，被直观者则是整个自我，即同时既是观念的又是现实的自我。当我们自由行动时，我们行动中的东西与我们直观中的东西是一样的，或者说，直观活动与实践活动是同一活动。这是先验唯心论的最值得注意的结论，它对于说明直观与行动的本质可以提供最大的启发。

b）为了说明理智如何能变成自为地进行直观的，我们已经设定了绝对的自我决定活动。根据我们关于这个问题业已得到的、经常重复出现的实际经验，当我们看到这种活动也给我们产生出某种完全不同于我们企求的结果时，我们并不会觉得惊讶。通过整个理论哲学,我们看到了理智力求认识自己的这种活动本身,而又不断地遭到失败。在实践哲学里也有这种情形。但正是基于这种失败,正是基于理智把自己直观为进行创造的,因而同时在理智那里出现了完全的意识,世界才对理智变成真正客观的。因为,正是由于理智把自己直观为进行创造的,纯粹观念的自我就与这样一种自我分离开了,这种自我既是观念的同时又是现实的,因此这时是完全客观的,不依赖于纯粹观念的自我的。在同一种直观活动里,理智既要变成有意识地进行创造的,又要意识到自己无意识地进行创造,这是不可能的,仅仅由于这个缘故,理智就觉得世界是真正客观的,即不受理智的干预而存在的。这时理智不是停止了创造活动,而是有意识地进行创造,因而在这里开始出现了一个全新的世界,它将从这个地方出发,向着无限的事物前进。第一种世界,即曾经通过无意识的创造活动产生出来的世界(如果可以这么说的话),这时仿佛与其起源一起,退居到意识背后去了。所以理智决不可能直接看出,它正像从自身创造了这第二种世界一样,也创造了第一种世界。这第二种世界的创造是有意识地开始的。正像从原始的自我意识活动中发展出一种完整的自然界来一样,从第二种自我意识活动中,或者说,从自由的自我决定的活动中也产生了第二种自然界。把这种自然界推演出来,是以后研究的全部课题。

至此为止,我们仅仅考察了自我决定活动与原始的自我意识活动的同一性,并且仅仅考察了把两者区分开的一个特征,即后者是无意识的,前者则是有意识的。但是还剩下另一个很重要的特征,必须进一步加以考察,那就是:原始的自我意识活动是处于一切时间之外，反之，第二种自我意识活动则必然处于意识发展过程的一个特定阶段，这种活动不是构成意识的先验开端，而是构成意识的经验开端。

但是，按照思维的原始机制来说，对于理智是处于一个特定时刻的任何理智行动，都是必须加以解释的行动。同时也不可否认，这里所说的自我决定的行动决不能从理智内先行的行动得到解释，因为我们过去确实是把这种行动作为解释的根据对待的，即从观念方面，而不是从现实方面对待这种行动的，换句话说，这种行动必然是产生于某种先行的活动。——同时要顺便指出，一般说来，只要我们追踪理智的创造活动，任何后继行动就都受在先行动的制约，一俟我们离开理智的创造活动的领域，行动的次序就会完全倒转过来，我们一定会从受制约的东西推勘到起制约作用的东西，因而不可避免地看到我们最后不得不追溯不受制约的，即不可解释的某物。不过按照理智的固有思维规律来说，这种情形是不会有的，并且就像那种理智行动一样，是属于某个特定时刻的。

矛盾在于，这种行动既应该是能解释的，同时又应该是不能解释的。必须给这个矛盾找出一个至今在我们的整个知识领域里还没有出现的中介概念。我们在解决这个问题时所采取的办法，与我们解决其他问题时所采取过的办法是一样的，那就是：越来越详细地规定课题，直到最后剩下唯一可能的解决。

理智的一种行动是不能解释的，这就是说，理智的这种行动不能由什么在先的行动来解释，而且因为除了创造活动，我们现在不知任何其他行动，所以，理智的一种行动之不能解释也就是说它不能由理智的一种在先的创造活动来解释。行动不能由一种创造活动得到解释这条命题，并不是说行动是绝对不能解释的。只因理智一般地仅仅包含着自己所创造的东西，所以那个“某物”当其不是创造活动时，也就不能包含的理智里；但它终究还是应当包含在理智里，因为理智的一种行动应该由那个“某物”得到解释。所以，行动应该是能够由“某物”得到解释的，这个“某物”既是理智的创造活动，但又不是理智的创造活动。

这个矛盾只能用下列方式加以调解：那个包含着自由的自我决定的根据的“某物”，必须是理智的一种创造活动，而这种创造活动的否定条件又必须存在于理智之外；那个“某物”之所以必须是理智的一种创造活动，是因为除了通过理智固有的行动之外，任何东西都不会进入理智之中，这种创造活动的否定条件之所以必须存在于理智之外，是因为理智本身产生的那种行动不能孤立地得到解释。这个理智之外的“某物”的否定条件必定又是理智本身之内的一个规定，而且无疑地是一种否定性的规定；同时，因为理智仅仅是一种行动，所以，这种否定条件也就是理智的一种否定行动。

如果那个“某物”是受着理智的一种否定行动的制约，具体地说，是受着理智的一种特定否定行动的制约，这个“某物”便是能够被理智的一种行动排除掉和弄得不可能的某物，因此也就是一种行动，具体地说，是一种特定的行动。所以理智应该把一种行动直观为能产生出来的，并且像直观其他一切行动一样，应该借助于理智里一种创造活动进行直观，因此，也决不应该发生对于理智的直接影响，在理智之外也决不应该存在理智的直观活动的肯定条件，理智应该一如既往地完全自成一统；虽然理智不应该再成为那种

行动的原因，而仅仅应该包含着那种行动的否定条件，因而那种行动应该在这个限度内完全不依赖于理智而产生出来。一句话，那种行动不应该是理智里一种创造活动的直接根据，但反过来说，理智也不应该是那种行动的直接根据，虽然在理智之中这样一种不依赖于理智的行动的**表象**与理智之外的**这种行动本身**应该共存，好像两者之间有相互决定的关系似的。

这样一种关系只有通过一种预定和谐才是可以思议的。理智之外的行动完全是产生于自身，理智仅仅包含着这种行动的否定条件，也就是说，假使理智是以特定的方式行动的，这种行动就不会产生出来，但理智通过自己的纯粹否定行动也毕竟不会成为那种行动的直接根据或肯定根据，唯独因为理智并不行动，所以，假如在理智之外还不存在包含着那种行动的根据的“某物”，那种行动就依然不会产生出来。反过来说，那种行动的表象或概念完全是出乎理智本身，入乎理智之内，似乎理智之外没有任何东西，而且在那种行动不真正独立于理智而产生出来时，那种行动的表象或概念也不会存在于理智之中，因此，这种行动也就不过又是理智里表象的间接根据罢了。这种间接的交互作用就是我们所理解的预定和谐。

但是，这样一种交互作用只有在同样实在的各个主体之间才是可以思议的。所以，那种行动必定是从一个主体出发，这个主体可以得到与理智本身完全相同的实在性，这就是说，那种行动必须从这种理智之外的一种理智出发，而这样一来，我们便看到自己通过以上说明的矛盾，得到了一条新原理。

第二条原理　**理智的自我决定的活动或理智自己对自己的自**

由行动,只能由这种理智之外的一种理智的特定行动得到解释。

证明　这条原理已经包含在刚才所做的演绎里,而且完全以这样两个命题为依据:自我决定必定是既能从理智的一种创造活动得到解释,同时又不能从理智的这种创造活动得到解释。因此,无需做冗长的证明,我们就可以立刻转而讨论我们看到会从这条原理及其证明中出现的问题。

首先,我们确实看到,在我们之外的一种理智的特定行动是自我决定活动的必要条件,因而也是意识活动的必要条件,但是,我们却看不到在我们之外的这样一种行动如何和用什么方式也会仅仅是在我们之内的一种自由的自我决定的间接根据。

第二,我们看不出某种外来影响对理智如何一般地发生作用,因此也看不出这种理智如何能受另一种理智的影响。在我们把理智之外的一种行动仅仅作为理智之内的一种行动的间接根据演绎出来时,虽然我们的演绎遇到了这个难题,但是,不同理智之间的这种间接关系或这种预定和谐本身究竟怎么是可以思议的呢?

第三,如果在我之内的某种否定行动必然为我设定了在我之外的一种理智的特定行动,从而有可能解释这种预定和谐,则可预料,后一种行动既然与偶然的条件(我的否定行动)有联系,因此就是一种自由的行动,于是这种否定行动也会属于一种自由的行动。但是,如果这种否定行动是一种行动的条件,通过这种行动才给我产生了意识,从而产生了自由,那么,一种在自由出现之前的自由否定行动怎么是可以思议的呢?

在我们可能继续进行我们的探讨以前,首先必须解决这三个问题。

第一个问题的解决。通过自我决定活动，应该给我本身产生作为自我的我，即作为主客统一体的我。其次，自我决定活动应该是一种自由的活动；我自己决定自己，其根据完全应该在我本身。如果自我决定的行动是一种自由的行动，那么，我必定曾经希望具有这种行动给我产生的东西，并且，我既然曾经希望具有这样的东西，这种东西也就必须得完全给我产生出来。但是，这种行动给我产生的东西却是意志活动本身（因为自我是一种原始的意志活动）。因此，我在能自由行动以前，必定曾经希望具有意志活动，而意志活动的概念也毕竟正是通过自我决定的行动，与自我概念一起，给我产生出来的。

这种明显的循环论证，只有先于意志活动的意志活动成为我的对象，才能加以解决。我本身不可能做到这一点，因此理智的行动给我产生的必定正是意志活动概念。

于是，只有理智之外的、给理智产生了意志活动概念的这样一种行动才能成为理智的自我决定的间接根据，而我们的问题在这时也就变成了究竟哪一种行动能给理智产生意志活动概念的问题。

意志活动不可能是给理智产生真正对象概念的行动，因为这样一来，理智就会倒退到自己正应当离开的地方。所以，意志活动必定是关于一种可能的对象的概念，即关于现在不存在、但在以后的发展阶段会存在的某种东西的概念。但是，即使如此，意志活动概念还是没有产生出来。因此，意志活动必须是这样一种对象的概念，这种对象只有在实现理智时才可能存在。只有通过这样一种对象的概念，在意志活动中分离开的东西才能在自我中对自我本身分离开；这是因为，就对象概念是给自我产生的而言，自我是纯粹观念的，就这个概念是作为自我的行动要实现的对象的概念给自我产生的而言，自我本身则同时既成为观念的，又成为现实的。所以通过这个概念，自我作为理智至少能够变为自己的对象。而自我也只能如此。自我真正要有这种表现，就需要自我把现在的发展阶段（观念的被限定状态的阶段）同以后的（进行创造活动的）发展阶段对立起来，又把两者先后相继地联系起来。自我之所以会需要这样，仅仅是因为那种行动是一种实现对象的公准。只有通过义务概念，才产生出观念的自我与进行创造的自我的对立。实现所要求的东西的行动是否真正能产生出来，是不确定的，因为给定的行动条件（意志活动概念）是作为自由行动的那类行动的条件，而这种条件并不能与被限定的东西相矛盾，所以确定了条件，就一定应该有行动。意志活动本身始终是自由的，只要意志活动依然是意志活动，就必定始终是自由的。在自我中，意志活动可能的条件必然会不受自我的影响而被创造出来。这样，我们终于同时完全看到，理智的同一个行动应该既能得到解释同时又不能得到解释的矛盾，现在得到了解决。解决这个矛盾的中介概念就是公准概念，因为在行动应该发生而并不因此就一定会发生的情况下，行动是可以通过公准得到解释的。一俟给自我产生了意志活动概念，或者说，一俟自我自己反映自己，在另一理智的明镜中看到自己，行动就有可能产生出来，不过不是必然产生出来。

我们不可能立刻讨论从这个问题的解决所得出的其他结论了，因为我们必须首先回答的问题是自我之外的一种理智究竟如何能向自我提出那种公准，更概括地说，这个问题就等于：各种理智一般说来究竟能怎样相互影响。

第二个问题的解决。关于这个问题，我们首先做极其概括的探讨，而不必涉及当前面临的特殊情况，因为把原理应用于这种特殊情况自然是容易做到的。

按照先验唯心论原理，各种理智之间不可能发生一种直接影响，这种事实不需要证明，而且这样的直接影响也是任何其他哲学还都没有讲清楚的。于是，我们便只剩下假定各种不同的理智之间有一种间接的影响了，而我们这里讨论的也仅仅是有这种影响的可能性的条件。

首先，在能通过自由而相互影响的各种理智之间，就它们所表象的共同世界而论，必定是存在着一种预定和谐的。这是因为，既然一切规定只有通过理智表象的规定才进入理智之中，那么，直观一个极其不同的世界的各种理智就绝对不会彼此之间有共同之处，有一个共同的接触点，可以在那里会合起来。既然我完全是从我本身得出理智概念的，那么，我所应该承认的这种理智就必定是与我处于同样的直观世界的条件之下；理智与我之间的差别仅仅是由双方的个性造成的，因此，如果我去掉这种个性的规定，剩下来的东西便一定是我们两者共同的东西，这就是说，就第一种、第二种受限制状态而论，甚至撇开其特定的性质，就第三种受限制状态而论，我们之间也一定是相同的。

但是，如果所有客观事物都是理智从自身创造的，而且各种表象根本没有我们在自己之外所直观到的共同原本，那么，无论是就整个客观世界而言，还是就同一种时空中的各个事物和变化而言，不同的理智的表象的一致便只能完全由我们的共同天性来解释，

或者说，只能由我们的原始受限制状态和派生受限制状态的同一性来解释，唯独这种一致能迫使我们承认自己的表象有客观真理性。这是因为，正像可能进入理智的表象范围里的一切事物对于具有原始受限制状态的各个理智都是预定的一样，由于这种受限制状态有统一性，不同理智的表象的彻底一致也同样是预定的。这种共同的直观是一种基础，仿佛是发生各个理智之间的一切交互作用所依靠的基地，正因为如此，各个理智一俟在直观无法直接规定的东西上陷于紊乱，便不断地回归到这个基础。——不过，我们在这里决不能再妄加说明，以致最后得到一个绝对本质，说它作为各个理智的共同焦点，或作为各个理智的创造者与始终如一的调节者（这在我们看来是一些完全不可理解的概念），仿佛包含着各个理智在客观表象里相互契合的共同根据。反之，我们要说明，正像某一单个的理智确实具有它那些已经被我们推演出来的意识的一切规定一样，其他的理智也确实具有同样的规定，因为这些规定也是其他理智的意识的条件，反之亦然。

但是，不同的理智既可能仅仅共同具有第一种受限制状态和第二种受限制状态，也可能只是一般地共同具有第三种受限制状态；因为这第三种受限制状态正是使理智成为特定的个体的受限制状态。所以，看来正是通过这第三种受限制状态，就其为特定的受限制状态而言，才取消了各个理智之间的一切共性。但是，如果我们把一种预定和谐完全假定为是与以前的预定和谐相反的，那么，正是个性的这种受限制状态才能再制约那一种预定和谐。这是因为，如果说以前在各个理智的客观表象方面发生的这种预定和谐把某种共同的东西设定到了各种理智里，那么，借助于这第三种受限制状态则可以把某种被所有其他理智恰好因而否定了的东西设定到每一个体里，正因为如此，其他理智才不能把这种东西直观为自己的行动，因而只能把它直观为不属于自己的行动，即在自己之外的一种理智的行动。

因此，我们可以断言：直接通过任何理智的个性受限制状态，直接通过任何理智里某种活动的否定，就可以把理智的这种活动设定为在这种理智之外的一种理智的活动，这就是否定性的预定和谐。

要证明这种和谐，必须证明下列两个命题：

1）仅仅因为不属于我的活动的东西不是我的活动，而且我不需要对于我的外来直接影响，我才必须把这种东西直观为在我之外的一种理智的活动；

2）不要其他外来受限制状态而设定我的个性，即可直接设定我的活动的否定。

关于第一个命题，须指出我们这里谈的仅仅是有意识的或自由的行动；自由的理智虽然像以前已经一般证明的那样，受到了客观世界的限制，但在受这种限制时，也有不受限制的地方，以致这种理智的活动（举例说）可以指向任一对象；假定这种理智开始行动了，那么，它的活动也必定是指向一个特定的对象，以致放过了一切其他对象，似乎丝毫也不让它们受到触动；但是，假如这种理智不是完全不可能指向其他对象，那么，我们便不能理解它的原初完全不确定的活动如何会用这种方式受到限制，就我们迄今看到的来说，这只有通过在它之外的理智才是可能的。于是，自我意识的条件就是我的活动指向一个特定的对象，因此，自我意识的条件也就是我直观在我之外的一般理智的活动(因为迄今为止,我们的探讨还完全是概括的)。但是,我的活动的这种趋向正是我的个性的综合已经设定和预定了的某种东西,因此,通过同样的综合,也就给我设定了使我在自己的自由活动中直观出自己受到限制的其他理智,从而设定了这些理智的一定行动,而无需这些理智对我还有一种特别影响。

为了首先用例证来说明这种解答本身,我们不想指出这种解答在具体场合的应用或立即反驳我们所能预见到的相反意见了。

我们的说明如下。在理智的原始欲求或冲动里,也包含着求知欲,知识是理智活动所能追求的对象之一。假定事实果真如此(当然,只有当活动的直接对象完全预先被占有时,才有这样的事实),理智的活动就会正因为如此而受到限制;但是这种对象本身又是无限的,因此理智在这里也必须又受到限制:假定理智使自己的活动指向一个确定的知识对象,理智便会创造或学到关于这种对象的知识,就是说,会通过外来影响而达到这类知识。这种外来的影响是通过什么活动建立起来的呢?纯粹是通过理智本身的否定;因为,理智或者是由于自己的个性受限制状态而根本没有能力做出创造,或者是这种创造业已做出,因此这种影响也就又通过理智的个性的综合而建立起来了,理智在这个特定的时代才开始存在,也是由于这种综合。所以理智仅仅是通过自己的活动的否定而完全寄托于这种外来影响的,并且仿佛对这种影响是开放的。

但现在出现了新问题,出现了这一探讨中最重要的问题:这种纯粹的否定究竟如何才能建立起某种肯定的东西,使我必须把不

属于我的活动的东西，纯粹因为它不是我的活动，而直观为在自我之外的一种理智的活动。我们的回答如下：要有一般的欲求，我就必须希求某种确定的东西；但是，如果我能希求一切东西，我就决不能希求某种确定的东西，因此，不随意的直观必定一开始就已经使得我不可能希求一切东西了；不过，如果不是用我的个性，因而用我的完全确定的自我直观业已设定了我的自由活动的一些临界点，它们不能是无我的对象，而只能是别的自由活动，即在我之外的理智的活动，那么，自我之希求某种确定的东西也是不可思议的。

所以，如果这个问题的意思是我不能产生的东西为什么竟然必定会完全产生出来（当然这是我们主张的意思，因为我们直接否定一种理智的特定活动，即可让这种活动在另一种理智中肯定地建立起来），那么，我们的答复是：可能性的领域是无限的，因此，凡是特定情况下仅仅一般地通过自由而成为可能的东西也一定是现实的，虽然只有一种自由活动的理智真正应该受到限制，更精确地说，真正应该受到自己之外的其他理智的限制，结果对于这一理智就只剩下一个确定的对象，作为自己的行动所指的目标。

但关于毫无目的的行动，如果有人提出反对意见，我们则可这样反驳：整个这种行动并不属于自由行动，因此也不属于就其可能性而言是给道德世界预先决定了的行动，而是一些纯粹的自然结果或现象，它们像一切其他自然结果或现象那样，是已经由绝对的综合预先决定了的。

有人或许还想作如下的论辩：假定我把毫无目的的行动直观为另一个理智的行动，这本来是取决于我的个性的综合，那么，这就毕竟不是取决于恰好这个个体应该完成这种行动。针对这种论辩，我们可以质问：这个个体除了是恰好这样行动而不那样行动的个体之外，还会是什么呢？或者，你关于这个个体的概念除了恰好从它的行动方式中总结出来以外，还能从什么地方总结出来呢？对你来说，当然仅仅是你的个性的综合决定了完全另一个人完成这种确定的活动；但是，另一个人正因为他完成了这种活动，才变成了你所想象的这个确定的人。因此，你把这种活动直观为这个确定的个体的活动，这并不是取决于你的个性，而是取决于他的个性，虽然你可以纯粹在这个个体的自由的自我决定中寻找造成这一结果的原因，因而你觉得正是这个个体完成那种确定的活动，一定是完全偶然的事情。

因此，迄今推演出来的、无疑已经讲明的和谐就在于：直接确立在我之内的被动性，也就是把在我之外的主动性确立成了必要的补充，而且这是为了我自己的直观；我只有通过一定的外来影响才能达到自由，所以，为了自由起见，在我之内的被动性是必不可少的。这样一来，正像先验唯心论根本是通过直接颠倒迄今的哲学解释方式产生的一样，这种和谐理论也是对常见的和谐理论的颠倒。照庸俗的观念看来，在我之外的主动性确立了在我之内的被动性，因而主动性是根本的，被动性是派生的。照我们的理论看来，直接由我的个性建立起来的被动性则是我在自己之外直观到的主动性的条件。可以设想，一定量的主动性仿佛遍布于整个理性生物之中；每个理性生物都对全部主动性有同样的权利，但为了仅仅一般地成为主动的，它就必须以一定的方式来行动；如果一个理性生物攫取了全部主动性，给其他一切理性生物剩下来的便仅仅是绝对的被动性。这样，否定一个理性生物之内的主动性，就可以直接确立这个理性生物之外的主动性，而且在一个理性生物之外确立起来的主动性恰好等于在这个理性生物之内取消了的主动性。所谓直接地确立理性生物之外的主动性，这决不意谓着仅仅在思想中确立这种主动性，而是意谓着也为直观确立这种主动性，因为一切作为意识的条件的东西都必须从外部加以直观。

现在我们来讨论尚未答复的第二个问题，即在什么限度内直接确立个性也就必然同时会确立起活动的否定。这个问题绝大部分已经由以上所述得到了回答。

个体不仅需要在一定时间里生存，需要那种为了受到限制而另外由有机生物所设定的东西，而且个体通过行动本身，在行动起来的时候，还重新受到了限制，所以人们可以在某种意义上说，个体行动越多，自由就越少。

可是，即使仅仅为了能够开始行动，我也得事先就受到限制。我的自由活动原初仅仅指向一个特定的对象，这在上文中是以其他理智本来就已经使得我不可能希求一切东西来解释的。然而，许多理智也毕竟不是完全使得我不能希求许多东西；我从许多对象 B、C、D 中恰恰选取了 C，这也必定终归在我本身有其根本理由。不过，这种理由却不会存在于我的自由中，因为只有把自由活动限定在一个特定的对象上，我才会意识到自己，因而才成为自由的，所以，在我自由以前，即在我意识到自由以前，我的自由必定受到了限制，而且在我自由以前，我也不可能做出某些自由的行动来。例如，人们所谓的才能或天才就有这种情况，并且不仅艺术或科学中的天才是如此，行动中的天才也是如此。正像无数的人本来并不擅长于最高的脑力工作一样，也会有无数的人决不会自由地行动，使智力本身君临于规律之上；这项工作只有少数出类拔萃的人物才能做。我们这种说法虽然听起来冷酷无情，但正因为如此，却更为真实。未知的必然性甚至一开始就已经把自由的行动弄成根本不可能的，正是这种情况迫使人们不得不时而赞扬大自然的恩惠，时而控告大自然的不仁，时而埋怨注定的厄运。

我们的整个探讨的结果可以最简明扼要地概括如下：

为了对于我的自由活动作根本的自我直观，这种自由活动只能在数量方面加以确立，就是说，只能确立在一些界限内；既然这种活动是自由的、有意识的，这些界限便只有通过在我之外的理智才能成立，以致我只能把理智对我的影响视为对我固有的个性的根本限制，即使在我之外真的没有任何其他理智，我也必须直观它们。虽然其他理智只有通过在我之内的否定才会设立起来，我也必须同样承认它们是不依赖于我而存在的。凡是考虑过这种关系纯属交互作用的人都不会对这种情况感到惊奇。除了承认其他理性生物存在之外，没有任何理性生物能证实自己是理性生物。

但在我们把这种一般的解释应用于当前情况的时候，这就把我们引导到了

第三个问题的解决。如果否定了在我之内的自由活动，就把理性生物对我的一切影响都建立起来了，而那种最初的影响在我成为自由的（因为自由是随着意识才出现的）以前，也毕竟能作为意识的条件产生出来，那便会有一个问题，即在尚未意识到自由的时候，我的自由如何会受到限制。以上所述业已部分地回答了这

个问题，在这里我们仅想作如下的补充说明：那种作为意识的条件的影响，完全不应设想为零星片断的活动，而应设想为绵延不绝的活动，因为无论是仅仅由于客观世界，还是由于另一种理性生物的最初影响，都不会使意识的绵延不绝成为必要的，而是为了在理智世界中不断重新辨定方向，才需要一种绵延不绝的影响，这种现象之所以发生，是因为由理性生物的影响所反映的并不是无意识的活动，而是有意识的、自由的活动，这种活动通过客观世界透射出了熹微的光辉，并且通过理性生物的影响，这种活动作为自由的活动会成为自己的对象。这种持续的影响就是大家所说的最广义的教育工作，这种工作决无终结，而是作为绵延不绝的意识的条件，会永远继续进行下去的。但是，如果不否定每个个体的尚未自由的时候，有一定量的自由行动（请允许我们为了简明起见而姑且使用这个词汇），那么，这种影响怎么必然是一种绵延不绝的影响，就不可理解了。因此，各个理性生物不顾日益扩大的自由而不停地交互作用的关系便只能是由大家所说的才能和品格的差异造成的，这种差异尽管表面上与追求自由的活动大相径庭，但正因为如此，本身作为意识的条件终究还是必要的。可是在道德行为方面那种原始受限制状态如何能与自由本身协调一致，先验哲学却无须操心。例如，借助于道德行为，一个人毕生都不可能在某种程度上达到超群出众的地步，或摆脱别人对自己的监护。无论在什么地方，先验哲学只须把各种现象演绎出来，并且在先验哲学看来，自由本身无非是一种必然的现象，正因为如此，自由的条件也一定有同样的必然性，但这些现象本身在客观上是不是真实的问题，和是否有自在之物的理论问题一样，也是毫无意思的。

所以,第三个问题的解决确实在于我原初就必定有一种虽然不自觉、但是又自由的否定行动,即对这样一种活动的否定,这种活动假如在原初没有被取消,也可以是自由的,不过,它既然已经被取消,我当然也就不能意识到它是这样一种活动了。

以上打断的综合研究线索当初又是与我们的第二条原理联系在一起的。如当时指出的,正是第三种受限制状态必定包含着行动的根据,这种行动使自我本身被设定为进行直观的。但这第三种受限制状态也正是个性的受限制状态,它恰好预先决定了其他理性生物的存在和对理智的影响,因而预先决定了自由,决定了反映客体、认识自身的禀赋,决定了一整系列自由的、有意识的行动。因此,第三种受限制状态或个性的受限制状态是理论哲学与实践哲学的综合点或转折点,这时我们才真正进入实践哲学领域,综合研究才真正从头开始。

既然设定个性的受限制状态,因而设定自由的受限制状态,原来不过是由于理智被迫将自己直观为有机的个体,所以,我们在这里也就同时找到了我们不随意地通过一种普通本能,把有机体偶然具有的东西,主要是最高尚的器官的特殊结构与形态,视为才能、甚至品格的明显表现,至少视为他们的所谓根据的原因。

附　　论

在刚才所作的研究中,我们故意不研讨许多次要问题,在完成主要的研究之后,这些次要问题现在就需要加以解答了。

1）我们曾经主张,其他理智对于对象的影响会把指向对象的自由活动的无意识趋向弄成不可能的。这种论断已经假定了对象本身不能把指向对象的活动提高为一种有意识的活动。它决不是假定对象仿佛对待我的行动是完全消极的，虽然与此相反的说法还没有得到证明，但这确实也是不能假定的；反之，它仅仅是假定，如果没有理智先行的影响，对象本身是不能把自由活动作为自由活动来反映的。因此，问题就在于通过理智对于对象的影响究竟附加了什么对象本身并不具备的东西？

通过以上所说，至少有一件事实可供我们回答这个问题。

意志活动所依据的基础并不像创造活动那样，是观念活动与现实活动之间的单纯对立，而是以观念活动为一方与以既是观念的又是现实的活动为另一方的双重对立。理智在意志活动中既是产生理想的，同时又是实现理想的。理智即使仅仅是实现理想的，有对象中也会表示一个概念，因为在一切实现理想的活动中，除了有现实活动之外，还有一种观念活动。既然理智不单纯是实现理想的，而且还不依赖于实现理想的活动，是观念的，所以理智在对象中不仅能表示一个概念，而且还通过自由的行动，必然在对象中表示一个概念的概念。就创造活动仅仅以观念活动和现实活动的单纯对立为依据而言，概念必定属于对象的本质，所以与这种本质完全不可分离；概念的发展不会超过对象的发展，两者必定是相辅相成的。反之，在包含了观念活动的观念活动的创造中，概念必定超越对象，或者说，仿佛君临于对象之上。而这种情形之所以可能，纯粹是因为超越对象的概念的根源只能在这个对象之外的另一个对象之中，就是说，这个对象与另一个对象的关系犹如手段与目的的关系。因此，另一个对象就是概念的概念，而且这种概念的概念本身就是对象之外的目的概念，它是通过自由的创造活动附

加给对象的。这是因为，任何对象本身都不会有外在的目的；因为即使有一些合乎目的的对象，这些对象也只能在自我关联中是合乎目的的，它们以自身为目的。只有广义的艺术作品才有外在的目的。所以，正像各个理智在行动中确实一定会彼此限制一样（这就像意识本身一样是必然的），艺术作品也确实一定会出现于我们的外在直观领域里。而“艺术作品是如何可能的”这个问题，还是没有由此得到回答，它无疑是先验唯心论的一个重要问题。

如果说，概念的概念附加给对象，是由于自由的、有意识的活动以此为目标，如果说概念与此相反，是在盲目创造的对象中直接转变为对象，而且只有通过概念的概念才能与对象区别开，而概念的概念对于理智又恰好通过外在影响才能产生出来，那么，盲目直观的对象就不再能推动反映活动前进了，这就是说，不再能使反映活动达到某种不依赖于对象的东西，因此，也就只能让理智停留在单纯的现象方面；然而，那种最初诚然也只是我的直观的艺术作品则表示概念的概念，因而可以使反映活动直接达到这种活动之外的理智（因为唯独这样的理智才能有更高级次的概念），于是也就可以使反映活动达到某种完全不依赖于这种活动的东西。因此，唯有通过艺术作品，理智才能被推进到某种东西那里去，这种东西不再是对象，因而不是理智的创造，而是远远高于一切对象的东西，即理智之外的直观，这种直观永远都不会成为被直观的东西，所以对理智就是最根本的绝对客观的东西，是完全不依赖于理智的东西。这种把反映活动推进到一切对象之外的某种东西上去的客体，针对自由的影响设置了一种看不见的观念的阻力，正因为如此，这种阻力并不反映客观的、创造性的作用，而是反映观念的同

时又是创造性的作用。因此，凡在现在这种客观的、按照演绎表现为物理现象的力量遇到阻力的地方，就只能有自然界，而在有意识的活动，即第三级次的观念活动得到反映的地方，则必然有对象之外的某种看不见的东西，它使得指向对象的盲目活动趋向完全成为不可能的。

这就是说，我们不能说通过理智对于对象业已发生的影响，我的自由就在对象方面完全被取消了，而只能说我在这种对象中所遇到的看不见的阻力，需要我作出决断，即需要我作出自我限制，或者说，其他理性生物的活动就它通过对象确定下来或表现出来而言，是用来强令我作出自我决定的，而且只有我如何能希求某种被决定的东西这个问题是应该加以解释的。

2）整个世界之所以对我成为客观的，仅仅是由于理智存在于我之外。

我们刚才指出，唯有理智对感性世界的影响能逼着我把某种东西当作完全客观的。我们现在谈的不是这种情况，而是只有各种理智存在于我之外，全部客体才对我成为现实的。我们也不谈那种由习惯或教养才产生的东西，而是谈在我之外的客体的表象，除了通过在我之外的理智，原初就根本不能是对我产生的。因为

a）整个在我之外的东西的表象，只有通过理智的影响——无论是对于我的影响，还是对于盖上理智印记的感性世界客体的影响——才能产生出来，这从下列事实就可以看出，即客体并不是独立地存在于我之外，因为凡是有客体的地方，也就有我，甚至于我用以直观客体的空间，原初也仅仅是存在于我之内。唯一的、根本的，在我之外的东西就是在我之外的直观，这就是原始唯心论当初

转变为实在论的地点。

b) 但只有在我之外的直观才迫使我特别把客体表象为在我之外的和不依赖于我而存在的(因为我觉得客体之为客体,如果一般能加以演绎的话,则必须被演绎为必然的),这种情况可以用下列方式来证明。

我之所以能确信客体真的在我之外,即不依赖于我而存在着,仅仅是由于我未直观客体时,客体也存在。个体之所以能确信在自己存在以前,客体已经存在,并不是由于个体发现自己仅仅能与连续系列中的一个特定点衔接起来,因为这是个体的第二种受限制状态的一个纯粹结果。世界对个体所能有的唯一客观性,就在于世界是由个体之外的理智直观到的。(恰恰从这里也可以得知,个体必定有一些非直观的状态。)因此,我们以前在不同理智的不随意的表象方面所业已预先决定了的和谐,也可以同时推演为能使个体感到世界的客观性的唯一条件。对于个体来说,其他的理智仿佛是宇宙的永恒支柱,有多少理智,客观世界就有多少不可毁灭的明镜。世界虽然完全是由自我建立的,却是不依赖于我的,因为在我看来,世界止息于其他理智的直观,这些理智的共同世界是原本,这种原本与我的表象的符合才是真理。在先验研究中,我们不想诉诸经验,不想因为我们的表象与别人的表象不符合而立刻怀疑别人的表象的客观性,我们也不想诉诸一种看法,认为别人的表象对于每个预料不到的现象仿佛都是试金石,而是唯独想诉诸下列事实:正像一切事物一样,直观对于自我也只有通过外的客体才能成为客观的,这些客体只能是我们之外的理智,只能与我们直观活动的直观一样多。

因此，我们也就当然由以上所述得知，一个孤立的理性生物不仅不能达到对于自由的意识，而且也不能达到对于客观世界本身的意识，因此只有个体之外的许多理智以及个体与这些理智的不绝的交互作用才能完成全部意识及其一切规定性。

我们的课题"自我如何认识到自己是进行直观的"，现在才完全得到了解决。意志活动（及其按照以上所述应有的一切规定性）就是行动，通过这种行动就能完全意识到直观本身。

按照我们的科学的已知方法，现在我们面前出现了新的课题。

E. 课题：说明意志活动对自我何以又会成为客观的

解　决

I.

第三条原理　意志活动原初必然是以一种外在对象为目标。

证明　自我在客观事物方面使自己成为完全自由的，因而通过自我决定的自由活动，仿佛毁灭了自己表象活动中的一切物质内容；并且只有这样，意志活动才真正成为意志活动。不过，假如意志活动不又成为自我的对象，自我也就不能意识到这种活动本身。而这种情形之所以可能，仅仅是因为直观的一种对象成为自我的意志活动的明显表示。但任何直观的对象都是确定的对象，因此，仅仅是由于自我的意志活动已经具有这种确定的方式，并且仅仅是在这个限度内，直观的对象才必然是这种确定的对象。唯独这样，自我才会成为自己表象活动中的物质内容的自我原因。

其次，对象由以成为这种确定的对象的行动也不可与对象本身绝对等同起来，因为不然的话，行动就会成为盲目的创造、单纯的直观。所以，这种行动本身和对象必定仍然是可以区别的。而这样了解的行动就是概念。但是，概念与对象之所以仍然可以区别，仅仅是因为对象不依赖于这种行动而存在着，就是说，对象是外在的对象。反过来说，对象之所以仅仅通过意志活动就能成为我的外在对象，恰恰是因为：只有意志活动以不依赖于自己的东西为目标，意志活动才是意志活动。

在这里也已经说明——在以后还会更完整地说明——为什么自我完全不能表现为是按照实体创造对象的，为什么一切创造反而在意志活动中只表现为塑造对象或给对象赋形。

我们的证明虽然解释了意志活动本身对于自我只有通过针对一种外在对象的趋向才能成为客观的，但仍然没有说明这种趋向本身究竟从何而来。

在这个问题上我们已先假定，在我有意向时，创造性直观就会持续下去；或者说，我在意志活动本身不得不表现一定的对象。没有现实，也就没有意志活动。所以，我通过意志活动一方面意识到自由，因而也意识到无限，另一方面则由于表现着一种强制而不得不继续倒退到有限，这时意志活动就直接产生了一种对立。因此，随着这种矛盾的产生，也必然会产生一种在无限与有限之间摆动的活动。我们在这里称这种活动为想象力，纯粹是为了简明起见，而不是想不作任何证明就肯定大家通称为想象力的东西是在无限与有限之间摆动的活动，或像以后的证明终归会就此得到的全部结论那样，肯定这种活动是调解理论的东西和实践的东西的活动。因此，我们在这里称为想象力的那种能力在这种摆动中也必然会创造出某种在无限和有限之间摆动的东西，因而那种能力也只能被理解为是这样一种能力。这类产物就是那种与概念相反而被大家称为**观念**的东西，正因为如此，想象力在这种摆动中才不是知性，而是理性，而通称为理论理性的东西又无非是为自由服务的想象力。但观念可以是想象力的纯粹对象，这些对象只有在有限与无限之间的摆动中才能存在，这从下列事实就可以看得出来：观念被弄成为知性的对象，就会导致康德以理性二律背反的名称所提出来的不可解决的矛盾，而这些矛盾的存在完全是以这样的情况为依据的，即，或者是对这种对象加以反思，在这种情况下对象必然是有限的对象，或者是对反思活动本身又加以反思，从而使这种对象又直接成为无限的。但在这里显而易见的事实是，无论一种观念的对象是有限的或无限的，如果对象本身纯粹依存于反思的自由趋向，既不能成为有限的，也不能成为无限的，那种观念就必定是想象力的纯粹产物，就是说，必定是既不创造有限事物也不创造无限事物的活动的纯粹产物。

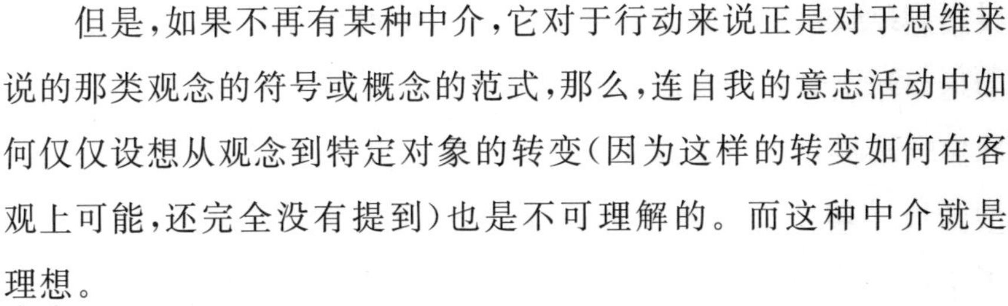

但是，如果不再有某种中介，它对于行动来说正是对于思维来说的那类观念的符号或概念的范式，那么，连自我的意志活动中如何仅仅设想从观念到特定对象的转变(因为这样的转变如何在客观上可能，还完全没有提到)也是不可理解的。而这种中介就是**理想**。

理想与对象的对立，首先给自我产生了提出理想的活动所要求的对象与按照必然性思维而实际存在的对象的对立；但这种对立也直接产生了一种冲动或欲求，要把实际存在的对象转变为应该存在的对象。我们称这样产生的活动为冲动，因为这种活动一方面是自由地发自感情，另一方面则是不假任何反思，直接发自感情，这两个方面结合在一起，就形成了冲动概念。这就是说，在理想与对象之间摆动的自我的状态是一种感情状态，因为它是一种自我限定的状态。不过，在任何感情中都会感觉到有矛盾，而这种能被感觉到的东西一般说来也无非是我们本身的一种内在矛盾。任何矛盾都直接提供活动的条件，只要提供了活动的条件，不假任何其他反思，也会发生活动；如果活动同时又是自由的活动，举例说，是不属于创造的活动，活动就是冲动。正因为如此，并且仅仅在这个限度内，活动才是冲动。

因此，针对外在对象的趋向是通过**冲动**表现出来的，这种冲动直接产生于抱有理想的自我与进行直观的自我的矛盾，而直接以恢复被取消了的自我的同一性为目标。因此。就像自我意识应该绵延不绝一样，这种冲动也必然有因果性（我们总是把自我的一切行动作为自我意识的条件来演绎的，因为单独通过客观世界是不能完成自我意识的，而仅仅是达到了自我意识**能够**开始的地点，不过，只有通过自由的行动，才能够从这个地点出发，继续前进）；问题仅仅在于这种冲动**怎么**会有因果性。

在这里显然可以假定从（纯粹）观念的事物到（同时既是观念的又是现实的）客观事物的转变。我们想首先提出这种转变的否定条件，然后再讨论它的肯定条件或真正发生这种转变的条件。

A.

a）正像只有通过客观世界才使观念的自我受到限制一样，通过自由也确实给这种自我直接展示出无限；但观念的自我若不限制无限，便不能使无限成为自己的对象；无限也不能是绝对地被限制的，而只能是为了行动才受限制的，以致理想有所实现时，观念就可以不断地加以推广，以至无限。因此，理想总是仅仅对当前的行动阶段有效，而那种在反思行动时总是又变得无限的观念本身则只能实现于无限的发展进程中。自由在每个阶段都受到限制，但从其努力趋向来看，自由在每个阶段都又成为无限的，仅仅由于这个事实，自由的意识，即自我意识本身的持续才是可能的。因为正是自由保持着自我意识的连续性。如果我在自己的行动中反思时间的创造过程，时间对于我当然就是一种间断的、由许多瞬刻组成的变量。但在行动本身，对我来说时间则总是连续的；我的行动越多，我的反思越少，时间就越连续。因此，上述冲动决不能具有时间以外的因果性，这就是从观念事物到客观事物转变的根本规定。但是，既然时间在客观上只能被设想为在一种表象的连续系列里是绵延的，在这个系列中后继的表象为先行的表象所决定，那么，在这种自由的创造中也必然同样会发生这样一种连续系列，只不过各个表象不是像原因与结果那样相互联系起来，而是像手段与目的那样相互联系起来，因为在任何有意识的行动中都有概念的概念，即目的概念，而目的与手段这两个概念对于原因与结果概念的关系，就如同概念的概念对于一般简单概念的关系。恰好从这里可以看出，自由意识的条件就是每个目标我都不能直接实现，而只有通过许多中间环节才能实现。

b）可以肯定，行动之转变为对象并不是绝对的，因为不然的话，行动就会成为直观，但对象总应当是外在的，即不同于我的行动的对象；如何能设想这样的事情呢？

按照 a)，冲动只能在时间上有因果性。但对象是与自由相对立的东西；然而对象又应该由自由加以规定，所以这里就有一个矛盾。在对象中包含着一个规定＝a，自由则要求相反的规定＝－a。这对于自由决不是矛盾，对于直观则是矛盾。对于直观，这个矛盾只能通过普遍的中介，即通过时间加以消除。如果我能创造一切时间之外的－a，行动之转变为对象就会成为不可设想的，a 与－a 就会同时存在。但在以后的阶段应该包含着某种现在不存在的东西，只有这样，自由的意识才是可能的。但是，如果没有某种持久的东西，就决不能察觉时间的连续系列。在我的表象中从 a 到－a 的转变取消了意识的同一性，因此，这种同一性必定是在转变中又被创造出来的。这种在转变中创造出来的同一性就是实体，并且正是在这个地方，实体概念也像其他关系范畴一样，会通过必然的反思而被设定于普通意识里。虽然我在行动中觉得我能完全自由地改变事物的一切规定，但对象决不是不同于其规定的东西，我们仍然可以设想对象在其规定的一切变化中都是同一个东西，即都是实体。因此，实体无非是带有这一切规定的东西，真正说来，仅仅是对于对象变化的不断反思的表示。既然我们在设想自己能对对象起作用时，必须设想对象从**一种**状态到相反的状态的过渡，那么，我们也只能认为自己会改变事物的**偶然性**规定，而不会改变事物的实质性规定。

c）我们刚才断定，当我改变着事物的偶然性规定时，对于正在变化的对象的不断反思必然会伴随着我的行动。不过，任何反思都莫不遇到阻碍。所以事物的偶然性规定也一定不会毫无阻碍地改变，因而也不会随着连续的反思就出现自由的行动。恰好从这里也可以看出，事物的偶然性规定就是事物的那种在行动中使我受到限制的东西；恰好从这里可以说明事物的这些次要属性（它们是特定的有限制状态的表现），如坚硬、柔软等等，为什么对于单纯的直观是完全不存在的。

但是，我们迄今为止关于从主观事物到客观事物的转变所推导出来的否定条件，依然不能说明这种转变实际上究竟是怎样发生的，就是说，不能说明我以什么方式和在条件下需要想象这种转变。如果理想与按照理想规定的对象不经常发生关系，这样一种转变一般就不可能发生；这种关系只有通过直观才是可能的，但直观本身又不是产生于自我，而是仅仅在自我的两种相反的表象（自由提出的表象与客观实在的表象）之间摆动着——这两点都是不证自明的事实，因此，我们就可以立刻讨论我们研究中的主要课题了。

B.

为了进行这种研究，我们返回来讨论最基本的公准。在客观世界中自由的行动应该决定某种东西。

客观世界之所以包含着一切东西，只是因为自我在这个世界中直观它们。因此，说某种东西在客观世界中是变化的，就恰好等于说某种东西在我的直观中是变化的，而最基本的公准就＝这样的公准：我的自由行动应该决定我的外部直观中的某种东西。

如果客观世界是某种独立不依地存在的东西，某种东西如何能从自由转变为客观世界，就会成为完全不可理解的，即使借助于一种预定的和谐，也是不可理解的，因为这种和谐也只有通过一种以理智与客观世界为其共同变形的第三者，因而通过某种能够取消一切行动自由的东西，方才有可能成立。世界本身仅仅是自我的变形，这就使我们的研究发生了完全不同的转向。于是问题就在于：就我不自由、能直观而言，自由的行动如何能决定我之内的某种东西？——我的自由活动有因果性，这就是说我把我的自由活动直观为有因果性的。虽然行动的自我与直观的自我在对客体的关系上应该是同一的，行动者设置于客体中的东西也应该设置于直观者中，行动的自我应该决定直观的自我，但行动的自我与直观的自我仍有区别。因为只有根据这种行动的自我与那种直观行动、认识行动的自我的同一性，我才认识到我就是现在的行动者。行动者(似乎)没有认识活动，因此，行动者仅仅是行动着，仅仅是客体；唯独直观者才有认识活动，正因为如此，直观者仅仅是主体。在这里究竟怎样才能产生一种同一性，使主体中设置的东西恰好设置在客体中，客体中设置的东西恰好设置在主体中呢？

我们想首先给出这个问题的一般答案，至于对各个细节的详尽研讨，则留到以后再说。

自由的行动者在客观的直观者中应该决定某种东西。问题在于到底什么是自由的行动者呢？如我们所知，一切自由行动都是基于以观念的自我为一方和以既是观念的同时又是现实的自我为另一方的双重对立。但到底什么是直观者呢？正是这种既是观念的同时又是现实的自我，它在自由行动中是客观的东西。因此，自由行动者与直观者在那种观念的、与创造活动相对立的活动设定起来时，是不同的东西，在把这种活动置之度外时，是同一个东西。毫无疑问，这就是我们首先要注意的地方，就是必须寻求我们所假定的自由能动的自我与客观直观的自我的那种同一性的根据的地方。

但是，如果想完全弄清这个问题，我们还必须时刻记住，我们迄今所推导出来的一切东西仅仅属于现象，或者说，还仅仅是自我可能表现自己的条件，因而不具备像自我本身那样的实在性。我们现在试图说明的问题是行动的自我如何会在能知的自我中决定某种东西，毫无疑问，行动的自我与直观的自我的这种全部对立也是仅仅属于自我的现象，而不是属于自我本身。自我必定要把自己表现为这样：在自我的直观中，或者说，在外部世界中(因为自我还没有意识到自己)，某种东西仿佛是由自我的行动决定的。假定了这一点，以下的说明也就可以得到充分的理解。

在自由行动的自我与客观直观的自我之间，我们可以造成一种对立。不过，这种对立不是客观地发生的，就是说，是在自在之我里发生的，因为行动的自我就是直观的自我，只不过在这里同时又是被直观的、客观的，因而也是变得能行动的自我。如果能直观的自我(它有它的观念的同时又是现实的活动)在这里不同时就是被直观的自我，行动就会总是表现为直观；反过来说，直观之表现为行动，其根据仅仅在于这里的自我不仅是直观者，而且作为直观者，也是被直观者。被直观的直观者就是行动者本身。所以，在行动者和外部直观者之间决没有任何中介，在自由行动者和外部世界之间也不能设想任何中介。假如行动与直观原初不是同一个东西，自我的行动如何会决定外部直观，这倒完全不可理解了。例如，我在构成一个对象时，我的行动必定同时也是直观，反过来说，在这种情况下我的直观必定同时也是行动；不过自我不能看到这种同一性，因为客观直观的自我对于这里的自我不是直观者，而是

被直观者，因此对于自我就取消了行动者与直观者之间的那种同一性。自由行动在外部世界中完成的变化，必须完全按照创造性直观的规律来完成，仿佛自由在其中不起任何作用。创造性直观似乎完全是孤立地进行的，是按照自己特有的规律创造这里恰好完成的结果的。自我并不觉得这种创造是直观，其原因唯独在于这里概念（观念的活动）与客体（客观的活动）是对立的，而不像在直观中那样，主观的活动与客观的活动这两者是同一个东西。另一方面，这里概念先于客体，这也不过是由于现象所致。但如果概念仅仅是就现象而言先于客体，而不是在客观上或实际上先于客体，那么，自由行动本身也仅仅是属于现象了，唯一的客观事物也就是直观者了。——因此，正像我们可以说我曾经相信自己在进行直观，因而是真正行动着一样，我们也可以说我在这里相信自己在对外部世界采取行动，因而是真正直观着的；在直观以外，行动中发生的一切东西实际上都仅仅是属于唯一的客观事物，即直观活动的现象，反过来说，从行动中撇开一切仅仅属于现象的东西，就只剩下直观了。

我们还想从其他方面来解释和阐明我们迄今推演出来的，并且像我们认为的那样，业已得到详尽证明的结论。

如果说先验唯心论者断言，决没有从客观事物到主观事物的转变，两者原初就是同一个东西，客观事物不过是变为对象的主观事物，那么，我们在行动中所必需假定的那类从主观事物到客观事物的转变怎么反而竟然是可能的，这倒真是他们必须回答的一个重要问题。如果在任何行动中我们自由制定的概念都会转变为不依赖于我们而存在的自然界，而这种自然界又不是真正不依赖于我们而存在的，那么，这种转变怎样能够加以设想呢?

毫无疑问，只有这样设想：我们正是通过这种行动本身，才使世界对我们成为客观的。我们自由地行动着，世界又不依赖于我们而存在着——这两个命题必须用综合的方法统一起来。

如果世界无非是我们的直观，那么，当我们的直观对我们变为客观的时候，世界对我们无疑会成为客观的。但也可以认为，我们的直观对于我们正是通过行动才成为客观的，而我们所谓的行动无非是我们的直观的表现。以此为前提，就不再会对我们的下列命题感到奇怪："我们觉得是对于外部世界的行动的东西，从唯心论看来，无非是一种连续的直观"。例如，当行动引起外部世界的某种变化时，这种变化就其本身来看，像任何其他变化一样，也是一种直观。因此，直观本身在这里是客观事物，是为现象奠定基础的东西；此中属于现象的东西则是对于那种被设想为独立不依的感性世界的行动；所以，正如同不曾有过从客观东西到主观东西的过渡一样，在客观上这里也没有什么从主观东西到客观东西的过渡。在我看来，如果不把主观事物直观为向客观事物转变的，我就不会表现为进行直观的。

我们对于这个问题的全部研究可以归结为先验唯心论的这样一条普遍原理，即在我的知识中，主观事物决不能为客观事物所决定。在行动中，客体必然会被想象为取决于我按照概念完成的因果性。我到底是如何得到这种必然的思维的呢？如果我不加说明，而假定客体是直接由我的行动所决定的，以致客体与我的行动的关系就像被动者与致动者的关系，那么，何以客体终归也是被规定为和我的表象活动一致的呢？为什么我必须恰恰像我用自己的行动规定客体那样去直观客体呢？在这里，我的行动就是客体，因为行动是与直观或知识相对立的东西。不过，这种行动、这种客观的事物却应该决定我的知识中的某种东西，决定我的直观中的某种东西。按照上述原理来看，这是不可能的。行动不能决定我关于行动的知识，而是相反，任何行动像全部客观事物一样，原初就必定是一种知识，是一种直观。这是昭然若揭的事情，以致我们再能视为难题的只不过是这样的问题：这种在客观上属于直观的东西向行动的转变，如果要表现出来，必须如何加以设想。这个问题须从三个方面考虑：

a）从客观事物、直观活动方面考虑。

b）从主观事物方面考虑。主观的事物也是一种直观，不过是直观的直观。——直观与直观的直观不同，我们称直观为客观的，称直观的直观为观念的。

c）从客观事物的现象方面考虑。业已证明，除非直观的概念（观念的东西）先于直观本身，客观事物、直观活动就不能表现出来。但是，如果直观的概念先于直观本身，以致直观本身为直观的概念所决定，直观活动便是一种合乎概念的创造活动，即一种自由的行动。而这样一来，直观概念之先于直观本身就仅仅是为了直观变为客观的，因此行动也就仅仅是直观活动的现象，是客观地包含在直观活动中的东西，是不考虑先于直观活动的概念的创造活动本身。

我们想用一个例证来说明这一点。外部世界的任何一种变化都是由我的因果性产生的。大家可以纯粹考虑这种变化的结果本身，说外部世界中出现了某种东西，这无疑就等于说我创造了这种东西，因为这种东西在整个外部世界中的存在无非是以我的创造活动为媒介。就我的这种创造活动是一种直观，而不是任何其他东西而言，概念并不是先于变化的，但是，就这种创造活动本身又会成为客体而言，概念则一定是在先的。在这里应当表现出来的客体就是创造活动本身。因此，在创造活动本身，即在客体中，概念不是先于直观的；只有就观念的自我而言，就那种把自身直观为进行直观的自我而言，即仅仅为了表现出来，概念才是在先的。

在这里同时也就说明，我们迄今还完全没有做出的客观事物与主观事物、自在东西与纯粹现象的区别现在是从什么地方才首先向我们表现出来的。原因在于：我们在这里才首先具有某种真正客观的东西，即含有一切客观事物的根据的东西，它既是观念的同时也是现实的活动，这种活动现在决不会又成为主观的，而是完全与纯粹观念的自我分离开了。就这种活动是客观的而言，其中同时包含着观念的东西与现实的东西，并且这两者是同一个东西；但是，就这种活动能表现出来而言，就它与那种纯粹观念的、进行直观的、处于对立地位的活动相反，现在纯粹代表现实的活动而言，概念则是先于它的，而且只有在这个限度内，它才是行动。

按照这种解释，还会产生的只是这样一个问题：我们让理智的创造在理论哲学中完成以后，整个理智如何会是进行直观的呢？我们的答复是：唯有创造就其为主观的而言，才能完成；理智就其为客观的而言，则永远只能是其本来的样子，即既是主体同时又是客体，也就是进行创造的，不过这种创造现在只能在观念的、与创造活动相对峙的活动的界限内产生出来，但这一点我们至今尚未推演。

为了使我们与普通意识一致，我们还应该探讨一下我们究竟是如何把能行动的客观东西视为自由的，因为按照推演的结果，这种东西是一种完全盲目的活动。我们之所以把行动的客观东西视为自由的，完全是由于那种使我们以为客观世界也会成为客观的错觉造成的。因为，那种行动本身只能属于客观世界（因而具有与客观世界相同的实在性），这是由于它只有通过客观化才能成为行动这一原因造成的。从这一点出发，甚至于可以反过来对理论唯心论作出一个新的说明。如果客观世界是纯粹的现象，我们行动中包含着的客观事物也就是纯粹的现象；反过来说，只有世界有实在性，行动中的客观事物也才有实在性。因此，我们在客观世界与我们对感性世界的行动中所见到的，都是同一种实在性。客观行动与世界的实在性的这种共同存在、甚至相互制约的错综复杂关系，是一个完全为先验唯心论所特有的结论，它决不可能通过其他任何体系获得。

那么，究竟在什么限度内自我才在外部世界是行动着的呢？只有借助于存在与现象的那种在自我意识中已经表现出来的同一性，自我才是行动着的。——自我之所以存在，仅仅是因为它显现自身，它的知识就是一种存在。自我＝自我这个命题，无非是说：能知的我就是存在的我，我的知识与我的存在相互依存，意识的主体与活动的主体是同一个东西。因此，由于有这样的同一性，我的知识和自由的行动也就与自由的行动本身是同一的，换句话说，那个“我把自己直观为客观地行动着的”命题就等于“我是客观地行动着的”这一命题。

II.

如果像我们刚才推导和证明的，表现为行动的东西本身仅仅是一种直观，则可得知，一切行动都必须由直观的规律不断地加以限制，凡是按照自然规律不可能成立的东西都不能被直观为通过自由的行动产生出来的，这就是对于存在和现象的同一性的一个新证明。不过，从主观事物到客观事物的转变至少就现象而言是真正发生了。这种转变本身确实包含着一种对自然规律的违背。应该被直观为对现实事物起作用的东西，本身必须表现为现实的。因此我不能把自己直观为直接对客体起作用的，而只能直观为经过物质的中介对客体起作用的，但在我行动时，我一定会把这种物质直观为与我本身是同一的。物质作为自由的、向外的活动的直接工具，就是有机躯体，所以这种躯体必定显得能作自由的、貌似随意的运动。那种在我的行动中有因果性的冲动，必然会在客观上表现为**天然的冲动**，它即使完全不自由，也能起作用，并能给自己产生出它似乎通过自由而产生的结果。为了能将这种冲动直观为天然的冲动，我必须在客观上把自己表现为受了有机组织的强制（如最广义的痛苦），而去作种种行动的；一切行动为了成为客观的，无论经过多少中间环节，都必须同身体的强制结合起来，这种强制作为表现着的自由本身的条件是必不可少的。

其次，外部世界中预期的变化只是在客体的不断对抗之下发生的，因此是连续进行的。设这种预期的变化叫做 D，则 D 是由变化 C 作为其原因所制约的，而 C 又是由 B 所制约的，如此类推，以至无穷；所以，在最终的变化 D 能发生以前，必须先经过这一整

系列的变化。只有当外部世界业已具有变化结果的一切条件时，完整的变化结果才能出现，否则，就会有对于自然规律的违背。某种东西在整个自然界中不能具有其存在的条件，就一定完全不可能存在。但是，当自由为了成为客观的，而完全等同于直观，完全服从于直观的规律时，能表现自由的这些条件也就又恰好取消了自由本身；自由之所以也能按照自然规律来解释，是因为自由在其表现中是一种自然现象，正因为如此，作为自由的自由也就被取消了。

以上提出的课题是意志活动本身如何又会对自我成为客观的，具体地说，是作为意志活动的意志活动如何又会对自我成为客观的。通过以上所述，这个课题并没有得到解决，因为意志活动正是由于成为客观的，就不再是意志活动了。因此，如果只存在着绝对自由之纯粹客观的表现，它无非是天然的冲动，那么，便决不会有绝对自由（在绝对意志中）的表现。

我们纠缠于这种矛盾的原因，无非在于我们至今思考的只是意志活动中的客观的东西，向外进展的东西，而这种东西既然如我们现在所知的那样，原初仅仅是一种直观，因此在客观上也就决不是什么意志活动，不借助于任何其他中介，它也转变为外部世界。但是，要说整个意志活动——不仅是指那种客观的、既是观念的同时又是现实的活动（这种活动包含在意志活动中，并且按照以上所进行的演绎，不会是自由的），而且也是指与此相反的观念活动——对自我如何会成为对象，那我们就必须去寻找一种现象，在这种现象中这两种活动是作为相反的活动出现的。

不过，作为意志活动中的客观东西的活动，既然其本身又是进行直观的活动，所以必定会指向某种外在事物。但意志活动中的主观东西或纯粹观念的活动，恰恰是以那种既是观念的同时又是现实的活动为直接对象的，正因为如此，这种既是观念的同时又是现实的活动就是意志活动本身的客观东西，所以，意志活动中的主观东西或纯粹观念的活动决不指向任何外在事物，而是仅仅指向那种包含在意志活动本身的客观东西。

所以观念的、包含在意志中的活动对于自我只能是作为指向意志本身的客观东西的活动而成为客观的，但这种客观东西本身却只能作为指向外在事物、指向不同于意志的东西的活动而成为客观的。

于是，意志本身的客观活动，即加以纯粹考察的意志的客观活动（它只有作为这样的活动，对于观念活动才是客观的）就无非是一般自我决定。因此，意志中的观念活动的对象无非是纯粹的自我决定本身，或自我本身。观念的、包含在意志中的活动对自我之所以会成为客观的，是因为这种活动对自我是作为仅仅指向纯粹自我决定本身的活动而成为客观的；反之，包含在意志中的客观活动对自我之所以成为客观的，则仅仅是因为这种活动对自我是作为指向外在事物，而且盲目地指向外在事物（因为只有在这个限度内，这种活动才是进行直观的）的活动而成为客观的。

因此，要找到那种使整个意志活动成为自我的对象的现象，我们就必须

1）考察仅仅指向纯粹自我决定本身的活动，探索这种活动如何能成为自我的对象。

只有那种直观的、在此是客观的活动指向外在事物，才能把偶

然的东西附加到纯粹的自我决定上。如我们已经说过的，撇开一切偶然的东西不谈，纯粹的自我决定本身无非是纯粹的自我本身，因而也就是仿佛为一切理智所依托的共同的东西，是一切理智彼此共有的唯一自在的东西。因此，在我们已经作为一切意识的条件而设定的那种原始的、绝对的意志活动中，纯粹的自我决定是直接变成自我的对象的，除此以外，这种活动就不再包含任何其他内容。但是，那种原始的意志活动本身就是一种绝对自由的活动，因此，使原始的意志活动对自我又成为对象的那种活动，或自我又借以意识到指向纯粹自我决定的活动本身的那种活动，在理论上就不能（作为必然的）加以演绎了，虽说这种活动是意识持续存在的条件。因此，观念活动成为对象的过程只能由一种公准来说明。观念的、仅仅指向纯粹自我决定的活动必定是由于一种公准而成为自我的对象的，这种公准只能是如此："自我应该希求的东西无非是纯粹自我决定本身"，因为通过这种公准，纯粹的、仅仅指向自我决定本身的活动就会作为对象被呈现于自我面前。而这种公准本身无非是无上命令，或者说，无非是康德所述的这样一条道德律："你只应该希求一切理智所能希求的东西"。但一切理智所能希求的东西仅仅是纯粹的自我决定本身，是纯粹的合乎规律性。因此，纯粹的自我决定或一切意志活动中纯粹客观的东西，就其为纯粹客观的，本身不能再进行直观，即不能再指向外在（经验）事物而言，是通过道德律成为自我的对象的。先验哲学也仅仅是在这个限度内谈到道德律，因为连道德律也只能作为自我意识的条件来演绎。只要我是这一特定的理智，道德律却取缔一切属于个性的东西，完全毁灭个性，道德律的对象就根本不是我。反之，只要道德律针对不同于自我、不依存于自我的偶然事物，正因为如此，也不过是理智意识到自己的意识的条件，道德律的对象就是作为一般理智的我，是那种直接以我之内的纯客观东西、永恒东西为对象的东西，而不是这种客观东西本身。

2）现在我们必须考察一下客观的、指向意志本身以外存在的事物的活动，探讨这种活动是如何成为自我的对象的。

不过这个问题在以上的论述中大部分已经有了答案，因此我们在这里也就可以仅仅设法从一个新的方面来讲明这种答案。

客观的、指向某种不同于意志并且存在于意志之外的东西的活动，在意识里应该与这样一种观念的活动对立起来，这种观念活动正是指向客观活动的，是纯粹观念的，而且在这个限度内是纯粹的自我决定。

但是，观念的活动只有通过一种公准才能成为自我的对象。因此，如果这种对立会得到充分的发展，那么，客观的活动就一定会自然而然地成为客观的，即不通过任何公准而成为客观的，并且我们也一定会假定这种活动能成为客观的。客观的活动对于外在事物的关系，就像观念的活动对于客观的活动的关系。那种使客观的活动作为指向外在事物的活动对自我变得客观的东西，必定是某种必然的东西，而这种必然的东西既然只能是一种活动，所以，也一定是我们在上文（Ⅰ）中所推演出来的纯粹天然冲动，这种冲动类似于创造性的直观，完全盲目地发挥作用，同时其自身却不是意志活动，而是只有与那种纯粹的、仅仅指向自我决定本身的意志活动相对立，才会变为意志活动。这种冲动会使我意识到自己纯粹是个体，因此就是道德中的所谓私欲，而私欲的对象也就是人们所谓的最广义的幸福。

在追求幸福方面决不存在什么戒律，也不存在什么命令。设想这样的命令是荒谬的，因为自然而然地，即合乎自然规律地发生的事情，是不必强求的。对幸福的欲求（为简明扼要起见，我们暂且这样称呼这种欲求，至于这个概念的进一步发挥，则属于道德范围）无非是一种客观活动，它对自我又变成了客观的，是指向不依存于意志的东西的活动，因此，就像对自由本身的意识一样，是一种必要的欲求。

由此可见，不与那种以外在事物为对象、全然盲目地指向外在事物的活动相对立，这种以纯粹的自我决定本身为直接对象的活动就不能达到意识。因此，就像存在着对于意志的意识一样，也必然存在着这样一种对立，这种对立的一方是那种通过道德律而变成自己的对象的、仅仅指向自我决定本身的活动所要得到的东西，另一方则是天然冲动所要得到的东西。这种对立必定会在现实中出现，就是说，有两种行动在意识中必定同样可能出现，一种行动是那种将自己变为对象的纯粹意志所要求的，另一种行动则是天然冲动所需要的。所以，按照自然规律决不会完成任何行动，因为这两者是相互抵消的。如果一种行动完成了，而且完成得像意识的持续存在那样确实，那么，这种行动就不会是按照自然规律完成的，就是说，不会是必然地完成的，因而只能是通过自由的自我决定完成的，就是说，是通过自我的一种活动完成的。自我的这种活动摆动于迄今所说的主观活动与客观活动中间，主观活动与客观活动又相互决定，而本身不再是**被决定的**，所以，自我的这种活动就创造了一些条件，一俟具备了这些条件，那种总是仅仅作为**被**

决定者的行动就会在它们之下完全盲目地、仿佛自然而然地完成。

所以，那种对立和意识中可能有的行动一样，是唯独绝对的意志活动才能又对自我本身成为对象的条件。可是这样一来，那种对立也就恰恰是使绝对意志成为任意的东西，因此任意就是我们所寻找到的绝对意志的表现，它不是原始的意志本身，而是业已变为对象的绝对自由活动，一切意识都是从这种活动开始的。

普通意识之所以相信存在着意志自由，仅仅是由于任意，就是说，是由于我们在一切意志活动中都会意识到要在对立物之间进行选择。不过，我们现在可以断言，如以上所证明的，绝对意志仅仅是指向纯粹的自我决定本身，因此，任意不是绝对意志本身，而是绝对意志的表现。所以，如果自由＝任意，则自由也不是绝对意志本身，而仅仅是绝对意志的表现。因此，从绝对方面看，关于意志，我们既不能说它是自由的，也不能说它是不自由的，因为绝对的东西不能被设想成是按照这样一种规律行动着的，这种规律不会通过绝对东西的本质的内在必然性就成为绝对东西的准则。既然自我在绝对的意志活动中仅仅是以自我决定本身为对象，那么，对于意志，从绝对方面来看，就决不可能有背离自我决定的事情；因此，意志如果可以被称为自由的，就是绝对自由的，因为对于表现出来的意志成为戒律的东西，对于这种意志也就是由其本质的必然性产生的规律。但是，绝对的东西如果应该自己表现自己，那便一定是按照其客观事物，依赖于某种不同的、异己的东西而表现出来的。不过，这种依赖关系毕竟不属于绝对的东西本身，而是纯粹属于其现象。要表现出来的绝对意志所依存的这种异己的东西，就是天然冲动；与天然冲动相反，唯独纯粹意志的规律变为一

种命令。但从绝对方面看，意志原初不过是以纯粹的自我决定，即其自身为对象。因此，意志决没有什么义务和规章，要求意志本身应该是对象。所以道德律和实质上是任意的自由，仅仅是表现那种构成一切意识的绝对意志的条件，就此而言，也是变自己为自己的对象的意识的条件。

我们通过这个结果，同时也真正不期而然地解决了一个值得注意的问题，这个问题以前几乎没有适当加以理解，因而远远没有得到解决，那就是我所指的先验自由问题。这个问题谈的不是自我是不是绝对的，而是自我就其为非绝对的、经验的而言，是不是自由的。但正是通过我们的解决方法表明，意志仅仅就其为经验的或表现出来的而言，才可以在先验的意义上称为自由的。因为意志就其为绝对的而言，自身高踞于自由之上，远非服从任何一种规律，而是一切规律的源泉。但是，就绝对意志表现出来而言，绝对意志为了表现为绝对的，也只能通过任意表现出来。因此，任意这种现象不能再被解释为客观的，因为它决不是本身带有实在性的客观事物，而是绝对的主观事物，是对绝对意志本身的直观，通过这种直观，这种向无限进展的绝对意志就变成了自己的对象。但正是绝对意志的这种表现才是真正的自由，或者说，才是通常所理解的自由。既然自我在向无限进展的自由行动中把自己直观为绝对意志，并且在最高的级次上，其本身无非是这种对于绝对意志的直观，所以那种任意现象也就像自我本身一样确实无疑。反过来说，任意现象也只能被设想为一种表现于有限性界限里的绝对意志，因而是绝对意志在我们身上的一种反复显现。不过，我们当然也可以设想，当我们想从任意现象出发去追溯其基础时，我们在

任何时候都难以作出对这种现象的恰当解释。虽说康德没有指明绝对意志和任意的真正关系，但至少在他的法学里还是提到了这两者的对立。这种情况毕竟是这样一种方法具有优越性的一个新证据，这种方法决不是把任何现象假定为现成的，而是真正从根本上认识一切现象，好像它们完全没有被认识到似的。

我们在以前主张，客观的、表现为能行动的自我本身只是进行直观的。但现在这样一来，根据意志自由的一般假定而对我们这个主张所能表示的疑虑也就完全解除了。因为这种自我并不是纯粹客观的自我，不是在行动和直观中完全采取机械态度的自我，不是在一切自由行动中都由我们赋予自由属性的被决定者，反之，那种自我是在意志活动的主观东西与客观东西之间摆动的东西，是主观与客观相互决定的东西，或者说，是第二个级次的自己决定自己的东西，自由唯独赋予这种东西，并且也能赋予这种东西；然而，在对自由的关系上仅仅作为被决定者的客观事物，就其本身而言，或撇开决定者而言，则仍然是以前的东西，即一种单纯的直观。所以，如果我纯粹考虑客观活动本身，在自我中存在的就是纯粹的自然必然性；如果我纯粹考虑主观活动本身，在自我中存在的就只是绝对意志，这种意志就其本质而言，无非是以自我决定本身为对象；最后，如果我考虑超越于这两种活动之上的、同时又决定这两种活动的活动，在自我中存在的就是任意，因而也就是意志自由。由于这些考虑的方向不同，就产生了各种不同的自由体系，其中一种体系完全否认自由，另一种体系仅仅是在纯粹理性中，即在观念的、直接指向自我决定的活动中假定有自由（由于这个假定，人们必然会认为一切违背理性的特定行动都毫无根据地贬黜了理性，

但这恰好取消了一切意志自由),第三种体系则把超越观念活动与客观活动的活动演绎为唯独可以有自由的活动。

对于这种完全起决定作用的自我来说,也没有什么预定,而是仅仅对于直观的、客观的自我来说才有预定。但一切行动就其为向着外部世界转变的行动而言,对于直观的、客观的自我是预定的,这和在自然界中一切事物都是预定的一样,给君临于一切现象之上、作为绝对决定者的自我很少能带来损害,因为那种客观事物在自由方面是本身没有任何实在性的纯粹显现者,并且像自然界一样,仅仅是自我行动的外在基础。因为,一种行动对于现象或纯直观活动是预定的,我并不能由此倒推出它对于自由活动也是预定的,因为两种活动有完全不同的地位,以致纯粹的显现者当然是完全不依赖于决定者、非显现者的,但反过来说,决定者也同样是完全不依赖于显现者的,并且,决定者与显现者都自为地行动和发挥作用,决定者是出于自由的任意而行动和发挥作用的,显现者既然业已如此被决定,因而是完全按照自己的特有规律行动和发挥作用的,两者虽然相互契合,但两者的这种相互独立的关系却只有通过预定和谐才是可能的。因此,我们以前业已推演出来的自由决定者与直观者的预定和谐首先正是出现在这个地方,因为自由决定者与直观者过去是彼此分离的,以致若不通过存在于两者之外的某种东西来建立两者之间的协调一致,就根本不可能有两者之间的相互影响。但这个第三者是什么,我们至今都完全无法说明,而只能暂时以指明整个研究的这一顶点为满足,对它的详细解释只能寄望于今后进一步的研究。

我们还要指出,如果自由的决定者也有我们以上确实主张的

那类预定，在这方面我们把自由的一种原始否定设定为对于各个理智的个性是必要的，并且设定为间接对于各个理智之间的交互作用是必要的，那么，这种预定也毕竟只有再通过一种原始的自由活动才是可思议的；这种活动当然不能达到意识，因此，我们必须请我们的读者参看康德关于原罪的研究。

如果我们再统观一下以上研究的整个进程，我们就会看到，我已经首先尽力说明了普通意识的前提。居于抽象能力的最低发展阶段的普通意识，把被作用的对象同致动者或行动者本身区分开，于是就产生了一个问题，即对象如何会由作用于自己的行动者来决定。我们的回答是：接受行动的对象与行动本身是一个东西，就是说，两者不过是一种直观。由此得知，我们在意志活动中只有一个被决定者，即直观者，它同时也是行动者。因此，这种行动着*的客观事物和外部世界原初并不是彼此独立不依地存在的；凡在前者中设定的东西，恰恰因而也是在后者中设定的。但在意识中与这种纯粹的客观事物相对峙的却是一种主观事物，它通过绝对的公准，变为自我的对象，而那种纯粹的客观事物则会通过完全不依赖于自我的对外趋向，变为自我的对象。所以，若无自我决定者，就决没有任何行动会使整个意志活动对自我变为对象，自我决定者君临于主观活动和客观活动之上，首先能使我们提出这样的问题：这种完全的决定者，这种超越一切客观事物的东西，究竟会怎样决定客观事物或直观者。

* 此处原文为 Handelnde。——译者

附　论

在我们能对这个问题作出回答以前，我们遇到了另一个问题，即：无论自我怎样自己决定自己，无论它是以主观东西决定自身的客观东西，还是以自身的客观东西决定主观东西，既然那种向外的活动（欲求）在任何情况下都是某种东西能从自我出发而到达外部世界的唯一传送工具，那么，自我决定也就不会取消那种欲求了。因此就发生了一个问题，即根据道德律，向外的欲求与观念的、仅仅以纯粹自我决定为目的的活动有何关系。

关于这个问题的答案，我们只能举出若干要点，因为真正说来，这个问题在这里仅仅是作为我们研究过程里的中间环节出现的。——诚然，纯粹意志若不同时具有外在对象，就不能变为自我的对象。但是，如刚才所作的推演，这种外在对象本身确实没有什么实在性，而是显现纯粹意志的单纯媒介，并且只能是纯粹意志对于外部世界的表现。因此，纯粹意志若不把外部世界与自身等同起来，便不能使自己成为对象。但是，如果对幸福概念细加分析，便可以设想这个概念所包含的东西无非正是不依赖于意志活动的东西与意志本身的同一性。因此，幸福这个天然欲求的对象便应该仅仅是纯粹意志的表现，就是说，应该是与纯粹意志本身同一的对象。幸福与纯粹意志完全应该是一个东西，以致两者之间决不可能像决定者与被决定者之间一样，有任何综合关系，但两者也完全不能彼此独立不依地存在着。如果把幸福理解为不依赖于纯粹意志也可能存在的某种东西，那就根本不会有任何幸福了。但是，如果幸福仅仅是外部世界与纯粹意志的同一性，那么，幸福与纯粹意志也就是同一个对象，只不过是从不同的方面加以看待罢了。正如不依赖于纯粹意志的某种东西不能成为幸福一样，我们也不能设想一种有限的生灵会追求纯粹形式的道德，因为对于这种生灵来说，道德本身只有通过外部世界才能成为客观的。一切进取活动的直接对象，并不是纯粹意志，也不是幸福，而是作为纯粹意志的表示的外在对象。这种绝对同一的东西，这种在外部世界中占支配地位的纯粹意志，就是唯一的至善。

自然界虽然对于行动并不是完全消极无为的，但也不能给实现最高的目的设置绝对的阻碍。自然界不会有真正的**行动**。理性生物则能有行动，并且，在各个理性生物之间通过客观世界的媒介所发生的相互作用还是自由的条件。一切理性生物是否由于一切其他生物有自由行动的可能性而限制自己的行动，这似乎取决于绝对的偶然性，取决于任意或任性。但实际情况不可能是这样。最神圣的事物是不可受偶然性的摆布的。个人自由在一切理性生物的相互作用中之所以不可能被取消，必定是由于不可毁灭的规律的强制作用使然。这种强制作用当然不可能是直接针对自由的，因为理性生物不是注定要受到强制，而是仅仅注定要自己强制自己；这种强制作用也不能是针对纯粹意志的，纯粹意志仅仅以一切理性生物共有的东西，即自我决定本身为对象，反之，这种强制作用只能是针对那种从个人出发、又返回到个人的私欲。而对付这种欲求，除了这种欲求本身而外，也没有什么东西可以用来作为强制手段或武器。外部世界仿佛必须这样组织起来，即在私欲超出自己的界限时，外部世界就强迫它自己对自己采取行动，并且给它设置起某种对立的东西，这时自由的生物虽然就其为理性生物

而言，还会有欲望，但作为天然的生物，却不会有欲望了，这样，行动者就陷入了自相矛盾的境地，至少也看到了他自己已经自我分裂。

客观世界本身并不会包含着产生这种矛盾的根据，因为客观世界对于这种自由生物本身的活动完全持无所谓的态度；因此，同私欲发生这种矛盾的根据就只能是由理性生物置于客观世界里的。

在第一种自然界之上，仿佛一定会建立起第二种更高的自然界，这种自然界也受一种自然规律的支配，但这种自然规律完全不同于可见的自然界中的规律，就是说，是一种以自由为目的的自然规律。在感性自然界中，原因以铁的必然性产生出其结果；在这第二种自然界中，对他人的自由所进行的干预也必定会以同样的铁的必然性，毫不留情地产生出立刻与私欲相对抗的东西。像刚才描绘的这样一种自然规律就是法规，这种法规所支配的第二种自然界则是法律制度，这样，法律制度就作为持续的意识得以存在的条件演绎出来了。

从这种演绎中自然可以看出，法学决不是道德的一部分，或者说，一般不是一种实践科学，而是一门纯理论科学，它对于自由来说正是力学对于运动来说的那种东西，因为法学仅仅演绎那种能够把自由的生物设想为相互作用的生物的自然机制，而这种机制无疑地只能由自由建立起来，自然界与这种机制则毫无关系。因为诗人说自然界没有感情，而福音书也说上帝让他的太阳高照正义与非正义的事情。但法律制度仅仅应该是可见的自然界的补充，由此可知，法治秩序不是一种道德秩序，而是一种纯粹的天然秩序。自由不能超越感性自然界的秩序，同样也不能超越这种秩序。因此，把法治秩序变为道德秩序的一切企图都会以其特有的那种最可怕的颠倒是非与独断专行之举，表现出令人厌恶的和不可饶恕的直接后果，这就不足为奇了。因为虽然法律制度就其内容而言，能完成我们真正对天意所期待的事情，而且一般是人类所能做到的最好的神正论，但就其形式而言，却不能完成这样的事情，或者说，不能作为天意，即不能经过深思熟虑和事先筹划，做出这样的事情。法律制度看起来就像一架机器，它在某些情况下是预先安装好的，一俟这些情况出现了，它就会自然而然地，即完全盲目地工作起来；虽然这架机器是由人手制造和安装的，但是，一俟制造者脱手了，它就必定像可见的自然界一样，按照自己固有的规律，独立不依地继续工作下去，仿佛它的存在是完全靠它自己的。因此，如果法律制度因其近似于自然界而变得更加威严，那么，在一种制度中不是法律占支配地位，而是法官的意志和专制主义占支配地位，专制主义把法律当作洞见玄机的天意，在不断干预法律的自然进程的情况下加以执行，这种制度的景象就是深信法律神圣性的感情所能遇到的最可鄙的和最令人愤慨的景象。

但是，如果法律制度是自由存在于外部世界的必要条件，那么，一个重要的问题无疑在于怎么连这样的制度也只能被设想为正在产生的，因为，个人意志对达到法律制度完全无能为力，而只好假定某种不依赖于自己的东西，即所有其他人的意志作为必要补充。

可以料想，法治秩序的最初诞生不是凭靠偶然性，而是凭靠一种天然的强制性，这种强制性由遍及各地的暴行引起之后，就使人们不得不听任法治秩序产生出来，人们当时也不知所以然，并且会对这种秩序的最初成效感到意外。不过，我们也容易进一步看出，由迫切的需要造成的秩序本身不能持久，一部分原因在于这种由迫切的需要建立的东西也仅仅是为了满足最切近的需要而设置的，另一部分原因则在于一种制度的机构用其强制的力量对付自由的生灵，自由的生灵只要在这里寻找自己的利益，就会受到强制，并且由于在自由问题上绝没有什么 a priori〔先验的东西〕，尤其是由于使这种制度又开动起来的机构——这种制度的观念与其实现之间的中间环节——与这种制度本身迥然不同，而且按照文化程度、民族特点等等的差异，又必定有十分不同的变形，所以，要在一个共同的机构中把这些自由的生灵联合起来，就是一个只有做无穷多的试验才能加以解决的问题。因此也可以料想，最初出现了一些纯粹暂时的制度，它们自身完全带有自己灭亡的萌芽，并且原初就不是由理性造成的，而是由环境的强制造成的，因而迟早会瓦解，因为人民在环境的逼迫下才放弃了某些永远不能转让而迟早要索回的权利，这是自然而然的事情。在这种情况之下，这种制度的覆灭终归是不可避免的，而且这种制度在形式方面越趋于完善，其覆灭就越确定无疑。因为事实果真如此，当权的力量就一定不会自愿归还那种权利，这就足以证明这种制度的内部有了缺陷。

不过，如果真是不拘方式，终于产生了一种真正法治的、不是单纯建立在最初所难免的压迫之上的制度，那么，不仅那种确实永远不足以证明一个普遍原理的经验会表明，而且有力的推论也会证明：甚至对于各个国家来说是尽可能完善的制度，其存在也是靠

最明显的偶然性造成的。

自然界展示出来的独立不依的东西或自身完备的体系，莫不是建立在三种相互独立的力量之上。当合法的制度按照自然界的这个原型建立于三种相互独立的基本国家权力的分立中时，相反的意见则恰好证明这种制度的不完善性，虽然三权分立对于法律制度的必要性是无可否认的，但反对三权分立的相反意见却是提得正当的。不过这种不完善性并不在于法律制度本身，而必须从法律制度以外去寻找。既然一个国家防御其他国家的保障会绝对不可避免地使行政权君临于国家机器的其他权力、尤其是立法权与司法权之上，获得最有决定性意义的优势地位，那么，整个国家存在的依据就终归不是对于相反的权力的猜忌，不是这种极其肤浅地想象出来的保证手段，而仅仅是掌握最高权力的那些人们的善良意志。但是，属于法律保护的东西决不可视偶然性而定。而要使法律制度的存在不以善良意志为转移，看来这也只有再通过一种强制力量才有可能，但这种强制力量的根据显然不能存在于这种制度本身，因为要做到这一点，似乎必需有第四种权力，人们或者是把政权交给这种权力，在这种情况下它就是行政权本身，或者是取消它的权力，在这种情况下它的效用就是以纯粹的偶然为转移，而且在最好的情况下，即在人民倒向它那方面时，也会不可避免地出现暴乱，而这种暴乱在一种良好的制度中就像在一架机器中一样，则肯定是不可能的。

因此，如果没有一种超越各个国家的组织，没有一种由相互保证各国制度的所有国家组成的联盟，一种政治制度即使按照观念达到了完善地步，我们也不能设想其存在是有保障的，而要有可能

做到这种普遍的相互保证，又只有满足下列两个条件：第一，真正法治的基本原则得到了普遍的传播，以致各国只关心一件事情，即维持一切国家的制度；第二，这些国家就像组成各个国家的众人已经做的那样，又都服从一种共同的法律，以致各个国家又都是万国之中的一个国家，并且有一个由一切文明民族的成员组成的最高民族法院，仲裁各个民族彼此之间的纷争，它可以调度一切其他国家的力量，去制裁任何一个图谋不轨的国家。

这种普遍的、盛行于各国的法律制度使各国摆脱了迄今相互对立的自然状态，自由正是在各国的这种相互关系中推动着它们作最大胆、最无拘束的表演，而整个自由表演的过程就是历史；如果不正是这种自由的表演又受一种盲目必然性的支配，它在客观上给自由带来了单靠自由本身所绝对不可能产生的东西，那么，如何能通过自由来实现这种普遍的法律制度，这便是完全不可理解的了。

这样，我们便看到我们通过逻辑推论的过程，又不得不回到以上提出的问题，即以表现于任性的自由为一方和以客观事物或合乎规律的事物为另一方的同一性的根据问题，这个问题从现在起获得了更重要的意义，必须予以最概括的回答。

III.

虽然从我们在历史上所见的各种力量的自由表演中即可预料到普遍的法治状态，但这种法治状态的产生却不可听任纯粹偶然性的摆布。因此就发生了这样的问题：一系列无计划、无目标的偶然事件一般是否配称为历史？在纯粹的历史概念中是否已经包含着一种连任性也被迫为之服务的必然性的概念？

这里的首要问题在于我们确保历史概念。

并非一切发生的事情都是历史的对象。例如，在自然界中发生的一些事件获得了历史的性质，纯粹是由于它们对人类行动所发生过的影响；按照已知规律发生的、周而复始地出现的事情，或一般地说，一种可以 a priori〔先验地〕估计出来的结果，更不能被视为历史的对象。我们想谈真正的自然界的历史时，我们一定会把自然界想象成这样：自然界仿佛自由地从事自己的创造活动，不断地偏离开唯一的原始开端，逐渐产生了自己的全部多样性，于是，这就不会是自然客体的历史（它实际上是对自然的描写）了，而是正在产生的自然本身的历史。我们在这样的历史中会如何看出自然界呢？我们会看到自然界仿佛以不同的方式支配着各种力量的同一个总和或比例，而这些力量决不能超越自然界；因此，在多样性产生的过程中，我们虽然会看出自然界是自由的，却不会因此看出自然界是毫无规律的状态。所以，自然界会通过两个方面成为历史的对象：第一方面是自由在自然界的创造过程中的显现，因为，虽然这种创造活动的方向无疑有其确定的规律，我们却不能 a priori〔先验地〕确定这种方向；第二个方面是局限性和规律性，它们是通过可供自然界调度的各种力量的比例而设置在自然界里的。从这里终归可以看出，历史既不能与绝对的规律性相容，也不能与绝对的自由相容，而是仅仅存在于这样一种地方，在这种地方，唯一的理想实现于无穷多的偏离活动中，结果个别历史事件虽然不符合这个理想，但全部历史事件却符合这个理想。

不过进一步说，个体正因为是个体，才没有能力达到这个理

想，但这种必然确定的理想又必须加以实现，因此，在整个进步过程仿佛为了理智直观而符合于理想时，理想的这种不断实现的过程就只有通过获得类族特性的生物，才会被设想为可能的。于是，我们便看到我们得到了一种新的历史特点，就是说，抱有理想的生物才有历史，这种理想是决不能由个体实现的，而只能由类族加以实现。这就需要每个后继的个体在先行的个体不复存在时恰好能接替实现理想的活动，因而也就需要在绵延不绝的个体之间有连续性，并且，当历史进程中应该实现的东西是某种只能由理性和自由造成的东西时，还需要有传统或继承。

从历史概念的这种演绎中自然可以看出，一系列绝对没有规律的事件与一系列绝对合乎规律的事件一样，都不配称为历史；从这里就可以看出：

a）在任何历史中设想的进步，都不允许有这样一种规律性，这种规律性把自由的活动限制在一种确定的、总是周而复始的连续行动系列上；

b）一般地说，按照一定机制产生的或 a priori〔先验地〕具有其理论的一切事物，都根本不是历史的对象。理论和历史是完全对立的东西。人之所以有历史，仅仅是因为他要做的事情无法按照任何理论预先估计出来。就此而言，任性是历史的女神。神话讲历史，是从本能统治向自由领域跨出的第一步开始的，是从黄金时代的丧失开始的，或者说，是从原罪，即任性的最初表现开始的；在哲学家的观念中，历史则以理性的王国，即法治的黄金时代告终，这时，一切任性就都从大地上消失了，人将会通过自由又回到自然界原来给他安排的、历史开始后他所离弃的地方；

c）完全没有规律的事物或一系列无目标、无计划的事件同样不配称为历史，只有自由与规律性的统一，或者说，只有整个生物类族逐渐实现从未完全丧失的理想的过程，才构成历史的特点。

我们必须按照现在演绎出来的历史的这些主要特点，更精确地研究历史的先验可能性，这将会使我们得出一种历史哲学，而历史之于实践哲学正如自然之于理论哲学。

A.

由于所有现存的事物对于任何人仅仅是通过他的意识才建立起来的，而整个过去的历史对于任何人也只有通过他的意识才能建立起来，因此，向历史哲学可以正当地提出的第一个问题无疑是历史何以一般是可思议的问题。实际上我们也认为，倘若整个历史过去未曾发生，那么，借助于建立个人意识所必然需要的一切规定，也不可能建立起任何个人意识；假如问题在于一种技巧，那么，这种情况是很容易用事例表明的。所以，过去的历史就像意识本身的个性一样，当然纯粹是属于现象；于是，过去的历史与意识的个性相比，对于任何人来说，都既没有更多的实在性，也没有更少的实在性。这种特定的个性是以具有一定文化特点、文化进步等等的这个特定的时代为前提的，而这样一个时代如果没有过去的全部历史，便是不可能有的。因此，仅仅以说明当代世界状况为对象的历史，也能同样很好地从现今的状况出发，推断出过去的历史，而且如何能从现今的状况出发，以严格的必然性推演出整个过去的时代，似乎并非毫无趣味的尝试。

但是，有人可能对这种解释提出异议，认为任何个人意识都毕

竟没有建立起过去的历史，而用个人意识建立起来的并不是整个的过去，而仅仅是过去的一些主要事件，它们本身只能在它们对现代和每个人的个性所发生过的影响上识别出来。对此，我们可以提出如下答复：第一，连每个人也都有历史，就是在发生这种影响时，每个人也都有历史；过去的时代影响过每个人，就是在每个人都有历史时，过去的时代也影响过每个人。第二，历史上仅仅一度存在过的事件实际上也与每个人的个人意识有联系或会有联系，不过这种联系恰恰不是直接的，而是确实通过无穷多的中间环节，以致只要人们能够指出这些中间环节来，也就会看出整个的过去对构成个人意识是必不可少的。当然，正像一切时代的绝大部分人一样，许多事件确实从来都没有在真正包含历史的世界中存在过。因为，人们仅仅把自己当作物质的原因，用物质的结果使自己万古长存，既然不足以作为对后世的留念，那么，人们若不亲自成为创造新的未来的原因，而是成为纯粹理智的产物或纯粹的中间环节，作为单纯的媒介，把过去获得的文化传诸后世，也同样不会存在于历史中。因此，任何个人的意识确实只是建立起了迄今仍有影响的业绩，而这也正是过去在历史上存在过、现在又包含到历史里的唯一的东西。

关于历史的先验必然性，我们在上文中业已作过推演，我们的做法是把普遍的法治状态作为一个问题留给了理性生物，而这个状态只有通过整个类族，即通过历史，才能实现。所以，我们在这里只要再作出如下的结论也就够了：历史的唯一真实对象只能是世界公民制度的逐渐产生，因为这种制度正是历史的唯一根据。其他一切没有普遍性的历史，只能在实用方面，即按照表示旧事物的概念，符合一定经验目的。反之，既实用而又有普遍性的历史，则是一个自相矛盾的概念。而往常载入历史的一切其他内容，如艺术、科学等等的不断进步，本来就完全不属于 κατ' ἐξοχήυ〔真正的〕历史，或者说，在历史中终归不是纯粹作为证件，便是纯粹作为中间环节来使用的，因为连艺术和科学中的发现也会增加和提高人类相互为害的手段，引起其他许多前所未闻的祸害，因而从根本上用来加速人类走向建立普遍法治状态的进步过程。

B.

历史的概念包含着无限进步的概念，这早已在上文中有详细证明。不过，当然不能由此直接作出人类有无限完善的能力的结论，因为否认这种能力的人们同样也会认为，人就像动物那样，没有一部历史，而是使自己的行动陷于永恒的循环中，人就像地狱里的伊克逊随着车轮转动一样，在这个圆圈里不停地运行，连续受到振荡，有时甚至看起来偏离开这条曲线了，但总是又回到他原来的出发点。关于这个问题，很少能希望得出一个明智的结论，因为无论赞成这个结论的人还是反对这个结论的人，对于权衡进步的标准的看法都是极其混乱的。有的人考虑人类的道德进步；我们也确实曾经希望由此得到权衡进步的标准。另一些人则考虑艺术和科学的进步；但从历史的(实践的)观点来看，这种进步倒不如说是一种退步，或至少也是一种反历史的进步。关于这一点，我们可以用历史本身，用历史上的古典民族(如罗马人)的判断与事例来证明。不过，如果历史的唯一对象是法治状态的逐步实现，那么在我们看来，也就只剩下逐渐接近这个目标的程度作为权衡人类进步

的历史标准了。而这个目标的最后到达，既不能由迄今为止的经验推知，也不能由理论 a priori〔先验地〕证明，而仅仅是积极进取、从事创造的人们的一个永恒信条。

C.

历史的主要特点在于它表现了自由与必然的统一，并且只有这种统一才使历史成为可能。现在我们就来讨论历史的这个主要特点。

不过我们从一个完全不同于纯粹历史概念的方面出发，业已作为必然的东西推演出来的，正是自由和规律性在行动中的这种统一。

普遍的法治状态是自由的条件，因为如果没有普遍的法治状态，自由便没有任何保证。没有得到普遍自然秩序保证的自由完全是不可靠的，并且就像在我们现今大多数国家中看到的那样，是一种纯粹的寄生植物，它通常按照必然的矛盾，逆来顺受，以致个人根本不得确保其自由。这种情形是不应该有的。自由决不应该是恩赐或一种仅仅像禁果那样可供享用的食品。自由必须以一种制度作保证，这种制度就像自然秩序那样昭然在目和不可移易。

然而，这种制度却只能由自由来实现，它的建立唯独依赖于自由，这是一个矛盾。正因为如此，外在自由的首要条件就像自由本身一样是必要的，虽然这个条件只有通过自由来实现，就是说，这个条件的产生是靠偶然性的。这个矛盾如何才能统一起来呢？

只有自由本身又包含着必然性，才能把这个矛盾统一起来；但这样一种统一又如何可以设想呢？

在这里，我们又遇到了虽然上文(Ⅱ)业已说过、但并没有得到解决的先验哲学的最高问题。

自由应该是必然，必然应该是自由。但必然与自由相反，无非是无意识的东西。我之内的无意识的东西是不随意的；有意识的东西则是通过我的意志活动而存在于我之内的。

因此，在自由中应该又包含必然，这恰恰意谓着：通过自由本身，当我自信是自由地行动时，应该无意识地，即无需我的干预，产生出我没有企求过的事情来；换句话说，与我们以前推演出来的那种有意识的、自由决定的活动相对立，应该有一种无意识的活动，通过这种活动，不顾自由的最无拘束的表现，而完全无意识地，也许甚至违背着行动者的意志，产生出行动者本身通过自己的意志活动所永远不能做成的某种事情。这个命题无论表面上多么离奇，却无非是关于自由与隐蔽的必然性的那种普遍采纳和假定的关系的先验表达。这种必然性有时称为命运，有时称为天意，但不管是命运也罢，或天意也罢，都不会被设想为某种明显的东西。由于这种关系，人们便不得不通过自己的自由行动本身，甚至违背着自己的意志，而成为自己根本不想得到的某种结果的原因，或反过来说，由于这种关系，人们通过自由，竭尽全力，想要做成的某种事业，必定会遭到失败而归于毁灭。

全部悲剧艺术都是以隐蔽的必然性对人类自由的这种干预为基础的。这种干预不仅是悲剧艺术的前提，而且也是人的创造和行动的前提。正是这个前提，会使人们要求取得权利，会使人们有不计后果的勇气，义不容辞和热情鼓舞地行动起来。因为如果没有任何牺牲精神，如果不相信人类会不断进步，这种完全建立在自由之上的信念究竟怎么可能呢？在这里一定有某种比人类自由还高的东西，唯有依据这种东西，才能对人的创造和行动作出可靠的估计；如果没有这种东西，人就不敢采取具有重大后果的行动，因为甚至对于行动后果的最完满的估计也完全会被别人的自由的干扰所打乱，以致他的行动产生出迥然不同于他所企求的结果。我的行动诚然不取决于我自己，即不取决于我的自由，但是我的行动的后果或我的行动给整个人类产生的后果也完全不取决于我的自由，而是取决于某种迥然不同的、更高的东西，因此，义务一经决定，义务本身就不会要求我对自己行动的后果完全无动于衷。

所以，实现自由所必要的一个前提是：人虽然在行动本身是自由的，但在其行动的最后结局方面却取决于一种必然性，这种必然性凌驾于人之上，甚至于操纵着人的自由表演。关于这个前提，我们现在应该作出先验的解释。用天意或命运解释这个前提，就等于根本不解释这个前提，因为天意或命运正是应该加以解释的东西。对于天意，我们不表示怀疑；对于你们称为命运的东西，我们同样不表示怀疑，因为我们确实感觉到它干预着我们自己的行动，干预着我们自己的计划的成败。但这种命运究竟是什么东西呢？

这个问题如果我们还原为先验的表达方式，就等于说：既然我们的行动是完全自由的，即有意识的，怎么能给我们无意识地产生出我们绝对没有企求过的、随心所欲的自由也绝对不会造成的某种结果呢？

我并不打算产生的东西，就像客观世界一样产生了；通过我的自由行动，的确也应该给我产生某种客观的东西，即第二种自然界、法律制度。但是，通过自由的行动，决不能给我产生任何客观的东西，因为一切客观的东西本身都是无意识地产生的。于是，若非一种无意识的活动与有意识的活动相对峙，这第二种客观的东西如何能通过自由的行动产生出来，就会是完全不可理解的了。

不过，客观的东西仅仅是给我无意识地产生于直观中，因此那个命题就等于说客观的东西在我的自由行动中必然真正是一种直观；这样，我们便毕竟回到了以前的一个命题上，这个命题虽然已有一部分得到了解释，但另一部分现在才能完全弄清楚。

这是因为，行动中的客观事物现在得到了一种完全不同于以往的意义。我的一切行动所指的最终目标，就是单靠个人不能实现、而只有靠整个类族才能实现的某种东西；我的一切行动至少应该指向这个目标。所以，我的行动的成果不是取决于我自己，而是取决于所有其他人的意志；如果所有的人都不想达到这种目标，我也根本不能做达到这种目标的事情。但要所有的人都想达到这种目标，却是可疑的、不确实的，甚至于是不可能的，因为大多数人连这种目标都远远没有想到。应该怎样摆脱这种不确实性呢？有人可能以为自己在这里是直接向道德世界秩序迈进，并且把这种秩序设定为达到那种目标的条件。然而，人们怎样打算证明这种道德世界秩序可以被设想为客观的、完全不依赖于自由而存在的呢？有人可能回答说，一俟我们建立起道德世界秩序，这种秩序就会存在。但是，它究竟是在什么地方建立起来的呢？倘若一切理智都无非是想间接地或直接地达到这种秩序，它就是他们的共同结果。只要事实不是如此，它也就不会存在。一切单个的理智都可以被视为上帝或道德世界秩序的一个组成部分。任何理性生物都会自言自语地说：在我的活动范围中，即使法律的实施和权利的执行托

付给了我，即使道德世界的一部分管理工作转交给了我，同许许多多理性生物相比，我又算得了什么？只有当一切其他的人都与我有同样的想法，只有当每个人都执行自己的神圣权利，伸张正义时，道德世界秩序才会存在。

因此：或者是我诉诸一种道德世界秩序，因而我不能把这种秩序设想为绝对客观的；或者是我要求得到某种绝对客观的东西，它绝对不依赖于自由而能保证达到最高目标的行动取得成果，并且仿佛能确保这种行动取得成果，因而我看到自己必须追求一种无意识的东西（因为意志活动中唯一客观的东西就是无意识的东西），而这种东西一定能保证一切行动的外在成果。

因为只有当人的随意的、完全无规律的行动又受无意识的规律性支配时，我才能设想一切行动是为一个共同的目标而最后统一起来的。但规律性仅仅存在于直观中，所以，如果我们看到的自由行动在客观方面，或就其本身来看不是一种直观，便不可能有那种规律性。

我们这里谈的并不是个人的行动，而是整个类族的行动。应该给我们产生的第二种客观事物，只有通过类族，即只有在历史中才能实现。但客观地来看，历史则不过是一系列无意识发生的事件，我们仅仅在主观上觉得它们是一系列自由行动。所以历史中的客观事物虽然是一种直观，但不是个人的直观，因为在历史中行动的并不是个人，而是类族；因此，历史中的直观者或客观事物对整个类族必定是一个统一体。

虽然一切理智的客观东西都是相同的，然而一切个体终究是完全自由地行动的，因此，要不是那种客观东西、一切理智所共有的东西是预先解决与取消了一切矛盾的**绝对综合**，不同的理性生物的行动就一定不会协调一致，倒不如说，个体行动越自由，整个看来矛盾就越多。——任何目空一切、旁若无人的自由生物都竭力以毫无规律的自由表演来突出自己（这总得被认为是一种规则），但在最后却产生了某种合乎理性、协调一致的东西，它在一切行动中我都需要作为前提；理解这种事实的必要前提如下：在一切行动中的客观东西都是某种共同的东西，它把人们的一切行动都引导到唯一的共同目标上。因此，人们不管怎么做作，不管怎么任意放肆，都会不顾他们的意志，甚至于违背着他们的意志，而为他们看不到的必然性所控制，这种必然性预先决定了人们必然会恰好通过无规律的行动，引起他们预想不到的表演过程，达到他们不打算达到的境地，而且这种行动越无规律，便越确实会有这样的结果。而这种必然性本身只有通过一切行动的绝对综合，才能加以设想；从这种综合中发展出了一切业已出现的事物，因而也发展出了全部历史，并且综合既然是绝对的，所以在这种综合中必然预先审察和估计过一切事物，使它们不管怎样发生，不管看起来多么矛盾和不协调，毕竟都会在其中具有和找到自己的统一根据。这种综合本身必定是在绝对中设定的，而绝对就是直观者，就是包含在一切自由行动中的永恒的、普遍的客观东西。

但是，这套看法却仅仅使我们得到一种自然的机制，这种机制会保证一切行动的最终成就，会使所有的行动不借助于自由的力量，都指向整个类族的最高目标。因为代表一切理智的永恒的、唯一的客观事物正是自然或直观的规律性，这在意志活动中就形成某种绝对不依赖于理智的东西。代表一切理智的客观事物的这种统一仅仅向我说明一种绝对综合对于代表直观的全部历史的预先决定，这种绝对综合在各个不同序列中的单纯发展过程就是历史；但是，这种统一并没有向我说明行动自由本身如何会与一切行动的这种客观的预先决定协调一致；因此，这种统一也仅仅是向我们说明了历史概念中的一个规定，即规律性，它像我们现在看到的，仅仅发生于行动中的客观事物方面（这种客观事物实际上也属于自然界，因而必定像自然界那样是有规律的，而行动的这种客观规律性既然是完全机械地、仿佛自动地产生出来的，所以，要通过自由把这种规律性产生出来，也许是完全无益的举动）；但是，这种统一并没有向我说明另一个规定，即无规律性或自由和规律性的共存；换句话说，这种统一始终没有向我们说明那种客观事物——它完全不依赖于自由，而依据自己固有的规律性产生出自己要产生的东西——与自由决定者之间的和谐究竟是由什么东西建立起来的。

在我们现在考察的地方，有两个方面相互对峙着，一方面是理智自身（绝对的客观事物、一切理智共同具备的东西），另一方面则是自由决定者、绝对的主观事物。理智自身一劳永逸地预先决定了历史的客观规律性，但是，既然客观事物和自由决定者完全互不相干，两者都是仅仅自己依靠自己，我又凭什么确信客观的预先决定和自由所能造成的事物的无限性会相互穷尽，因而那种客观事物实际上是对整个自由行动的绝对综合呢？既然自由是绝对的，根本不能为客观事物所决定，客观事物与自由之间的不断一致究竟是由什么东西来保证的呢？如果客观事物总是被决定者，那么，究竟是什么东西恰好决定了客观事物会把自由本身所不能有的东西，即合乎规律的东西，客观地附加给完全表现为任性的自由呢？客观事物（合乎规律的东西）和起决定作用的东西（自由的东西）的这样一种预定和谐唯有通过某种更高的东西才可以思议，而这种更高的东西凌驾于客观事物和起决定作用的东西之上，因而即既不是理智，也不是自由，反之，同时是有理智的东西与自由的东西的共同源泉。

如果这种更高的东西无非是绝对的主观事物与绝对的客观事物、有意识的东西与无意识的东西之间的同一性的根据，而这两者正是为了表现出来，才在自由行动中分离开的，那么，这种更高的东西本身就既不能是主体，也不能是客体，更不能同时是这两者，而只能是绝对的同一性，这种同一性决不包含任何二重性，并且正因为一切意识的条件都是二重性，所以它绝对不能达到意识。这种永恒的无意识的东西，仿佛是精神王国中永恒的太阳，以自己固有的夺目光辉把自己掩盖起来，它虽然从未变成客体，但在一切自由行动上标出了自己的同一性，同时对于一切理智都是同一个东西，是一切理智由以分为各种级次的看不见的根源，是我们心中自我决定的主观事物与客观事物（直观者）的永恒中介，同时是自由中包含的规律性与客观事物的规律性中包含的自由的根据。

但我们也容易看出，那个在意识的最初活动中就已经分离，从而产生出整套有限事物的绝对同一体，一般是完全不能称谓的，因为它是绝对单纯的东西，也决不能有取诸理智的东西或自由的东西的称谓，因此，它也决不会是知识的对象，而只能是行动中永远假定的，即信仰的对象。

如果这种绝对是个人和整个类族自由行动中的客观事物和主观事物和谐一致的真正根据，我们便会最先在规律性中察觉这种永恒的、不变的同一性的痕迹，这种规律性作为一只未知的手编织出来的东西，通过任性的自由表演，贯串在全部历史过程中。

如果我们反思的对象仅仅是一切行动中无意识的或客观的事物，我们一定会把一切自由行动，因而也会把全部历史视为绝对预先决定的，而且不是有意识地预先决定的，而是完全盲目地预先决定的，这种完全盲目的预先决定表现于模糊的命运概念，这就是宿命论体系。如果反思的对象仅仅是主观的事物，即任意起决定作用的东西，在我们这里就会产生出一种绝对无规律性的体系，即真正的反宗教的和无神论的体系，认为一切作为与行动都没有什么规律和必然性。但是，如果反思上升到了那个作为自由和理智之间和谐的共同根据的绝对，那么，在我们这里就会产生出唯一真实的天意体系，即宗教体系。

当那个到处都能启示出来的绝对在历史中真正完全启示出来，或曾经启示出来时，这个绝对也会恰好因而出现于自由的现象方面。当自由的行动与预先的决定完全契合时，就会有这种完全启示的结果。但是，假如这样的契合，即绝对的综合一度得到了完全的发挥，我们便会看到，在历史过程中通过自由发生的一切事物在这个绝对综合的整体里都是合乎规律的，一切行动虽然看起来是自由的，然而恰好为表现这个整体所必要。有意识活动与无意识活动的对立必然是一种无穷的对立，因为消除了它，也就会消除了唯独以它为基础的自由现象。因此，我们决不可能设想有这样一个时期，在这个时期里，绝对的综合——如果用经验的语言来表达，就是天意的谋划——会得到完全的发挥。

如果我们把历史设想为一出戏剧，参与表演的每个演员都十分自由如意地扮演自己的角色，那么，这种杂乱的表演中的合理发展过程便只能这样来设想：有一位大师给一切演员制作诗歌，这位诗人写的章句（disjecti membra poëtae）就是各个演员要演的情节，他预先把整个演出的客观效果与各个演员的自由表演协调起来，使得最后一定会真正出现某个合理结局。但是，**假如**这位诗人不参与他写出的剧本的演出，我们就只是演唱他已经作出的诗句的演员。**如果**他不是不参与我们的演出，而是仅仅通过我们的自由表演本身，不断把自己启示和表露出来，以致连他自己的**生存**也与这种自由不可分离，那么，我们便是参与整个戏剧创作的诗人，是我们所演的特定角色的亲自编造人。——因此，自由与客观事物（合乎规律的事物）之间的和谐的最后根据，在存在着自由的现象时，决不可能完全变成客观的。绝对是通过每个理智而行动的，就是说，理智的行动**本身**是绝对的，就此而言，理智的行动既不是自由的，也不是不自由的，而是既自由同时又不自由，是**绝对而又自由的**，正因为如此，也是必然的。但是，如果理智使自己的行动对自己变为客观的，转变为客观世界，从而脱离开绝对的境界，即脱离开毫无差别的普遍同一性，并且意识到自己（自己把自己分开），那么，自由的事物与其中的必然的事物就会分离开。自由的事物只有作为内心的现象才是自由的，自由是我们的生存所在，虽然我们的自由的表现或我们的自由在转变为客观世界的情况下，像任何其他事情一样，遵循着自然的规律，但我们总是心里相信自己是自由的。

从以上所述,自然可以得知哪种历史观是唯一真实的历史观。整个历史都是绝对不断启示、逐渐表露的过程。所以,我们在历史中决不能指出一个地方,在那里仿佛可以看到天意或上帝本身的行踪。因为如果存在是表现于客观世界的东西,上帝便决不存在;假如上帝竟会存在,我们也就不能存在。反之,上帝是不断地把自己启示出来的。人通过自己的历史,不断地作出上帝存在的证明,而这种证明也只能由全部历史来完成。全部关键都在于人们看清那两种可能的选择。如果上帝存在,就是说,如果客观世界是上帝的完满表现,或自由的事物与无意识的事物完全会合的完满表现,那么,除了这种会合存在以外,便不能有任何其他东西存在。但客观世界确实不是如此。或许,客观世界实际上是上帝的一种完全启示吧?——如果自由的表现必然是无穷的,则绝对综合的完整发展过程也是一个无穷的发展过程。并且,历史本身是绝对的一种决不会完全发生的启示,绝对为了达到意识,因而也就是仅仅为了表现出来,才把自己分为有意识的东西与无意识的东西、自由者与直观者,但自己在其寓居的灼灼的光辉中则是这两者之间的和谐的永恒同一性和永恒根据。

我们可以假定绝对把自己启示出来的过程有三个时期,因此也可以假定历史的发展过程有三个时期。命运和天意这两个对立面给我们提供了做出这种划分的根据,在这两者中间有自然界,它构成从命运到天意的过渡阶段。

第一个时期是这样一个时期,在这个时期中占支配地位的东西还仅仅是作为命运,作为完全盲目的力量,冷酷地、无意识地毁灭最宏伟壮丽的事物;这个历史时期,我们可以称为悲剧时期，它包括了光辉灿烂、充满奇迹的古代世界的灭亡，包括了几乎没有留下什么纪念，而只能根据其废墟推断其规模的伟大王国的覆灭，包括了最高尚的人类的灭亡，他们那种繁荣昌盛的时代已经过去了，要让他们重返大地，这只不过是一种无法实现的宿愿罢了。

第二个历史时期是这样一个时期，在这个时期里，那种在第一个时期表现为命运，即表现为完全盲目的力量的东西呈现为自然界，并且那种在第一个时期占过支配地位的隐蔽的规律至少看起来变成了明显的**自然规律**，它强迫着自由和最放荡不羁的举动服务于一种**自然计划**，因而至少逐渐地引起了历史中的一种机械规律性。这个时期似乎是从伟大的罗马共和国扩展版图的时候开始的，从那时起，表现于征服其他民族、奴役其他民族的普遍欲望中的任意放肆思想，第一次要把各个民族一概相互联合起来——这种思想迄今都在各个民族的伦理与法规、艺术与科学中分别保存下来了——，使它们相互接触，这样，就无意识地、甚至于违背着各个民族的意志而不得不服务于一种自然计划，这种计划在得到彻底发展时，必然会引起包括一切民族的联盟和包括一切地区的国家。因此，属于这个时期的一切事件也可以看作是纯粹的自然结果，甚至于像罗马帝国的灭亡都既没有悲剧方面，也没有道德方面，而是按照自然规律必然会发生的，并且真正说来，不过是缴纳给自然界的一件贡物而已。

第三个历史时期将是这样一个时期，在这个时期，以前表现为命运和自然的东西，将作为**天意**而得到发展和显示，甚至貌似命运或自然的纯粹作品的东西也已经是以不完善的方式显示出来的天

意的开端了。

这个时期将在什么时候开始，我们无法回答。但是，当将来存在这个时期时，上帝也将存在。

F. 课题：说明自我本身怎样能意识到主观事物与客观事物之间的原始和谐

解　　决

I.

1）一切行动只有通过自由与必然的原始统一才能理解[①]。我们的证明是：任何行动，无论是个人的还是整个类族的，作为行动都必须被设想为自由的，作为客观结果则都必须被设想为服从于自然规律的。因此，从主观方面看，我们是为表现内心而行动的；从客观方面看，则决不是我们在行动，而是另一种东西仿佛通过我们而行动着。

2）但通过我而行动着的这种客观事物，应该又是我[②]。可是我完全是有意识的东西，那种客观事物则是无意识的东西。因此，我的行动中的无意识的东西应该与有意识的东西是同一的。但这种同一性在自由的行动本身并不能得到证实，因为正是为了自由行动（即为了那种客观事物的客观化）[③]而取消这种同一性的。所

从这个地方起，发表于以下注脚中的补充或校改（在正文里分别加了六角括弧〔〕）都是原来写在作者亲笔修订过的样本里的。——1857年本书德文版编者。

① 一切行动的绝对公设都是自由与必然的原始统一。

② 自由的东西。

③ 括号里的文字在修订样本中删去了。

以，这种同一性必定是在那种客观化以外被指明的[①]。但是，在自由行动中不依赖于我们而变成客观事物的东西在其表现出来的过程以内却是直观，所以，我的行动中的无意识的东西与有意识的东西的同一性就不得不在直观中予以证实。

但是，这种同一性在直观本身却得不到证明。这是因为，直观不是完全主观的，因而根本不是客观的，便是〔在行动中〕变为客观的，所以，在直观中就恰好是为了客观化而取消了这种同一性的。因此这种同一性便只有在直观的产物中予以指明。

在第二类客观事物中这种同一性是不能指明的，因为这类客观事物只有通过这种同一性的取消过程，通过这种同一性的无穷分离过程，才产生出来。这类客观事物当然只能以下列假定来解释：这类客观事物是一种原初就在和谐中设定的事物，它为了表现出来，就在自由行动中分离开了。但这种同一体对自我本身才应得到证明，并且因为是解释历史的根据，所以也就不能又根据历史加以证明。

因此，我的行动中的无意识的东西与有意识的东西的同一性只能在第一类客观事物中被指明。

我们认为客观世界是通过理智的一种完全盲目的机制产生出来的。但是，这样一种机制如果不是预先业已为自由的、有意识的活动所决定，它如何现在能存在于一种以意识的基本特点的自然界中，则是难以理解的事情。同样，如果在尚未成为有意识行动的

① 是在自由行动以外，在客观的、无意识的东西与我对峙的地方以外被指出来的。

对象的世界里不是预先业已借助于无意识活动与有意识活动的原始同一性而包含了对于有意识行动的感受性，我们的目标如何从来都能通过有意识的、自由的活动在外部世界中得到实现，也是难以理解的事情。

但是，如果一切有意识活动都是合乎目的的，有意识活动与无意识活动的会合便只能在一种虽不是被合乎目的地创造出来、但又合乎目的的产物中得到证实。这样一种产物必定是自然界；并且这正是一切目的论的原则，唯独在这样的目的论中，我们才能找到所提问题的解决办法①。

① 并且这样的自然界在我们看来就是对下列问题的最根本的回答：那种为行动的可能性而设定的必然与自由的绝对和谐，如何或何以又能对我们本身变成客观的。

第五章　以先验唯心论为原则的目的论主要原理

正像自由的现象确实必须仅仅通过唯一的、同一的、纯粹为了表现出来而有有意识和无意识之分的活动[①]来理解一样，自然界作为〔存在于这种分离过程彼岸的〕不借助于自由而被创造出来的东西，也确实一定会表现为一种虽然不是被合乎目的地创造出来、但是合乎目的的产物，就是说，一定会表现为一种虽然属于盲目机械作用的结果、但看起来好像是被有意识地创造出来的产物。

〔(a)〕**自然界必定表现为合乎目的的产物**。先验的证明[②]是从无意识活动与有意识活动的必然和谐作出来的。经验的证明则不属于先验哲学，因此，我们便立刻过渡到了第二个原理。这就是

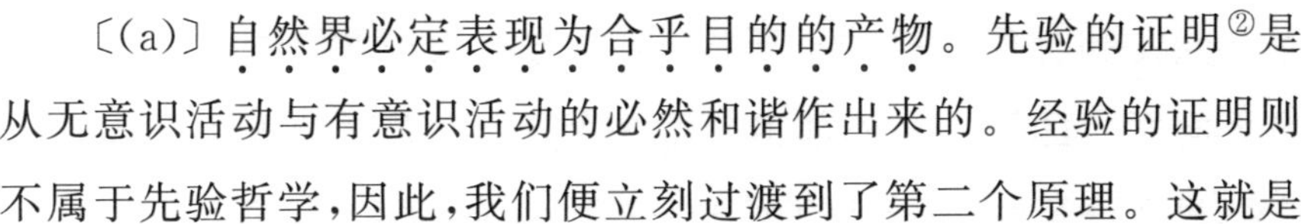

〔(b)〕**自然界按照创造过程**〔产生过程〕**来说不是合乎目的的**，就是说，自然界虽然在自身带有合乎目的的产物的一切特点，可是在自己的起源方面却不是合乎目的的，而且那种根据合乎目的的创造来解释自然界的努力会取消自然界的特点，会恰恰取消那种使自然界成为自然界的东西。因为自然界的特点正是基于这

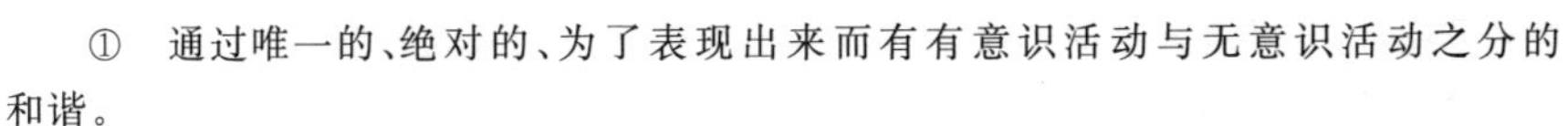

① 通过唯一的、绝对的、为了表现出来而有有意识活动与无意识活动之分的和谐。

② 思辨的和根本的证明。

样一点:自然界在其机械过程中虽然本身无非是盲目机械过程,却是合乎目的的。我要是取消了这种机械过程,也就取消了自然界本身。全部魔术,例如,那种表现于有机自然界的、借助于先验唯心论才能完全看穿的魔术,就是以这样一种矛盾为依据的:这个自然界虽然是盲目的自然力量的产物,然而又是彻里彻外地合乎目的的。而目的论解释方式所要取消的①,也正是这种能用先验原理〔唯心论原理〕a priori〔先验地〕演绎的矛盾。

康德说,具有合乎目的的形式的自然界生动地告诉我们,对它的密码的解释会给我们提供我们自由的现象。在自然产物里,还汇聚了那种在自由行动中为了表现出来而分离开的东西。任何植物都完全是它应该成为的那种东西,它的自由的成分是必然的,必然的成分是自由的。人则是一种永远残缺不全的东西,因为他的行动或者是必然的,于是乎是不自由的,或者是自由的,于是乎不是必然的和合乎规律的。所以,唯独有机自然界②向我们提供了自由与必然的统一在外部世界的完整表现,而这种现象根据有机自然界在理论哲学所讲的创造过程中占有的地位,即可预先推断出来,因为按照我们的推导,有机自然界本身已经是一种变得客观的创造活动,所以在这个限度内与自由行动相毗邻,然而却是创造活动的一种无意识的直观,所以,在这个限度内本身又是一种盲目的创造活动。

① 因为目的论解释方式是在得出创造自然界的意图的那种含义上把自然界描述为合乎目的的。但实际情况是:恰恰在没有任何意图、没有任何目的的地方,表现出最高的合目的性。

② (具体地说)或作为绝对的有机生物的自然界(大体地说)。

同一个产物既是盲目产物而同时又合乎目的这种矛盾，除了先验唯心论体系以外，任何体系都完全无法解释，因为任何其他体系不是否认这种产物的合目的性，便是否认创造这种产物的机械性，因而恰好必然取消了合目的性与机械性的共存关系。有一种人认为，物质自动地形成了合乎目的的产物，这至少可以理解物质与目的概念如何会浸透到这种产物中；在这种情况下，他们或者是给物质附加上万物有生论这种荒谬的体系所讲的绝对实在性，因而认为物质本身是有理智的，或者是不给物质附加上这种东西，因而必须把物质设想为是一种有理智的生物的纯直观方式，以致目的概念和客体实际上不是浸透到物质中，而是浸透到这种生物的直观中，于是万物有生论本身又终于还原为先验唯心论。另一种人则认为物质是完全消极的，让物质产物中的合目的性由物质以外的一种理智创造出来，就是说，让这种合目的性的概念先于创造过程本身，于是概念和客体怎么会浸透到无限事物中，一言以蔽之，这种产物怎么不是艺术作品，而是自然产物，就成为不可理解的事情了。因为艺术作品与自然产物的分别恰恰是基于在艺术作品中概念仅仅铭刻在客体的表面现象上，而在自然产物中概念则转变为客体本身，并且与客体完全不可分离。但目的概念与客体本身的这种绝对同一性可以纯粹用一种创造过程来解释，在这种创造过程中有意识活动与无意识活动合而为一，不过这种过程又只有在一种理智中才是可能的。我们虽然可以理解一种创造性理智如何能对自己展现为一个世界，但我们却不可理解它如何能对自身以外的其他理智展现为一个世界。因此，我们看到我们在这里又不得不回到先验唯心论上。

无论整个自然界的合目的性，还是个别产物的合目的性，只有用一种原来业已把概念的概念和客体本身不可分离地统一起来的直观，才能理解，这是因为，虽然创造过程本身已经被一种为了达到意识而有自由和不自由之分的本原所决定，因而产物必须表现为合乎目的的，但目的概念和客体本身在那种直观中还不可分，因而目的概念便不会又被设想为先于创造过程的。一切目的论解释方式都认为与有意识活动相对应的目的概念先于与无意识活动相对应的客体，这种解释方式实际上都取消了一切真实的自然解释，因而有损于完善的知识本身。根据以上所述，这种情形当然可以很明显地看得出来，所以，我们不必作任何进一步的说明了，甚至于连例证也不必列举了。

II.

具有盲目的、机械的合目的性的自然界对我来说当然代表有意识活动与无意识活动的一种原始同一性，但对我〔毕竟〕不代表其最后根据在自我本身的那种同一性。先验哲学家虽然看到了前一种同一性〔那种和谐〕的本原是我们的最终基础[①]，它在自我意识的最初活动中业已分离开，整个意识及其一切规定都是以它为依托，但自我本身并没有看到这一点。而整个知识学的任务在过去却正是要解释主观事物与客观事物之间的和谐的最后根据如何对自我本身会变为客观的。

因此，在理智本身必然可以指出一种直观，通过这种直观，自

① 自在的东西，灵魂的本质。

我在同一种现象里对自身既是有意识的，同时又是无意识的，并且，只有通过这样一种直观，我们才使理智仿佛完全摆脱其自身，因此，也只有通过这样一种直观，才解决了先验哲学的全部〔最高〕问题（解释主观事物与客观事物的一致）。

有意识活动与无意识活动在同一种直观中变为客观的，这是第一条规定；通过这条规定，这种直观就与我们在实践哲学中所能推导出来的直观[①]区别开了；在实践哲学里理智仅仅对内在直观是有意识的，对外在直观则是无意识的。

自我在同一种直观中对自身既成为有意识的，同时又成为无意识的，这是第二条规定；通过这条规定，这里设定的直观就与我们在自然产物中得到的直观区别开了；在自然产物中，我们虽然也认识到有意识活动与无意识活动的同一性，但并不是把这种同一性视为其本原在自我本身的同一性。任何机体都是表示那种原始同一性的拼合文字[②]，而自我要在这种反映中认识到自己，就必须在那种同一性中业已直接认识到自己。

为了找到这种直观本身，我们只须分析现在推导出来的这种直观的特征，而这种直观如果先加以断定，则只能是艺术直观。

① 自由行动中的自我直观。

② 一团密密麻麻的笔画。

第六章　哲学总官能的演绎或以先验唯心论为原则的艺术哲学主要原理

§1. 一般艺术作品的演绎

业已设定的直观，可以综合自由现象中和自然产物直观中分开存在的东西，即自我中有意识东西与无意识东西的同一性和对于这种同一性的意识。所以，这种直观的产物一方面会与自然产物相毗连，另一方面则会与自由产物相毗连，并且这两者的特点一定在自身是统一的。如果我们认识了直观的产物，那也就认识了直观本身，因此，要推演这种直观，我们只需推演它的产物也就行了。

一方面，这种产物会与自由产物有共同之处，就是说，它是有意识地被产生的东西；另一方面，这种产物则会与自然产物有共同之处，就是说，它是无意识地被产生的东西。所以，从前一方面看，这种产物将是与有机自然产物相反的东西。如果说无意识的（盲目的）活动是作为有意识的活动从有机界的产物中反映出来的，那么相反，有意识的活动则是作为无意识的（客观的）活动从这里所说的产物中反映出来的，换句话说，如果有机界的产物对于我是把无意识的活动反映为取决于有意识活动的，那么，这里推演的产物则会相反地把有意识活动反映为取决于无意识活动的。简言之，自然界是无意地开始而有意识地告终的，创造虽说不是合乎目的的，但其产物却是合乎目的的。进行着这里所谈的活动的自我则必然是有意识地（主观地）开始而在无意识的东西中告终的，或者说是客观地告终的；自我就其创造活动而言是有意识的，但就其产物来看则是无意识的。

无意识的活动在业已设定的直观中仿佛始终通过有意识的活动来发挥作用，以至于达到与有意识活动的完全同一性。但我们应该怎样先验地解释这样一种直观呢？——我们首先考虑到活动应该是有意识的。不过，要有意识地产生某种客观事物是绝对不可能的，但在这里又是需要的。只有无意识地产生的东西才是客观的，所以，在这种直观中也就肯定不可能有意识地附加真正的客观事物。关于这种情形，我们可以直接援引过去关于自由行动所做出的证明，即通过某种不依赖于自由的东西，在自由行动中附加了客观事物。区别仅仅在于：〔a〕在自由行动中必须取消两种活动的同一性，只有这样，行动才会表现为自由的，〔反之，在这里两种活动则应不否定行动而在意识本身表现为一个东西〕；〔b〕两种活动在自由行动中决不可能成为绝对同一的，因此，自由行动的对象必然是一种无限的对象，即决没有完全实现的对象，因为假如它完全实现了，有意识活动与客观活动就会合而为一，就是说，自由的现象就不会再存在了。通过自由根本不可能达到的东西，通过现在设定的行动则应能达到；但正因为这样，这种行动也就一定不再

是自由行动了,而变成了自由与必然在其中得到绝对统一的行动。但是,有意识的创造毕竟应该出现,只有两种〔活动〕未分离开,这种创造才不可能出现。所以,这里有一个明显的矛盾。〔我想再说明一下这个矛盾〕。有意识活动和无意识活动正像在有机界的产物中那样,在作品中也应该是绝对同一的东西,不过,它们应该以另一种方式成为同一个东西,两种活动应该对自我本身是同一个东西。但是,除非自我已经意识到了创造,否则,上述情形是不可能的。而如果自我已经意识到了创造,那么,有意识活动与无意识活动便一定是分离开的,因为这种分离是意识到创造的必要条件。所以,两种活动必须是同一个东西,因为不然的话,就没有任何同一性了;但两种活动又必须是分离开的,因为不然的话,虽然也有同一性,却不是对自我的同一性。这个矛盾须如何解决呢?

两种活动正像在自由行动中为了使直观变为客观的东西而必须分离开一样,在这里为了使创造表现出来,为了使创造变为客观的东西,也必须是分离开的。不过,正像在自由行动中那样,它们不能无限地分离下去,否则客观的事物就决不会是它们的同一性的完整表现[①]。两种活动的同一性之应该取消,仅仅是为了达到意识,但创造过程又应该在无意识状态中告终;因此,必定有两者合而为一的地方,反过来说,在两者合而为一的地方,创造必定不再表现为自由的创造[②]。

---

① 为自由行动而包含在无限进展中的东西,在现在的创造过程中应该是一种现在,在有限事物中应该变为现实的、客观的。

② 这时自由的活动已完全转变成客观事物、必然事物。因此,创造过程在开始时是自由的,反之,产物则表现为自由活动与必然活动的绝对同一。

如果创造过程达到这个地方，那么，创造活动就一定完全终止了，创造者也就一定不可能再进行创造了，因为一切创造活动的条件都正是有意识活动与无意识活动的对立，但这些活动现在都应该绝对会合在一起，因而在智理中一切斗争都应该取消，一切矛盾都应该统一起来[①]。

所以，理智将会以完全承认发端于理智本身、表现于产物之中的同一性而告终，就是说，将会以完善的自我直观而告终[②]。既然在那种原初使理智自相分裂的同一性中已经有了自我直观的自由趋势，那么，伴随着自我直观而来的那种感受就将是对无限满足的感受。这时一切进行创造的冲动，都随着产物的完成而得到了满足，一切矛盾都消除了，一切谜底都猜出来了。既然创造过程过去是从自由开始，即从两种活动的无穷对立开始的，那么，理智就不会把结束了创造过程的两种活动的绝对统一归于自由，因为随着产物的完成，一切自由的现象也就同时取消了；理智将由于这种绝对统一本身而感到惊异和荣幸，就是说，理智仿佛把这种绝对统一视为一个更高的本质的自愿恩赐，这个本质把理智不可能做的事情弄成了可能的。

但是，这个使客观活动与有意识活动在此得到非所预料的和谐的未知物，无非就是那个包含着有意识东西和无意识东西之间预定和谐的总根据的绝对[③]。因此，这个绝对如果是从产物中反

① 在修订样本中“如果创造过程达到这个地方……”这一段已经删掉。

② 因为它（理智）本身就是创造者；但同时这种同一性又完全脱离开了理智：这种同一性对于理智来说变成了完全客观的，就是说，同一性本身变成了完全客观的。

③ 原始自体。

映出来的，理智便会觉得这个绝对是某种高高地凌驾于自己之上的东西，甚至于是违背着自由，而把没有目的的结果附加到已经有意识、有目的地着手做的事情上的东西。

这个根本无法认识而只能从产物中反射出来的不变的同一体，对创造者来说也正是对行动者来说的那种命运之类的东西，就是说，是一种模糊的未知的力量，它把业已完成的东西或客观的东西添加到自由的不完整的作品之上；并且，就像那种通过我们的自由行动，未经我们的认识，甚至违背着我们的意志而实现了没有想象到的目标的力量可以被称为命运一样，这种不可理解的东西，这种不受自由的影响，在某种程度上又违背着自由，永远躲藏到自由中的东西，这种在创造过程中得到了统一，把客观事物添加到有意识事物上的东西，也可以用模糊的天才概念来表示。

这样设定的产物无非就是天才作品[①]，或者说，无非是艺术作品，因为天才只有在艺术中才可能。

这样，我们的演绎就告成了。我们首先须要做的，不过是以完整的分析指明，我们所设定的创造的一切特征都会在美感创造中汇集起来。

所有的艺术家都说，他们是心不由主地被驱使着创造自己的作品的，他们创造作品仅仅是满足了他们天赋本质中的一种不可抗拒的冲动，从这些言论中即可正确推知，一切美感创造活动都是以活动的一种对立为依据的，这是因为，如果一切冲动都以矛盾为出发点，以至矛盾设置起来了，自由活动就会成为不由自主的活

① 天才的作品。

动，那么，艺术家的冲动也只能是起源于对内在矛盾的这样一种感受。但这个矛盾既然会使整个的人全力以赴地行动起来，那么，无疑是抓住了他的生命的矛盾，是他的整个生存的根本[①]。在最罕见的、真正优于其他艺术家的人们当中，那种为全部生存所依托的不变的同一体仿佛脱掉了束缚着其他艺术家的外壳，像直接受到事物的影响一样，也直接反作用于一切事物。因此，激起艺术家的冲动的只能是自由行动中有意识事物与无意识事物之间的矛盾，同样，能满足我们的无穷渴望和解决关乎我们生死存亡的矛盾的也只有艺术。

美感创造不仅开始于对貌似不可解决的矛盾的感受，而且按照一切艺术家以及一切具有艺术家灵感的人们的供认，还结束于对无限和谐的感受。这种随着完成美感创造所产生的感受，同时也是一种感触，这就证明艺术家并不是把他在自己的艺术作品中看到的矛盾的完全解决〔唯独〕归功于他自己，而是归功于他的天赋本质的自愿恩赐，这种本质无论多么无情地使他自相矛盾，却同样会仁慈地使他摆脱这个矛盾给他带来的痛苦[②]；因为正像艺术家不由自主地、甚至怀着内心矛盾被驱使着从事创造活动（古代人关于 pati Deum〔情生于神〕的说法就是从这里来的，一般人关于外来的嘘气进入体内会产生灵感的观念，也是从这里来的）一样，客观事物也同样仿佛是不受艺术家的影响，即纯然客观地附加到艺术家的创造上去的。不幸的人不能完成他自己愿意做的或打算

① 真正自在的东西。

② 在修订样本中是：而是归功于对他的天赋本质的自愿恩赐，因此也就是归功于无意识活动和有意识活动的会合。

做的事情，而是完成了那种影响着他的、不可理解的命运使他不得不做的事情，正像这种人一样，艺术家无论怀有多大意图，在自己的创造所包含的真正客观事物方面看来也毕竟受着一种力量的影响，这种力量把他同其他一切人分开，逼着他谈吐或表现那些他自己没有完全看清、而有无穷含意的事情。既然两种不断逃遁的活动的绝对会合根本不能深加解释，而仅仅是一种虽然不可理解[①]，但又无法否认的现象，因此，艺术就是这种会合所提供的唯一的、永恒的启示，是一种奇迹，这种奇迹哪怕只是昙花一现，也会使我们对那种最崇高的事物的绝对实在性确信无疑。

其次，如果说艺术是由两种彼此迥然不同的活动完成的，那么，天才就既不是这种活动，也不是那种活动，而是凌驾于两种活动之上的东西。如果说我们在有意识活动中一定会找到一种东西，这种东西虽然可以总称为艺术，但仅仅是艺术的一部分，它会经过深思熟虑而自觉地完成，既能教也能学，是能用别人传授和亲自实习的方法得到的，那么，与此相反，我们在参与了艺术创造的无意识活动中也一定会找到另一种东西，这种东西在艺术里是不能学的，也不能用实习的方法和其他方法得到，而只能是由那种天赋本质的自由恩赐先天地造成的，这就是我们在艺术中可以用诗意一词来称谓的那种东西。

但恰恰从这里也可以自然而然地看出，要问这两种组成部分哪一种优越，是一个极其无意义的问题，因为实际上其中的每一种组成部分若无另一种组成部分，便没有任何价值，只有把两种组成

① 从纯粹反思的观点来看。

部分联合起来，才创造出最崇高的事物。虽然我们生而就有的、通过实习达不到的东西一般被视为是更美妙的东西，然而，诸神也把那种本原力量的发挥与人的深思熟虑、严肃认真和勤奋努力很牢固地结合起来，以致诗意即使是天赋的，如果没有技巧，也仿佛只能创造出僵死的作品来，而这种作品是任何有知性的人都会感到索然无味的，并且由于全然盲目的力量在其中发挥作用，因而是完全不能加以评判的，甚至是不能加以观照的。与其说我们可以期待没有技巧的诗意会有所成就，倒不如说我们可以期待没有诗意的技巧会有所成就，这一方面是因为许多人虽然完全没有技巧，但人的天赋本质中很难说完全没有诗意，另一方面是因为不断学习大师的思想，能在某种程度上弥补原来缺乏客观力量的情况，尽管这样做总是只能产生一种诗意的外观。与真正艺术家的深不可测的奥秘相比，这种外观无论就其肤浅的程度而言，还是就其许多别的特征——例如，侧重艺术中纯粹机械性的成分，运用的形式贫乏，等等——而言，都是容易识别的。真正的艺术家虽然是极其深思熟虑地进行工作的，却不知不觉地把这种深不可测的奥秘迁移到自己的作品里去，无论是他自己还是任何其他人，都完全无法深入了解这种奥秘。

自然由此也可以看出，正像单凭诗意、单凭技巧都不能创造出完美无瑕的作品来一样，这两者分别存在，而不相互结合，也不能创造出完美无瑕的作品来[①]；因此，两者的同一性只能是原始的，

① 两者中没有任何一方比另一方优越。在艺术作品中反映出来的，正是两者（技巧与诗意）的无差别状态。

是通过自由活动所完全不可能实现和达到的。完美无瑕的作品只有天才才能创造出来，正因为如此，美学中的天才就等于哲学中的自我，就是说，最崇高的事物就是绝对实在，它自己虽然决不会变为客观的，却是一切客观事物的原因。

§2. 艺术作品的特点

a）艺术作品向我们反映出有意识活动与无意识活动的同一性。但这两者的对立是一种无限的对立，而这种对立不假借自由的任何影响，也会取消。所以，艺术作品的根本特点是无意识的无限性〔自然与自由的综合〕。艺术家在自己的作品中除了表现自己以明显的意图置于其中的东西以外，仿佛还合乎本能地表现出一种无限性，而要完全展现这种无限性，是任何有限的知性都无能为力的。我们仅以希腊神话为例，来说明这一点。无可否认，希腊神话本身包含着表示一切思想的无穷寓意和象征，它是在一个民族里以这样一种方式产生的，即这两种东西使人们不可能认为在那种把宇宙万物统一为一个伟大整体的构想与和谐中可以贯穿着统一的意图。任何真正的艺术作品，如果其中仿佛包含着意图的无限性，能作无限的解释，其性质也是如此；不过在这里我们决不能陈述这种无限性是存在于艺术家本身还是仅仅存在于艺术作品中。反之，在仅仅佯示艺术作品特点的那种产物中，则在表面上具有目的与规则，而且显得范围很狭小，以致这种产物无非是艺术家有意识活动的忠实翻版，完全是一种反思的对象，而不是那种喜欢潜心于

被直观事物、只能以无限事物为依归的直观的对象。

b）一切美感创造过程都开始于对无限的矛盾的感受，所以，随着艺术作品的完成而来的感受也必定是对于这种满足的感受，而且这种感受必定又会转变为艺术作品本身。因此，艺术作品的外在表现就是恬静、肃穆和宏伟的表现，甚至在应该表现出极度痛苦或欢乐心情的时候，也是如此。

c）两种活动在任何自由创造中都是分离的，一切美感创造过程都以两种活动的这种自身无限的分离为出发点。但是，既然这两种活动可以在作品中被表现为统一的，那么，这种作品就终于把无限的事物表现出来了。而这种终于被表现出来的无限事物就是美。因此，一切艺术作品都以统摄了这两种以前出现的活动为其基本特点，这种特点就是美，没有美也就没有什么艺术作品。因为虽然崇高的艺术作品是存在的，而且美和崇高在某些方面又互相对立，例如一种自然景致可以美而并不因此就崇高，或可以崇高而并不因此就美，但美与崇高的对立却仅仅是在直观的客体方面，而不是在直观的主体方面发生的对立，因为美的艺术作品与崇高的艺术作品的差别仅仅是基于：在有美的地方，无限的矛盾是在客体本身被消除了，反之，在有崇高的地方，这个矛盾却不是不在客体本身得到统一，而是仅仅上升到一个高度，在直观中不由自主地消除自己，于是看起来仿佛是在客体中被消除的[①]。这也就不难说明，崇高和美都是以同一个矛盾为依据，因

① 在修订样本中代替这一段的是：因为虽然有崇高的艺术作品，而人们又往往把崇高与美对立起来，但美和崇高之间却没有什么真正的、客观的对立；真实的、绝对的美的东西总是崇高的，崇高的东西（如果是真实的）也是美的。

为我们称一个客体为崇高的时候，总可以通过无意识活动得到一种在有意识活动中不可能得到的庄严宏伟感，从而难免使自我处于自相斗争的境地，而这个斗争只有在那种致使两种活动达到非所预料的和谐的美感直观中才会结束；不过那种在这里不是存在于艺术家中，而是存在于直观主体本身的直观活动却是完全不由自主的，于是崇高的事物（它完全不同于纯粹令人惊异的事物，这种事物同样也给想象力设置了一个矛盾，但这个矛盾却不值得用力去解决）就促使一切情感的力量都动作起来，以求解决那个威胁着全部理智生存的矛盾。

这样，推演出艺术作品的特点以后，同时也就阐明了艺术作品与其他一切产品的差别。

这是因为，艺术作品与有机自然产物之所以不同，主要是由于〔(a)有机产物把美感创造所表现的那种分离以后又统一起来的东西表现为尚未分离的；(b)〕有机界的创造过程不是从意识出发，因而也就不是从构成美感创造的条件的无限矛盾出发。因此，〔如果美完全是无限抗争的解决，〕有机自然产物也就不一定是美的了；如果它是美的，美就会显得是完全偶然的，因为我们无法设想自然界中有美的条件。所以，对于自然美的十分独特的兴趣，不能就其为一般的美而言加以解释，而是就其为特定的自然美而言才能加以解释。从这里自然就可以看出，把摹仿自然当作艺术原则到底有什么意思，因为，远非纯粹偶然美的自然可以给艺术提供规则，毋宁说完美无缺的艺术所创造的东西才是评判自然美的原则与标准。

这样，美感作品与通常的工艺产品何以不同，也就不难判别了，因为一切美感创造活动在其原则上都是一种绝对自由的活动，艺术家虽然也可能是受了某种矛盾的驱使而从事美感创造活动的，但这种矛盾仅仅存在于艺术家所特有的最高天赋本质中，反之，任何其他创造活动则都是由存在于真正的创造者之外的矛盾引起的，因而也都有自身以外的目的[①]。对于外在目的的这种独立性产生了艺术的神圣性与纯洁性。艺术是很神圣、很纯洁的，以致艺术不仅完全与真正的野蛮人向艺术所渴求的一切单纯感官享受的东西断绝了关系，与唯有那个使人类精神对经济发明作出最大努力的时代才能向艺术索求的实用有益的东西断绝了关系，而且也与一切属于道德风尚的东西断绝了关系，甚至把那种在毫不利己方面最靠近艺术的科学也远远地置于自己的地位之下，这纯粹因为科学总是涉及自身以外的某种目的，而且归根到底必须仅仅作为手段，为最崇高的东西（艺术）服务。

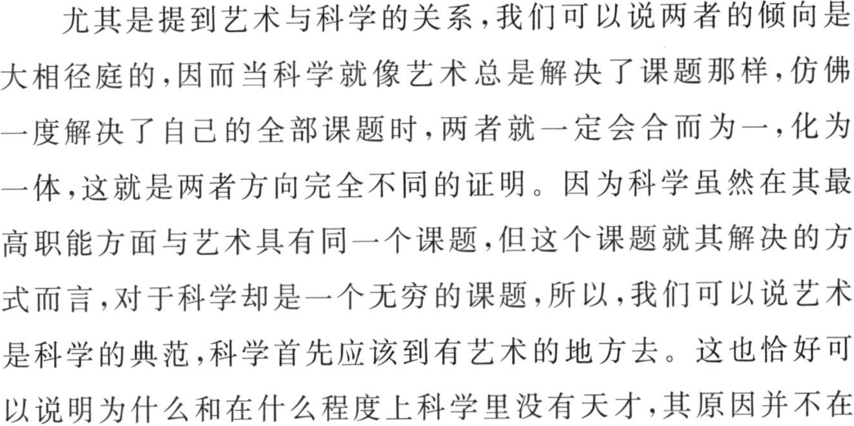

尤其是提到艺术与科学的关系，我们可以说两者的倾向是大相径庭的，因而当科学就像艺术总是解决了课题那样，仿佛一度解决了自己的全部课题时，两者就一定会合而为一，化为一体，这就是两者方向完全不同的证明。因为科学虽然在其最高职能方面与艺术具有同一个课题，但这个课题就其解决的方式而言，对于科学却是一个无穷的课题，所以，我们可以说艺术是科学的典范，科学首先应该到有艺术的地方去。这也恰好可以说明为什么和在什么程度上科学里没有天才，其原因并不在

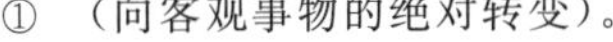

① （向客观事物的绝对转变）。

于科学课题似乎不能天才地加以解决，而在于这种可以由天才找到解决办法的课题也能机械地加以解决。例如，牛顿的万有引力体系就是这样。这个体系可以算是一项天才的发明，并且它的第一个发明者实际上是刻卜勒，但它也可以算是一项完全属于科学方面的发明，而这项发明是经过牛顿才完成的。艺术创造的东西唯有通过天才才是可能的，因为在艺术解决了的一切课题中，无限的矛盾得到了统一。科学创造的东西可能是通过天才造成的，但并非必然地是通过天才造成的。因此，天才在科学里永远是有疑问的，就是说，我们虽然总能肯定地说出什么地方没有天才，但是决不能说出什么地方有天才。在科学中能够据以推测出有天才存在的特征，实在微乎其微；〔人们在科学中不得不推测有天才存在，就已经表明这完全是在缘木求鱼〕。例如，在某种类似于体系的整体仿佛由各个部分组合而成的地方，就确实没有天才。反之，在整体的观念显然先于各个部分而出现的地方，我们则必须假定的天才。这是因为，既然整体的观念只有通过它在各个部分的发挥才能明显地看出来，而各个部分又毕竟只有通过整体的观念才可能存在，那么，这里就显得有一个矛盾，这个矛盾只有通过天才的活动才能存在，即只有通过无意识活动与有意识活动的料想不到的会合才能存在。某个人陈述和断言各种事情，它们的意义无论按他所生活的时代来说，还是按他所发表的其他言论来说，他都不可能完全看清楚，所以他在这里似乎是自觉地说出了他只能在无意识中说出来的某种东西，这也许是揣想科学里有天才的另一条理由吧。不过，很容易用各种不同的方法证明，这类揣想的

理由也是极其不可靠的。

天才与一切其他精明强干或敏捷熟练的才能之所以不同，是因为天才可以解决其他任何才能用别的方法都绝对不能解决的矛盾。在一切创造中，甚至在最普通、最常见的创造中，无意识活动与有意识活动都是共同发挥作用的；但是，只有为两种活动的无限对立所制约的创造，才是美感的、唯独天才能进行的创造。

§3. 附　　论

为当前研究的需要而完整地推演出艺术作品的本质和特点以后，我们就只剩下陈述艺术哲学与整个哲学体系一般所具有的关系了。

1）整个哲学都是发端于、并且必须发端于一个作为绝对同一体而完全不客观的本原。但是，如果这个绝对不客观的东西是理解整个哲学的条件，我们应该怎样对它作必要的认识和理解呢？无需证明，这个绝对不客观的东西既不能用概念来理解，也不能用概念来表现。因此，剩下的唯一方法就是在一种直接的直观中表现这个绝对不客观的东西；不过，这种直观本身又是不可理解的，并且由于本来应以某种完全不客观的东西为其对象，所以甚至于显得是自相矛盾的。然而，假如终究有这样一种直观，它以绝对的同一体，以本身既不主观也不客观的东西为对象，假如我们为了这种只能是理智直观的直观而诉诸直接经验，那么，这种直观在没有一种普通的、公认的客观性时，究竟又何以能客观地，即无可置疑地确立起来，而不使人觉得是以纯粹主观的幻想为依据的呢？理智直观的这种普遍承认的、无可否认的客观性，就是艺术本身。因为美感直观正是业已变得客观的理智直观[①]。艺术作品唯独向我反映出其他任何产物都反映不出来的东西，即那种在自我中就已经分离的绝对同一体；因此，哲学家在最初的意识活动中使之分离开的东西是通过艺术奇迹，从艺术作品中反映出来的，这是其他任何直观都办不到的。

但是，不仅哲学的最初本原和哲学由之开始的最初直观，而且连哲学推演出来而作为自身的依据的全部机制，也都是通过美感创造才变为客观的。

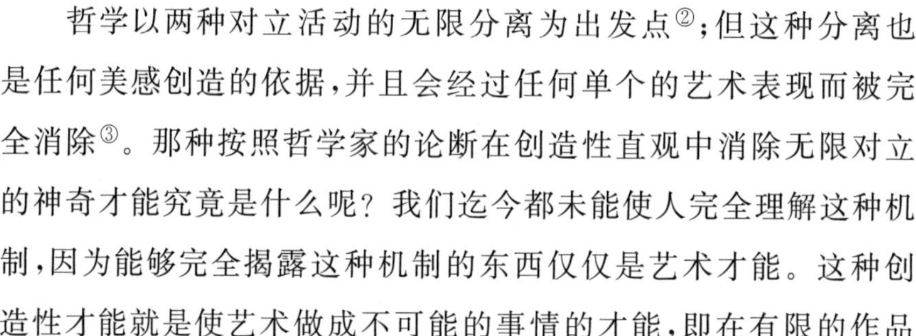

哲学以两种对立活动的无限分离为出发点[②]；但这种分离也是任何美感创造的依据，并且会经过任何单个的艺术表现而被完全消除[③]。那种按照哲学家的论断在创造性直观中消除无限对立的神奇才能究竟是什么呢？我们迄今都未能使人完全理解这种机制，因为能够完全揭露这种机制的东西仅仅是艺术才能。这种创造性才能就是使艺术做成不可能的事情的才能，即在有限的作品

---

① 整个哲学都是发端于、并且必须发端于一个作为绝对本原而同时也是绝对同一体的本原。一个绝对单纯、绝对同一的东西是不能用描述的方法来理解或言传的，是绝不能用概念来理解或言传的。这个东西只能加以直观。这样一种直观就是一切哲学的官能。但是，这种直观不是感性的，而是理智的；它不是以客观事物或主观事物为对象，而是以绝对同一体，以本身既不主观也不客观的东西为对象。这种直观本身纯粹是内在的直观，它自己不能又变为客观的：它只有通过第二种直观才能变为客观的。而这第二种直观就是美感直观。（在修订样本中这一段是这样讲的）

② 哲学认为一切直观的创造过程都产生于以前并不相互对立的两种活动的分离。

③ “并且……消除”这句话在修订样本中已删去。

中消除无限的对立的才能。那种在发展的最初级次中是原始直观的东西，正是诗才，反过来说[①]，我们称为诗才的东西，仅仅是在发展的最高级次中重复进行的创造性直观。在两种直观中进行活动的正是一种才能，正是使我们能够思考与综合矛盾事物的唯一才能——想象力。因此，也正是同一种活动的产物，在意识彼岸我们觉得是现实的产物，在意识此岸则觉得是理想的产物或艺术世界。但是，在产生产物的其他条件完全相同时，一种产物的起源在意识彼岸，另一种产物的起源则在意识此岸，正是这种情况造成了两种产物之间永恒的、决不能加以消除的差别。

这是因为，虽然现实世界完全是从原始对立产生的，艺术世界也必须从这个对立产生，同样被设想为一个巨大整体，而在自己的任何单个作品里仅仅表现唯一的无限事物，但是，只有当作为整体的客观世界表现无限事物，而决不是单个客体表现无限事物时，意识彼岸的原始对立才是无限的，反之，对于艺术而言，这个原始对立则在第一单个的客体方面都是无限的对立，每一单个的艺术作品都表现无限性。因为，如果美感创造过程是从自由开始的，如果有意识活动与无意识活动的原始对立恰恰对于自由是绝对的对立，那么，实际上也就只有一种绝对艺术作品，它固然可以存在于十分不同的样本中，但也不过是单一的东西而已，即使这种东西还不能以最原始的形态存在。对于这个见解决不能有什么非议，认

① 在修订样本中代替这一段的是：那种产生客体的创造性才能就是产生艺术对象的才能，只不过这种活动在产生客体时是污浊的、有限的，而在产生艺术对象时则是纯洁的、无限的罢了。诗才只要表现于有限的和现实的事物，从其发展的最初级次来看，就是灵魂最初的创造能力，反过来说，……

为艺术作品的说教所掀起的慷慨大度不能与这个见解相容。不直接表现或至少以反映关系表现无限事物的作品，决不是艺术作品。例如，那些就其本质而言仅仅表现个别事物与主观事物的诗作，我们也可以称为艺术作品吗？如果这样，我们便不得不给所有仅仅给人以瞬时感觉、当下印象的短嘲诗也都冠以艺术作品的称号了，因为作这类诗的大师终究也是想仅仅通过他的诗作的整体来创造客观性的，并且是把自己的诗作仅仅当成手段，用以表现一种完整的无限的生命，从多方面来反映这种生命。

2）如果美感直观不过是业已变得客观的先验直观①，则显然可知，艺术是哲学的唯一真实而又永恒的工具和证书，这个证书总是不断重新确证哲学无法从外部表示的东西，即行动和创造中的无意识事物及其与有意识事物的原始同一性。正因为如此，艺术对于哲学家来说就是最崇高的东西，因为艺术好像给哲学家打开了至圣所，在这里，在永恒的、原始的统一中，已经在自然和历史里分离的东西和必须永远在生命、行动与思维里躲避的东西仿佛都燃烧成了一道火焰。哲学家关于自然界人为地构成的见解，对艺术来说是原始的、天然的见解。我们所谓的自然界，就是一部写在神奇奥秘、严加封存、无人知晓的书卷里的诗。要是真能揭开这个谜，我们就会从中认出精神的奥德赛，精神也是神奇地受了迷惑，不断寻找自己又不断躲避自己的；因为精神的内蕴就像透过词句一样，是透过感性世界闪现出来的，我们向往的理想境界就像透过迷雾一样，是透过感性世界闪现出来的。去掉那层看不见的、把现

① 理智直观（校改样本）。

实世界和理想世界分割开的隔膜，打开一个缺口，让那个只是若明若暗地透过现实世界而闪烁出来的理想世界的人物形象和山川景色完全袒露出来——一切壮丽的画卷仿佛都是这样产生的。自然界对于艺术家不再是对于哲学家那样的东西了，就是说，自然界不再仅仅是在不断限定之下表现出来的理想世界了，或者说，不再仅仅是那个不在哲学家身外、而在哲学家心中存在的世界的残光反照了。

但哲学与艺术究竟是从什么地方不顾它们之间的这种密切的关系而产生了对立的呢？这个问题通过以上的演绎已经作了详尽的回答。

因此我们可以用下面的话来结束我们的演绎。——一种体系在回到自己的出发点时就完成了。而我们的体系也正是这样。因为主观事物与客观事物完全和谐的原始根据，只能由理智直观来表现其原始统一性，正是这个原始根据经过艺术作品，从主观事物中完全表露出来，并全部变为客观的，以至我们把自己的对象，即**自我**本身逐渐引导到我们开始作哲学思考时曾经亲自待过的地方。

但是，如果说唯独艺术能用普遍有效性把哲学家只会主观表现的东西弄成客观的，那么，要再由此得出这个结论，便必须期待哲学就像在科学的童年时期，从诗中诞生，从诗中得到滋养一样，与所有那些通过哲学而臻于完善的科学一起，在它们完成以后，犹如百川汇海，又流回它们曾经由之发源的诗的大海洋里。至于哪个东西是科学复归于诗的中间环节，这个问题一般说来也不难回答，因为这种像现在显得不可解释的分离过程出现以前，神话里已有这样的一个中间环节[①]。新的神话并不是个别诗人的构想，而是仿佛仅仅扮演一位诗人的一代新人的构想，这种神话会如何产生倒是一个问题，它的解决唯有寄望于世界的未来命运和历史的进一步发展进程。

① 好多年以前我已经写成一部著作《论神话》，它详细地阐述了这个思想，不久即可公诸于世。（原稿注释）

整个体系概述

凡是聚精会神地跟随着我们行进到此的读者，如果现在再仔细考虑整个体系的联系，他无疑会作出下列评述：

整个体系都是处于两个顶端之间，一个顶端以理智直观为标志，另一个顶端以美感直观为标志。对于哲学家来说是理智直观的活动，对于他的对象来说则是美感直观。前一种直观既然纯粹是为哲学家在哲学思考中采取的特殊精神方向所必需，所以根本不会出现在通常意识里；后一种直观既然无非是普遍有效的或业已变得客观的理智直观，所以至少能够出现在每一意识里。恰恰从这里也可以看出作为哲学的哲学决不可能变得普遍有效的事实及其原因。具有绝对客观性的那个顶端是艺术。我们可以说，如果从艺术中去掉这种客观性，艺术就会不再是艺术，而变成了哲学；如果赋予哲学以这种客观性，哲学就会不再是哲学，而变成了艺术。——哲学虽然可以企及最崇高的事物，但仿佛仅仅是引导一少部分人达到这一点；艺术则按照人的本来面貌引导全部的人到达这一境地，即认识最崇高的事物。艺术与哲学的永恒差别、艺术的神奇奥妙就是以此为基础的。

其次，先验哲学的整个联系仅仅以自我直观的级次不断提高的过程为依据，这个过程是从自我意识中最初级的、最简单的直观

开始，而到最高级的，即美感的直观为止。

以下各个级次的自我直观都是哲学的对象为了建造整个自我意识大厦所经历过的几个阶段。

那个绝对同一体在其中破天荒第一次分离开的自我意识活动，不过是一般自我直观的一种活动。所以，这种活动还不能把任何确定的东西设置于自我之中，因为全部规定性刚才通过这种活动一般地设置起来。在这种最初的直观活动中，绝对同一体第一次变成了主体同时兼客体，就是说，它一般地变成了自我——虽说不是自为的自我，却是哲学思考的自我。

（从这种活动中抽脱出来、又俨然先于这种活动而存在的同一体是什么，根本无法加以探究。因为它是只有通过自我意识才能显现出来、并到处都不能同这种活动分离开的东西。）

第二种自我直观是自我借以直观设置于其活动所具有的客观事物中的规定性的自我直观，这就是在感觉中出现的情况。在这种直观里，自我是其自身的客体，在以前的主客同一体中，自我则仅仅是哲学家的客体。

在第三种自我直观中，自我还作为进行感觉的自我变为自己的客体，就是说，连以前自我中的主观东西也转化成了客观东西；所以，自我中的一切东西这时都是客观的，或者说，自我是完全客观的，并且作为客观的东西，既是主体同时又是客体。

因此，从意识发展的这个阶段所能遗留下来的，只不过是在意识产生以后作为绝对客观的事物而被觉察的东西（外部世界）。——在这种级次业已提高、因而具有创造性的直观中，除了客观活动与主观活动（两者在这里都是客观的）之外，还包含着第三种真正直观的或观念的、后来表现为有意识的活动，但是，这种活动既然仅仅是由那两种活动组成的第三种活动，所以也就不能与那两种活动分离开，而还和它们相对立。——因此，在这种直观中已经包括了一种有意识的活动，或者说，无意识的客观的东西取决于一种有意识的活动，只是这种有意识的活动没有作为有意识的活动而被区分出来罢了。

第四种直观是自我借以把自己直观为创造性自我的直观。这种自我既然这时是纯粹客观的，所以这种直观也是纯粹客观的，即又是无意识的。在这种直观中确实有一种观念活动，它以那种直观的、同样也是观念的和包含在以前直观中的活动为对象；因此，直观活动在这里就是一种第二级次的观念活动，即一种虽然合乎目的、但又是无意识地合乎目的的活动。所以这种直观遗留在意识中的东西尽管会表现为是合乎目的的产物，然而不会表现为合乎目的地创造出来的产物。这样一种产物就是有其整个活动范围的机体。

通过这四个发展阶段，作为理智的自我就完成了。显然，在达到这一点时自然界与自我是完全并驾齐驱的，因此自然界所缺乏的无疑地只是一种终极至上的东西，上述所有直观都是通过这种东西而获得它们对自我所具有的意义的。至于这种终极至上的东西是什么，从下文即可看出。

假如自我长此以往，永远是纯粹客观的，那么自我直观的级次就会不断无限提高，但这样一来，自然界里的产物就会延长其序列，而意识也就永远不再会产生出来了。意识之所以可能，仅仅是因为自我中的纯粹客观的东西对自我本身会变为客观的。但产生这种情况的根据,不可能在自我本身,因为自我与那种纯粹客观的东西是绝对同一的。所以,根据只能存在于自我之外,自我则不断地限定自己的范围,从而逐渐地把自己限制为理智,甚至于限制为个体。但在个体之外,即不依赖于个体,只存在着理智本身。而理智本身在其存在的地方(按照已经推演出来的机制)又必须把自己限制为个体。所以在这种个体之外寻求的根据只能存在于另一种个体之中。

绝对客观的事物对于自我本身只有通过其他理性生物的作用才能变为对象。而其他理性生物必定预先已有发挥这种作用的意图。因此,在自然界里自由无论如何总是假想的(自然界不能产生自由),在它确实不是第一位的东西的地方,它是不会出现的。由此可见,虽然自然界在达到这个地方时完全与理智等同,而且与理智一起,经历了同样一些阶段,可是在有了自由(理论不能证明果真有自由)的时候,自由必定凌驾于自然界(natura prior)之上。

于是就从这个地方开始了一个新的行动阶序,这些行动不可能由自然界造成,而是把自然界抛到自己后面。

绝对客观的事物或直观的规律性变成了自我本身的对象。但直观只有通过意志活动才成为直观者的对象。意志活动中的客观事物是直观本身或自然界的纯粹规律性;意志活动中的主观事物则是观念的、针对这种规律性本身的活动,而出现这种主观事物的活动,就是绝对的意志活动。

对于自我来说,绝对意志活动本身又会成为对象,因为意志活动中的客观事物、针对外在东西的事物会作为天然冲动变成自我的对象,意志活动中的主观事物、针对规律性本身的事物则会作为绝对意志，即无上命令变成自我的对象。但是，如果没有一种凌驾于意志活动中的客观事物与主观事物之上的活动，这又是不可能的。这种活动就是任性或有意识的自由活动。

这种有意识的自由活动虽然应该与客观活动合而为一，但在行动中是与之对立的。如果这种有意识的自由活动也能在它与客观活动的原始同一性中加以直观，而这根本不可能通过自由来实现，那么，就会由此最终出现最高级次的自我直观。这一级自我直观既然已经不受意识条件的制约，宁可说是一种自始就创造自己的意识本身，所以，在其存在的地方必定表现为完全偶发的。最高级次的自我直观中的这样一种完全偶发的成分就是那种用天才概念所指称的东西。

这就是自我意识发展史中的一些不可更改的、对一切知识都确定不移的阶段，它们在经验里以一个连续的阶序为标志，这个阶序从单纯的质料开始，到机体（机体使无意识地进行创造活动的自然界回复到自身）为止，以及从机体开始，经过理性和任性，到艺术里的自由与必然的最高统一（这种统一使有意识地进行创造活动的自然界自成一体，臻于完善）为止，都是能够指明和连贯起来的。

译 后 记

本书的前言、导论、第一章和第三章是石泉译的，第二章、第四章、第五章、第六章和结语部分是梁志学译的。全部译文都作过互校。译者序言是由梁志学写出，经过有关同志提意见修改过的。

导论和第一章的翻译参考过顾寿观同志的译文，译稿曾经请中国科学院哲学研究所、北京大学哲学系和安徽劳动大学政教系的几位同志提过意见，帮助改进，谨在此致谢。

由于我们的马克思主义哲学水平不高，德国古典哲学知识有限，这个译本与序言一定有许多不妥与错误之处，请读者批评指正。

1976 年 7 月

于中国科学院哲学研究所

图书在版编目(CIP)数据

先验唯心论体系/(德)谢林著;梁志学,石泉译.—北京:商务印书馆,2017
(汉译世界学术名著丛书:120年纪念版:珍藏本)
ISBN 978-7-100-14815-3

Ⅰ.①先… Ⅱ.①谢… ②梁… ③石… Ⅲ.①先验论 Ⅳ.①B081.2 ②B516.34

中国版本图书馆CIP数据核字(2017)第159992号

汉译世界学术名著丛书
(120年纪念版·珍藏本)
先验唯心论体系
〔德〕谢林 著
梁志学 石泉 译

商务印书馆出版
(北京王府井大街36号 邮政编码100710)
商务印书馆发行
北京市松源印刷有限公司印刷
ISBN 978-7-100-14815-3

2017年12月第1版　开本710×1000 1/16
2017年12月北京第1次印刷　印张21¾
定价:108.00元